第一次大戦と
青野原ドイツ軍俘虜

―収容所の日々と音楽活動―

岩井　正浩

公人の友社

口絵：俘虜製作の絵はがき（加西市提供）

表紙写真：「また故郷に帰りたいな」（絵はがき）

裏表紙写真：「刺繍」　右＝ドイツ軍艦旗

左＝オーストリア帝国紋章（一六四頁参照）

口絵１　今や六年・・・・

口絵３　心よりのクリスマス

口絵２　水やりする俘虜

口絵５　食事を運ぶ俘虜

口絵４　洗濯する俘虜

口絵６　小鳥だったらなあ

『第一次大戦と青野原ドイツ軍俘虜―収容所の日々と音楽活動―』

目　次

凡　例

『欧受大日記』：欧受大日記と表記。第一次世界大戦に関する普通文書。国立公文書館アジア歴史資料センター　防衛省防衛研究所図書館蔵陸軍省大日記

神戸新聞：神戸と表記。一八九八（明治三一）創刊。当時、反松方内閣、反川崎の立場にあった『神戸又新日報』の対抗紙として、川崎造船所を経営する川崎正蔵の個人資本で創刊。一九三九（昭和一四）年、「一県一紙」の新聞統制によりて県内唯一の新聞となった。（神戸市文書館資料より抜粋）。神戸市立中央図書館蔵。

鷺城新聞＝鷺城と表記。一九〇〇（明治三三）年、現在の姫路市白銀町で江戸期から続いた名家出身の生田慶吉が創刊、後に夕刊紙に転じた。第二次世界大戦によるアメリカ軍の空襲などでかなり消失・紛失。ドイツ軍俘虜関係で確認できたのは、一九一四年一二月、および一九一六年五千記念号と一九二一‐一九二三（大正一〇～一二）年の通常号のみである。本紙掲載は一九一四年八月～一二月二九日を国立国会図書館蔵、一九一六年八月七日～一〇月一七日は神戸市立中央図書館蔵。

神戸又新日報＝又新と表記。一八八四（明治一七）年四月二七日政党機関紙として五州社より創刊。その後、一九三九年六月三〇日第一九一三一号で休刊。同年、「一県一紙」の新聞統制により神戸新聞一紙となった。神戸市立中央図書館蔵。

兵庫県発行の大阪朝日新聞・同神戸附録（朝日と表記）。同・大阪毎日新聞・同兵庫県附録（毎日と表記）。神戸市立中央図書館蔵。

徳島毎日新聞（徳島毎日と表記）。徳島県立図書館蔵。

収容所の名称としては「青野原《あおのがはら》』」、台地やエリアを示す場合には「青野ヶ原」を用いている。町名は「青野原町《あおのはらちょう》」。隣の小野市には「青野ヶ原町」がある。収容所名「あおのがはら」は、原典を除き一般的に使用されている「青野原」を使用。

「俘虜」は「捕虜」とほぼ同じだが、収容されている「捕虜」を「俘虜」とした。

「ドイツ」表記には「獨逸」、「独逸」、「独乙」の漢字表記があるが、原典はそのまま使用。年号は原則的に西暦を使用し、カッコで元号を付記。数字は漢数字を使用。ただし年月日、条約番号以外は十、百、千、万の漢字を併合。旧漢字、旧仮名遣、誤字、脱字は、原則として現代漢字・仮名遣いに変換。難読の文字は随時（　）で読みを、解読不可の漢字は□示した。

「註」は筆者に依る。

俘虜の所属・階級などは瀬戸武彦氏の労作『青島ドイツ軍俘虜概要　その事績・足跡（koki.o.007.jp/kriegegefangene-setohtm）』に基づく。文中における写真、図、新聞の掲載で、提供機関名を記載していないデータは全て兵庫県加西市提供。

はじめに

第一次世界大戦の敗戦により中国青島《チンタオ》で俘虜となったドイツ軍俘虜は、日本国内数カ所に分散移送され、最終的には日本各地の六収容所に一九一四年から統合・収容された。ドイツ軍俘虜とはドイツおよびオーストリア＝ハンガリー帝国所属を中心とした俘虜である。（イタリアなど一部他国の俘虜も含む）本稿では収容されたドイツ軍俘虜の生活・音楽活動について、兵庫県の地元紙である神戸新聞、鷺城新聞、神戸又新日報、そして兵庫県で発行された大阪朝日新聞・同神戸附録、大阪毎日新聞・同兵庫県附録、さらには関連記事として徳島毎日新聞を使用した。規則など軍や政府系資料は防衛省防衛研究所図書館蔵『欧受大日記』を引用している。

文化・音楽活動については、『第七章　文化活動：スポーツ・演劇・音楽』および『第八章　コンサート・プログラム』を独立した章として設定した。ドイツ、オーストリアはヘンデル、バッハ、モーツアルト、ベートーヴェンを始め数多くの作曲家を輩出、市民たちにとって讃美歌、ミサ、さらには音楽そのものが日常生活の一部であった。

筆者自身のハンガリー留学時、夜行列車で西部の街ショプロンから首都ブダペシュトに帰宅中、兵役の兵士達が飲酒をしつつ素晴らしい男声合唱をしていたのに驚いた。ヨーロッパ諸国では音楽を観賞し表現することがごく自然の行為で、文中ではキリストの降誕祭などでの音楽活動も紹介する。

青野原は兵庫県姫路市の東隣である加西市に位置し、加東市および小野市に隣接した地区である。神戸市から約六十四キロメートル、姫路市からは約十九キロメートルに位置している。後出する俘虜の姫路からの移動は列車であった。一八八九年の軍馬育成場、陸軍演習場を経て一九一四年に俘虜収容所が建設された。収容俘虜はドイツ兵二百四十九名とオーストリア＝ハンガリー帝国兵が百九十四名（他に少数のイタリア兵など）で、国内の収容所でもオーストリア＝ハンガリー帝国兵が多いのが特徴である。（写真1）

［写真１　兵庫県加西市青野原の位置：加西市提供］

第一章　中国青島《チンタオ》から姫路へ［一九一四年］

(1) 第一次世界大戦の勃発［一九一四（大正三）年］

二十世紀初頭のドイツは重工業が発展し、経済的にはイギリスを凌駕していた。その代表的な企業がクルップ社(F.Krupp)で、大砲など兵器製造し「死の商人」とも言われた。明治期には日本政府も武器などを購入、第一次世界大戦時には兵器生産で巨大の富を築いた。またジーメンス（E.W.von Siemens AG）社も電信機製造、特に鉄道車両の製造でドイツを代表する会社で日本との関係が深く、一九一四年には旧大日本帝国海軍の大疑獄事件を起こしている。一方、収容中のドイツ軍俘虜には金銭的・物質的援助を行っており、二十世紀前半期におけるドイツの影響は多大であった。

明治期に入り、日本は諸外国の文化・技術を獲得するためにお雇い外国人を数多く招聘してきた。その中で、第一次世界大戦に関わるイギリスとドイツ両国とも重要な招聘国とされてきていた。イギリスではC・ワーグマンやB・H・チェンバレン、ドイツではA・モッセなどである。音楽に関しては、イギリス人J・W・フェントン、その後はドイツ人音楽家が重視されF・エッケルト、R・ディトリヒやドイツ系ロシア人のR・ケーベルなどが東京音楽学校に招聘され、ドイツとの関りが殊更強くなり、明治後期にはドイツにおけるジャポニズムも台頭した。

実際、ドイツとの学術的・芸術的交流では、一八八四（明治一七）から四年間、医学・衛生学研究のためドイツ留学した森鴎外（林太郎）や、一九〇一（明治三四）年にライプチヒ音楽院に入学した滝廉太郎などがいて正常な交流が続いていた。

しかし明治中期から様相は一変してくる。一八九五年の三国干渉（**註1**）以降日本とドイツとの関係は悪化、一方一九〇二（明治三五）年の日英同盟締結後は、ドイツとの貿易・海軍拡張競争が激化しつつあったイギリス側につくこととなる。『ドイツと日本を結ぶもの』では次のように述べている。

一九〇二年から第一次世界大戦に至るまで、日本とドイツはイギリスが世界的に展開する情報戦に巻き込まれ、日本の世論はドイツに対して非常に強い警戒感を持つようになり、ドイツを批判する記事が頻繁に掲載された。（中略）青島を巡る「日独戦争」が日本の勝利で終わると、かつての「教師」であったドイツにもはや見習うことはないという見方が日本陸軍内で生まれ、一定の影響力を持つようになった。（**註2**）

一九一四（大正三）年六月二八日、ボスニアの首都サラエボでセルビア人青年によるオーストリア帝国皇太子フランツ・フェルデイナント夫妻が暗殺された事件で、七月二八日にオーストリアがセルビアに宣戦布告、第一次世界大戦が勃発した。同盟国であるドイツ、オーストリア＝ハンガリー、ブルガリア、トルコの四同盟国と、イギリス、フランスが主体でロシア（一九一七年のロシア革命まで）およびアメリカ（一九一七年から）の連合国との戦争で、合計三十二カ国が連合国側に立って四年余り戦った。総動員数は六千五百万人以上にのぼり、死者八百五十二万八千八百三十一人、負傷者二千百十八万九千百五十四人、捕虜および行方不明は七百七十五万九千九百十九人、さらに民間人死者は一千三百万人と推定され、軍人と民間人の死者合計は二千二百万人に達するというとてつもない規模の被害を出した。（**註3**）

一九一四年六月二九日付『ウィーン新聞』は前日に発生した暗殺事件を次のように論じている。

この恐ろしき犯行に関するニュースは人々の間で瞬く間に広まったが、不確かな噂ばかりで、誰もことを知らなかった。（中略）役所や新聞社には、問い合わせの電話が殺到し、カフェや酒場はこの恐ろしい話題で持ちきりだった。これらの場所や通りでは、見知らぬ者同士が集まって、興奮しながら議論し合う姿が見られた（註4）

映画『西部戦線異状なし』（一九三〇年　アメリカ）では殺害した敵国兵士のポケットから妻子の写真を見つけ、最後ではハーモニカの聞こえる静かな戦場に飛んできた一羽の蝶に手を差し伸べた時、敵狙撃兵に射殺される。作家はドイツ人であるE・M・レマルク（Erich Maria Remarque）で、ドイツ側から描かれた戦争の無意味さ・非人間性を描いた作品である。（泰豊吉訳、新潮社　一九五五年）

第一次世界大戦は芸術界にも影響を与えた。中立国であったスイスのチューリッヒに逃避してきた芸術家たちは、既成のすべての芸術的・社会的価値体系を否定し、芸術の境界を取り払い自由な芸術表現を目指した。いわゆるダダイズムである。一方戦地から遠く離れたアメリカではミュージカルが隆盛し、G・ガーシュインが活躍する時代となった。また第一次世界大戦の同盟国であったオーストリア＝ハンガリー帝国の首都ウィーンでは二十世紀初頭に「ウィーン分離派」が活動していた。「ベートーヴェン・フリーズ」を製作したグスタフ・クリムト（Gustav Klimt）と、『死と乙女』を製作したエゴン・シーレ（Egpn Schiele）も、A・シェーンベルクやG・マーラーなどとも交流があった。中でもマーラーは『ベートーヴェン・フリーズ』開会式でベートーヴェンの《第九》を演奏している。そしてシーレはオーストリア＝ハンガリー帝国軍に招集され、実際に戦闘に参加、二人とも一九一八年にスペイン風邪で生涯を閉じた。

もう一人、この時期に活動した音楽家にパデレフスキ（I.J.Paderewski）がいた。ポーランドのピアニスト、作曲家で、パデレフスキ版『ショパン全集』を校訂し、《ポーランド幻想曲》などを作曲した。ドイツ、オーストリア、ロシアによ

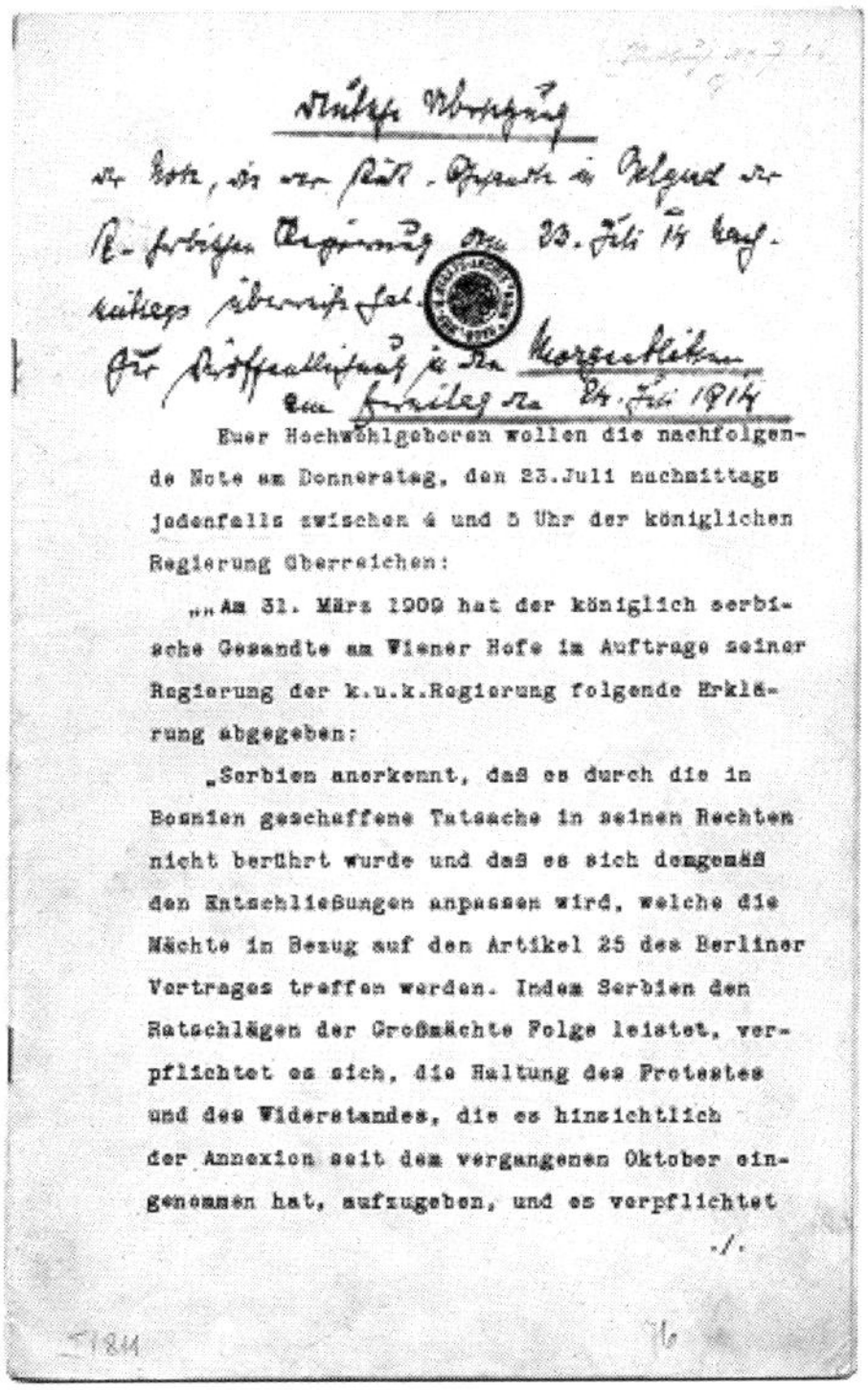
Euer Hochwohlgeboren wollen die nachfolgende Note am Donnerstag, den 23. Juli nachmittags jedenfalls zwischen 4 und 5 Uhr der königlichen Regierung überreichen:

„„Am 31. März 1909 hat der königlich serbische Gesandte am Wiener Hofe im Auftrage seiner Regierung der k.u.k. Regierung folgende Erklärung abgegeben:

„Serbien anerkennt, daß es durch die in Bosnien geschaffene Tatsache in seinen Rechten nicht berührt wurde und daß es sich demgemäß den Entschließungen anpassen wird, welche die Mächte in Bezug auf den Artikel 25 des Berliner Vertrages treffen werden. Indem Serbien den Ratschlägen der Großmächte Folge leistet, verpflichtet es sich, die Haltung des Protestes und des Widerstandes, die es hinsichtlich der Annexion seit dem vergangenen Oktober eingenommen hat, aufzugeben, und es verpflichtet

./.

［写真 1-1　セビリアに対する最後通牒：加西市提供］

る国土の三分割に抵抗しポーランド独立運動を主導、終戦後一九一九年の「パリ和平会議」に参加しヴェルサイユ条約に署名、独立を果たし初代大統領となっている。

一九一四年七月二三日にセルビア政府に対して出されたオーストリア＝ハンガリー帝国の「最後通牒」は、皇太子の暗殺事件に至るまでの経過やその後の対応を挙げて、セルビア政府の不作為を糾弾したもので、十項目の要求を突き付けている。その内容は、反オーストリア＝ハンガリー帝国へのプロパガンダの禁止、セルビア国内でのオーストリア＝ハンガリー帝国の優位性を認めること、事件関係者の逮捕やセルビア当局が武器などの密輸入を阻止することなどであった。（**写真1-1**）

結局、オーストリア＝ハンガリー帝国は、セルビアからの回答に満足せず国交断絶し七月二七日に宣戦布告、以後、ヨーロッパ戦線では塹壕戦、毒ガス使用などによる凄惨な消耗戦が続けられることとなった。

(2)　日本の参戦（一九一四年）

1　日本参戦への道

日本の参戦は、八月七日『東洋間一髪に際し我等は帝国軍艦出雲の一路平安を祈る』と、『艦隊出動の目的』を、そして八月一一日の『帝国態度宣明：天皇還幸　出兵決定』（以上鷺城）、八月一五日には日本政府がドイツに対し膠州湾租借地を、八月二五日期限で中国に無条件返還を迫る最後通牒を突き付けた。（『独逸と我最後通牒』（東京電話）（八月一九日鷺城））

さらに八月二四日には、長崎を事実上の母港とし、その後青島に停泊していたオーストリア＝ハンガリー帝国巡洋艦皇后カイゼリン＝エリーザベト号（以下、皇后エリーザベト号）の武装解除を勧告、これに対しオーストリア＝ハンガリー帝国が八月二六日に日本に宣戦布告を通告、その結果ドイツに対する反感は次第に増幅され、参戦へと突き進むこととなった。

鷺城には八月二一日に『最後通牒到着：一六日深更伯林《ベルリン》大使館着』（東京電話　二〇日）や、『文明の仮面を被れる独逸：日本人を虐待しつゝある独逸は文明の敵也』（八月二一日）が掲載され、ドイツ在住の日本人への虐待行為を批判する一方で、「日露戦役当時敵国露人に対し、日本が極めて文明的に極めて博愛的に、仁愛の情を以て遇したるの事実」があることで日本に在留し続けようとしていることを憂えている。

今や日本在住の独乙人は日独国交危機に際せるも彼等は日本が日露戦役当時敵国露人に対し、日本が極めて文明的に極めて博愛的に、仁愛の情を以て遇したるの事実を知れる為め、独人は日本を引揚げんとするよりも寧ろ日本官憲の同情に信頼し万一開戦あるとも日本に留まらんと主張しつゝあるにあらず、（中略）日本の独逸に対する要求の回答期限が刻々として迫り来り日独国交或は破れんとするに際して独人の為しつゝある日本人虐待の一事は彼我国交の為めに憂ふべき事たらずして何ぞや、独逸遂に血迷へり、世界の先進国たる独逸も又憐れむべき哉、文明の仮面を被れる独逸は忌憚なく其の野蛮の暴露したり、憐むべき哉、文明の敵よ。

ここでの「世界の先進国たる独逸」というくだりは、後日現実となる。日本はドイツからの回答がないと判断し国交断絶、宣戦へ進む。

八月二三日には毎日が『愈本日正午　恐らく回答なからん』、『決答期の前一日　多忙なのは陸軍省許り』『警戒頗厳』や『独逸国ニ対スル聖戦ノ詔書』（御名御璽《おんし》）、そして『日独国交断絶独逸遂に回答せず』、『愈本日正午　澄し切れる領事館＝神戸市中色めく＝在留独逸人は何うする？＝洋妾の結婚』という記事を掲載している。

さらに毎日は八月二四日一面トップで『日独戦争　日独国交断絶　独逸遂に回答せず＝大隅首相の伏奏締盟各国へ通告＝独逸大使へ旅行券交附』を掲載した。この時点で日本はドイツに対し宣戦布告した。

八月二九日にはオーストリア＝ハンガリー帝国とも国交を断絶し、九月二日に久留米第十八師団を中心とした日本軍が山東半島の青島上陸を開始する。さらに青島から帰還した『山田旅団の歓迎　久留米駅の賑ひ』（毎日一二月一一日）などの記事が出る。

青島を陥落させた日本軍の中心は第十八師団であった。この師団は福岡県久留米に司令部があり、約五百人の戦死者を出している。このことが後日、ドイツ軍俘虜を迎えた久留米市民の、ドイツ軍俘虜に対する悪感情・反発を招くことにもなった。

2　青島攻撃とドイツ

日本側は勝利への確信を次第に強めていく。『青島から遺言状：籠城の独軍は死を覚悟せり』（神戸九月二日）や、朝日九月連載の特集『開戦後の神戸』（二日から一九日）からは、当時の国内外の緊迫した状況がみてとれる。（抜粋）

輸出貿易好況・独逸人の謹慎・徹夜の戦争談・上海航路賑ふ（九月五日）／在留独人の恐慌・助かつたドイツの汽艇（九月七日）／昨今の敵味方・原料品輸出禁止（九月一一日）／貿易打撃甚し（九月一二日）／敵国商品陳列・西貢《サイゴン》の防穀令（九月一三日）／在留英人の忠誠・戦捷祈禱会（九月一四日）／血を好む独皇太子・英人の音楽会（九月一七日）／英仏露領事の時局談・抜目なき支那商（九月一八日）／英人の愛国熱・幸福たる独逸人（九月一九日）

ついに日本軍は膠州湾攻撃を開始、一方神戸では後援音楽会が開催され祝賀ムードが演出されてくる。九月五日の毎日一面に掲載された『日独戦争と神戸　在留独逸軍人＝戦時音楽会＝交戦国以外の輸出』には、さすがにドイツの面影がない。ここでは、「神戸在留の独逸予備軍人は凡て過般召集されて青島に赴いた」とした上で、神戸での戦時音楽会についても日本人も出演するだろうとコメントしている。

神戸在留の英仏人は近く後援音楽会を開く計画がある多分一〇月初旬開催の筈勿論日本人も出演する事となるだろうと思ふ。神聖な《君ヶ代》崇厳な《神よわが王を扶け給へ》の英国々歌、勇壮な《マルセイユ》の曲が如何に其夜満場の血を沸かすであらう。英国副領事ホーン氏も其得意のヴァイオリンを奏すべく練習している、記者に語つて「在留仏蘭西人の中のヴァイオリニストは大分召集されたが然し出来るだけ盛会にやりたいものです」といつて

いた。戦時音楽会の先駆として市民は挙《こぞ》つてこの会を応援せねばならぬと思ふ

この頃から俘虜の待遇についての記事が登場する。その後、解放に至るまで俘虜に対する待遇をどうするべきかについては神戸九月一四日の『俘虜を如何に取扱ふか：相当の敬意払つてやる』の「俘虜課報局は早晩設置せねばならぬと思ふ野戦と違つて要塞戦は開城の時に降伏したものは全部俘虜とする訳」にみられるように、相当の敬意を表す必要性が課題として浮上してくる。

翌一五日には日本への帰化を望む希望として『孤影悄然として来る：哀れ、敵国の人　潔く日本へ帰化したい』（神戸）が出され、その中で日本に長年居住しているドイツ人の想いが語られている。「日本が独逸に対して恨みがある訳でなく独逸が日本に対して戦争しなければならないやうな事もない」というくだりは戦争の無意味さを切実と語っている。

私は偽りもなく独逸人ですけれども十八年間も日本に居住して日本の自然や人に深い馴染を重ねて居ります、既に故国独逸を出てから二十年も経つて居ますから郷土の事は大半忘れて仕舞ている、一度故国へ帰りたい帰りたいと想つてる中に今度の戦争となつて仕舞ひました、だが今度の戦争も日本が独逸に対して恨みがある訳でなく独逸が日本に対して戦争しなければならないやうな事もないやうです、これは日独双方の国民同志に於て良く了解出来てることゝ想ひます、然し最近の電報で見ますと日本の留学生などを抑留して故国のものが頻りに乱暴を働いてるやうですが多分之等は何所にも居る乱暴者の所業で私等は日本の方々に対して何とも申し訳ない次第です

九月一〇日には『俘虜取扱規則』が改正され、『俘虜取扱細則』（陸達第三二号）や『俘虜労役規則』（陸達第三四号）など、日本に送られてくる俘虜の処遇について次々と規則や細則を発令してくる。そして総兵力からみてもドイツ軍を圧倒していた日本軍の総攻撃が開始される。

神戸は九月二四日付一面トップで『戦争も亦平和の為め』を報じている。あくまでもドイツの責任を明らかにするこ

とで、アメリカ・ウィルソン大統領の仲裁提議が失敗したことを〈可〉とし、この時点での仲裁を拒否している。「講和は常に戦争の結果にして、平和の原因には非ず（中略）講和は単に戦争の一時的中止たるに止まり、永遠の平和は却って此の姑息なる講和に依りて破壊せらるべければなり」との指摘は、戦争は始まるとどちらかが無条件降伏するまでは終らわらない、戦争の継続が平和に至ると判断している。

鷺城は九月二八日に『青島総攻撃（陸軍省公報）（二七日東京電話）を出した。これは日英同盟に基づきイギリスからの要請に基づくロシア、ドイツ、フランスの「三国干渉」で、遼東半島の割譲を阻止された日本にとっては中国大陸進出の絶好の根拠を得たに等しいものであった。一方ドイツはヨーロッパ戦線で消耗戦を強いられていたため、距離的に遠い東アジアには兵力を割くことが困難であった。そのため日本国内在留ドイツ人、さらにはアジア各地から三分の一におよぶ義勇兵を青島に招集し、五千名規模の防衛線を設定した。しかし日本はその十倍におよぶ軍隊を青島に送りこんだ。結果は最初から明らかで一一月七日に青島は陥落、ドイツは日本に降伏し約四千七百名のドイツ軍俘虜が日本各地に送られて収容されることとなった。この頃よりドイツの処分に関する記事が数多く報じられてくる。青島攻略にはイギリス軍も日本と共同で参戦していて、一九一四年一一月一一日付東京朝日でも、日本・イギリス連合軍の成果を九日付『青島陥落評』としてタイムス社発を引用して報じている。

(3) 諸規則の制定・収容所の設置（一九一四年）

青島陥落前、すでに様々な規則が制定されている。俘虜収容所の規程は、既に一八九五（明治二八）年二月二日に『俘虜収容所条例』（勅令二八号）として出されている。勅令二八号は、第一条で「俘虜収容所ハ陸軍ノ管轄ニ属スル俘虜ノ収容及取締ニ関スル事項ヲ掌ル」と定めていて、この勅令が俘虜に関する最初の規程となった。

九月一九日の『俘虜情報局官制』（勅令第一九二号）は、第一条で「俘虜情報局ハ陸軍大臣ノ管理ニ属シ左ノ事務ヲ掌ル」とし、俘虜の留置、移動、宣誓、解放、交換、逃走、入院及び死亡、通信、寄贈・金銭及び物品の取扱、遺留品、遺言状の取扱を規定している。さらに神戸九月二一日では『青島全く封鎖さる』として『俘虜情報局規程』を掲載している。

二一日の官報を以て交布せらるべき俘虜情報局の規程は大要左の如しと

事務＝俘虜情報局は之を東京に置き左の事務を掌る

一．俘虜の留置移動入院及び死亡に関する状況を調査し其の銘々票を調整すること

二．俘虜に関する状況の通信に関すること

三．俘虜に寄する寄贈及俘虜の発送にかゝる金銭及び物品の取扱に関すること

四．俘虜死亡者の遺留品受《（ママ）》び遺言書を保留し且之を遺族其他の関係者に送附すること

五．敵国戦死者に附陸海軍軍人に於て知得する事項又は其の遺留品及び遺言書ある時は之に準じ其取扱を為す

こと

役員、長官の職（略）

一九一四年九月二一日の『俘虜情報局事務取扱規程』（陸達第三〇号）は、第一条で「俘虜情報局ハ俘虜ノ氏名、年令、本籍地、身分、階級、本国ノ所属部隊、捕獲及収容ノ場所並其ノ時日ヲ調査スル為メ俘虜ヲ管轄スル当該部隊ヨリ所要ノ通報ヲ受ケテ又ハ同部隊ニ之ヲ求ムヘシ　俘虜ノ解放、交換、逃走、死亡、犯罪又ハ収容所ノ移動ニ付亦前項ニ同シ」と規定している。

九月二一日公布『俘虜取扱細則』（陸達第三二号）は、『俘虜取扱規則』として二十九条の細則からなり、二九条「俘虜収容所ニ於テ取扱フ寄附金一～三号」の付表では、糧食費、被服新調費、被服補修及消耗品の金額について「俘虜収容所ニ於テ取扱フ寄附金ハ歳入歳出外現金トシテ取扱フヘシ」としている。

『俘虜労役規則』（陸達第三四号　一九一四年九月二一日）の規則第一条では、「俘虜ハ其ノ身分、階級及技能ニ応シ労役者トシテ使役スルコトヲ得但准士以上ノ者ニ在リテハ此ノ限ニ在ラス」として八条を設けているが、未だこの段階では俘虜の技能・能力を見いだすには至っていない。ただ第五条の、

公務所又ハ私人ニシテ俘虜ヲ使役セムトスルトキハ衛戍司令官ニ於テ其ノ労務ノ種類、場所、時間及賃銀等ヲ定メ陸軍大臣ノ認可ヲ受クヘシ但シ官衛ニ於テ使役スル場合ノ賃銀ハ下士同相当者ハ一日七銭兵卒ハ一日四銭トスト雖製麵麭、裁縫及造靴等特種ノ技術従事セシムル者ニハ伎倆、勤怠及労役時間ノ長短ニ応シ更ニ十六銭以内ノ賃銀ヲ増与スルコトヲ得

では、技能を有する俘虜（雖製麵麭、裁縫及造靴等）に対して労役時間や賃銀を規定、さらに第八条には、労役所得を保管するも自由に使用したり、帰国の際に返還するということを明記し、技能を有する俘虜に対する待遇が表れている。

一九〇五(明治三八)年の法律『俘虜ノ処罰に関する件』(二月二八日 法律第三八条)には厳しい処分が規定されていた。第一条では、「俘虜監督者監視者又ハ護送者ニ対シ反抗者ハ暴行ノ所為アル者ハ重禁獄ニ処シ其ノ情軽キ者ハ六月以上五年以下ノ軽禁錮ニ処ス」、そして第二条では「俘虜共謀シテ多衆前条ノ所為アルトキハ首魁ハ死刑ニ処ス其ノ他ノ者ハ有期流刑ニ処シ其ノ情軽キ者ハ重禁獄ニ処ス」とある。ただ姫路・青野原収容所や他の収容所では第二条に相当する俘虜はいなかった。これは日本が一九〇五(明治三八)年に批准した『第二ハーグ条約』が影響している。この条約はオランダのハーグで一八九九(明治三二)年に開かれた第一回万国平和会議で採択された『ハーグ陸戦条約』が改定されたもので、中でも俘虜の処遇が大きな課題となっていた。日露戦争処理で適用された事例として、松山に収容されていたロシア軍俘虜は、道後温泉も利用することができていた。

俘虜処遇で効果的であったのは「人道をもって取り扱うこと」、「糧食、寝具、被服に関して戦勝国政府と同等の取扱をすること」、「将校は抑留国と同一階級の俸給を受けること」などであった。

その後、一九二九(昭和四)年には新たに『ジュネーブ条約』が制定された。第二次世界大戦ではまさにこの条約が生かされるべきであったが、日本やドイツは国内批准をせず俘虜に対して非人道的処理を行ったばかりか、日本では国民に対しての「戦陣訓」で「生きて虜囚の辱めを受けず」と、俘虜そのものの存在を否定した。第一と第二次世界大戦での俘虜処遇は、俘虜の人権をめぐって大きく違ったのである。

［第一章註：中国青島から姫路へ］

註1　三国干渉　日清戦争で勝利を収めた日本は下関条約にて中国に遼東半島の一部を日本へ割譲することを認めさせた。しかしドイツはロシア、フランスと手を組み、中国による遼東半島の日本への割譲を防ぐ『三国干渉』に加わった。三国の駐日公使がこの半島の割譲に反対し、これは「東アジアにおける平和と安定を脅かす」と強調した。実際、ロシアが東アジアにおける日本の勃興を恐れ、干渉を推進し、ドイツはロシアとの関係修復を狙い、そしてロシアの政策重点を極東に移させるために協力したと言われている。　国立歴史民俗博物館『ドイツと日本を結ぶもの―日独修好一五年の歴史』（国立歴史民俗博物館　一〇六頁　二〇一五年

註2　第一次世界大戦と日・独・英関係　前掲註1　一一四頁

註3　ブリタニカ国際大百科事典十二より抽出　テイビーエス・ブリタニカ　五二頁　一九九四年

註4　神戸大学大学院人文学研究科地域連携センター編『加西に捕虜がいた頃―青野原収容所と世界』　加西市　六頁　二〇一六年

第二章　姫路収容所の生活㈠［一九一四（大正三）年］

(1)　収容所の設置・配属（一九一四年）

1　収容所の設置

俘虜の日本国内への移送、処遇などについては青島陥落前より論じられ準備が進行し、本格的な大量移送は陥落後となる。

瀬戸武彦氏は姫路収容所の俘虜構成について、オーストリア＝ハンガリー帝国皇后エリーザベト号の乗員は、主として「ゲルマン系の民族であるオーストリア人以外のハンガリー人を始めとして、イタリア人、チェコ人、クロアチア人の、今日の国家構成からすると多国籍の兵士たちがいた」であった。（註1）

一〇月には久留米に最初の収容所が設置され、国内の収容所に配置される俘虜はまず久留米に移送された。

鷺城は一九一四年一〇月一〇日に、久留米電として早々と俘虜に関する記事『俘虜五十五来る　九日久留米へ送らる』を掲載している。その中で〈俘虜の自炊〉について、俘虜の賄は「一週間は請負としその後収容所より彼等に炊事器具を貸渡して自炊せしむ将校には二名に一名の従卒を附して是亦自炊せしむるに決定せり」と報じ、神戸の同日、『独逸俘虜来る：一同安心して大悦び』からは、この戦争は俘虜達の本意ではないという戦争観が俘虜の本音かもしれない。

朝日も一〇月一〇日に『俘虜来る＝軍人の栄誉と喜びつゝ＝極めて暢気な五十五人＝』と、『久留米収容所に入る』を同紙面で、さらに鷺城も同様の記事を一〇月一一日付『日本服を着た捕虜：五十五名とも擦過傷だに受けず』と報じている。

九日午前八時門司入港の日東丸にて俘虜五十名下関に到着せり（中略）何分日本、支那、朝鮮等に在りし商人などが急に召集せられし者多数を占め居る事なれば俘虜の身となりても頗る平然たるものなるが（中略）乗船匆々《そうそう》入浴せしめ戦塵を洗ひ流さしめたるに大恐悦にて中には「これで全く戦争を忘れた早く日本に行き度い」などゝいふ者あり、食事は士官並に士官待遇の三名には朝は麵麭《パン》、鶏卵、オートミール昼はスープ、麵麭、ライスカレータ《ゆう》はスープと麵麭、チキン、紅茶に麥酒を御馳走し兵卒には日本の兵士同様のものに一皿の肉片を添へて待遇に注意せるがハンウブラボウ中尉は監督将校山形大尉に対し「我等は祖国のため力を尽して已むなく貴国の捕虜となりたる者なるが斯《かか》る好遇を受け実に感謝の辞に窮す只此一事を記憶すべし」と述べ兵卒の如きは「英仏の捕虜とならず日本の俘虜となりしは大いに幸福なり」などと絶叫せり（中略）今回の戦争に召集せられたもので日本に行くは喜ばしいが御覧の如く俘虜としての事なれば一面に於て心中不快の念は去らざるも尚決して悲観せず何となれば我等はベストを尽して所謂日本語の刀折れ矢尽きてからの降参であるからなり我等俘虜は皆相当教育あり英語も大部分話が出来る船内にては軍歌を謡ひトランプを弄び決して無連を感ぜざりし、（下関来電）

俘虜に対する日本側の対応がかなり良かったことは次の『お客扱ひの捕虜　同病同傷の俘虜へは牛乳洋食を給す』（鷺城一〇月一六日）にも表れていて、『第二ハーグ条約』を意識してのものだったと思われる。世界に先進国と認知されたい思いが去来したことであろう。これは『外人の観た俘虜収容所＝周到なる取扱いに感嘆す＝』（朝日一〇月一七日）にも見られる。

当時実施されていた俘虜待遇に関する使節団報告『世界一の俘虜待遇＝米総領事令妹の視察談＝』（朝日一〇月二三日）は、日本にとってこの上もない評価で、国際的アピールとなったが、現実は各収容所で違いはあるがすべての収容所が手厚い待遇をしていたわけではない。

いよいよ全国各地への俘虜の分散移送が始まり、姫路ではドイツ軍俘虜が来るということで市民の関心が高まった。神戸一〇月二六日は、『白鷺城下に敵俘虜来るべし：収容所は本徳寺と景福寺』を掲載している。

一〇月二九日は全国十四カ所（鹿児島、熊本、廣島、福知山、大分、松山、徳島、丸亀、姫路、大阪、京都、名古屋、静岡、東京）が発表され、その後幾度か収容所が変更となり、最終的には全国六つの収容所に統合された。

一〇月三一日付神戸では『敵俘虜泣く：捕はれし独逸兵当地を過ぎ車中悄然として記者に語る』を報じている。この中でドイツ領であったヤクートに日本人が居住していたことが明らかになった。

一一月一一日には、『姫路の俘虜収容所愈よ決定す　亀山、船場、両別院と景福寺』（神戸）で姫路の収容所決定を伝えている。船場亀山両別院とは、浄土真宗大谷派の船場本徳寺と妙行寺で、前者は船場本徳寺、後者は妙行寺で、景福寺は禅宗曹洞宗釈迦牟尼佛派である。三寺とも長い歴史を持つ寺院で、日露戦争時のロシア人俘虜は本徳寺と景福寺に収容されていたため今回は二度目となった。

船場別院は白書《しらじょ》院廣間のみを収容所に充て本堂はこれを使用せぬ方針にて日露役の当時は本堂をも悉くこれを使用し

たれど露兵のため金襖その他の建具を悉く破壊され非常の損害を蒙りしかば今度は上段より板圍《かこ》ひをなして俘虜の侵入を妨ぐと又景福寺も既に三回倹分をなし一昨九日も経理部より主計等出張精密なる取調べをなしたり同寺は本堂の中央より東全部を以て収容所に充てる筈にて日露戦役に収容したる当時の図面も保存しあれどその後火災に罹りしため建築替となりし箇所だけを取調べ本堂の外は玄関大書院茶の間廊下炊事場風呂庫裡等何れも収容さるべく本堂を除くの外全部にて百二十畳なり収容者総数将校四十名下士以下三百名にして景福は狭いだけ収容人員最少数の由猶陸軍省よりは公然の通知なければ人員の割当等決定し居らず従つて到着の期日も未定なり（姫路電話）

2　収容所への配属

青島陥落後、大量の俘虜の日本移送が開始され、皇后エリーザベト号は膠州湾内で自沈した。青島での日本の勝利は大きな反響となって、『青島攻陥戦公報　我軍電光石火の突撃敵軍狼狽愴惶降伏す』（一一月一一日　又新）など紙面を賑わしてくる。

収容所が決定すると。俘虜をどのように処遇するかについての課題が出てくる。鷺城は一一日に『俘虜の取扱に就て堀川鷺陽』として、労働力の可能性について論じている。この時点で早々にドイツ人の労働力を期待しているが、まだ彼等の技術力や知識についての認識は十分でなく総論に留まり、活用方法についての意見はもう少し後になる。

国家は又将校以外の俘虜を労務者として使役する事が出来るけれども之には三種の条件が要る。①労務が階級及技能に応ずべき事　②過度にならざること　③一切作戦動作に関係すべからざること（中略）此度姫路に来る俘虜の下士卒の中に我国には未だ無い工業等に秀でたものがあるならば其俘虜を雇ふことが出来る。而して其手当は陸軍の官憲と協議して之を定める事が出来る。

一一月一二日には『総督以下の俘虜＝第一回俘虜として二千三百名護送さる＝』(鷺城)として、大阪には俘虜将校三十名下士以下八百名、福岡に兵卒八百名、徳島に将校二十名下士卒一千名、名古屋に俘虜准士官以上三十名下士以下五百名、そして丸亀には俘虜准士官以上五名下士卒三百名の護送を報じている。一一日一二日になると、一〇月二九日の『収容所決定』に引き続き俘虜収容所決定と収容所長の決定が報じられ、姫路収容所の初代所長には野口猪雄が就任した。

俘虜に対する処遇が課題となってきた一方で、『俘虜日本女と同棲を出願す』(朝日一一月一二日)というとんでもない記事も出てきている。

一一月一二日又新は、一一日官報陸軍省第一六号で福岡、熊本、松山、丸亀、姫路、大阪、名古屋、東京に収容所を設置することが決定し、収容所長を次のように報じている。

西郷寅太郎(東京)、林田一郎(名古屋)、久山又三郎(福岡)、前川謙吉(松山)、石井彌四郎(丸亀)菅沼来(大阪)、松木尚亮(熊本)そして姫路俘虜収容所長には歩兵第十連附歩兵中佐野口猪雄

その後収容所は、習志野(千葉)、名古屋、板東(徳島)、久留米(福岡)、似ノ島(広島)、そして青野原(兵庫)の六か所に整理統合された。

ドイツに勝利した日本は、ミクロネシアの島々を占領、その実績により国際連盟から委任統治の権利を獲得し、ミクロネシアの俘虜を日本に移送している。

朝日一一月一三日では、『南方の俘虜釈放さる』として、ドイツ軍俘虜釈放を、そして又新一三日『俘虜輸送開始』では、日本への俘虜輸送が開始され、姫路には三百ないし四百名が移送、さらに朝日は、『姫路に来る俘虜　将校以下三百五十

名』だと報じている。ただ当時、第一次世界大戦は早期に終結するとしてドイツ軍俘虜の収容も短期間だと踏み、とりあえず寺院や公会堂などの既存の施設を収容所に充てていた。しかしこの既存の施設では長期化する俘虜の生活に不備が生じてきたため、新たな収容所を設置する必要が出てきた。

青島を攻略した日本は、又新一一月一四日付『吁青島と今日回顧一七年独逸が膠州湾占領の日＝一七年後の今日俘虜総督来るの日』でドイツ軍の盛衰を報じている。

日本への輸送が一二日より開始されることで、処遇の在り方に意見や苦言が交錯してくる。又新は一四日に『要塞攻落と俘虜待遇』を、また鷺城も二日連続で『独逸俘虜を迎ふ』（一四日）と、『独軍俘虜待遇論　果して詐謀虚偽の行為あらば俘虜待遇を撤廢せよ』（一五日）を論じ、俘虜処遇に関しての様々な課題が噴出するのを予期、その心配は後日様々な形で顕出してくる。

鷺城一一月一四日「独逸俘虜を迎ふ」。

青島の独逸俘虜、一四日を以て第一回下関に到着せんとす。最後の一兵まで戦ふべしとカイゼル（註2）より寄托を受けながら、砲台悉く破れず、精兵過半以上残存しつゝ降を軍門に降《と》へる、世界の強兵と自負する独逸軍人は斯して我仁義の国に迎えらるゝ知らず、日本国民が慈母の温情を以て彼を迎ふるの時、彼等如何の感あるワ総督以下山紫水明の日本に来つて其の獣心を洗ひ、誠意に感泣せよ。

次は又新一一月一六日『青島の独俘虜来る　御用船にて千七百名　日本軍の突撃を恐る』の記事である。

俘虜は御用船に乗船以来頗る柔順にして能く我軍の命に従へるも談話の交換は成るべく之を避けつゝあり、又神戸に居住し日本語を能く解すトウマストウレン（註：トルンゼン）と言へる一兵あり、刺《し》（註：名札）を通じたるに「余の妻は神戸にあり、妻に対しては既に音信を為したれば何等語るべき材料なし」とて他を言はず、去れど俘虜全

体異口同音に「日本軍の白兵戦に於ける突撃は恐ろし」と語れり（門司）
神戸にいる妻のことを思うくだりは、この俘虜が神戸在住のドイツ人で招集された一人だと思われる。

(2) 青島陥落（一九一四年）

一九一四（大正三）年九月、日本軍はイギリス軍一千五百名を含む約三万の兵力で山東半島龍口に上陸した。ヨーロッパ戦線に兵力を集中し、東アジアにまで兵力の増強ができなかった青島のドイツ軍は、四千名足らずの兵力で闘わざるを得ない状況下に置かれていて、兵力の力量の違いは一目瞭然であった。戦闘は一〇月三一日に日本軍の総攻撃が開始され、僅か一週間の一一月七日に青島は陥落した。ヨーロッパ戦線での戰闘から見ると日本は短期間で「棚からぼたもち」並みの利益を獲得した。一方、敗れたドイツ軍のワルデック總督（註3）は、この敗戦を本国に打電するも責任を取らされるわけではなく、ドイツ皇帝より一級鉄十字勲章を授与されている。さらに日本に収容された俘虜が給料を受け取り、中には昇級するといった措置がとられたことは、第一次世界大戦時に於けるドイツ軍の実態を表している。

又新一一月八日は、『青島攻落勇将』として海軍司令官海軍中将加藤定吉、旅団長陸軍少将堀内文次郎、陸軍司令官陸軍中将を顔写真入りの全紙面トップで『青島陥落』を伝えている。

さらに鷺城は一一月二日に『青島一齊砲撃』、『海軍の青島』、『海軍重砲隊の大活動』、『祝へ青島陥落の日：血涙をのみし遼東還附の報復を思へば快心の大笑いあり、祝へ大に祝へ』を、翌三日には『一杯機嫌で戦譚：俘虜日本兵を賞揚』

を報じた。

一一月七日には日本軍がビスマルク砲台を占拠、ドイツ軍が降伏、翌日毎日も『青島要塞占領詳報　開城規約締結中』、『ワルデック負傷』、『我軍青島市街に入る　陥落後の開城条件協定』と、『青島は遂に陥落したり』と続いた。

1　ドイツの降伏

鷺城も一一月九日で『青島陥落公報：白旗を掲げ軍使を以て我が軍に開城を申込仍《よ》て開約を締結中』を、同紙は更に一一月九日に『青島陥落を奏上す：龍顔殊に麗はしく優渥《ゆうあく》なる御諚《ごじょう》を賜ふ』とともに『極東の平和』と題して日本の勝利を大々的に陸軍省公報として報じている。

『青島陥落公報』（陸軍省公報）

（前略）白旗を掲げて軍使を以て我が軍に開城を申込む仍て開城規約を締結中

六日の夜遂に第三攻撃陣地を略して敵保塁の直前にある鉄条網に接して之れを掘開せり六日夜半に至り山田少将の指揮する第二中央隊は中央保塁第一外豪の破壊に着手し前後三線の鉄条網を破壊して突撃路を開設し其の歩兵二中隊工兵一分隊より成る突撃隊を以て午前一時四十分同保塁の咽喉部に至るまで確実に之れを占領し捕虜約二百名を得たり此の奏功を端緒とし堀内少将の指揮する左翼隊は午前五時十分小湛山保塁又、山田少将の令下にある第二中央隊は午前五時二十五分澶東鎮東保塁を占領し其の一部はイルチス山及ビスマーク山諸砲台に向ひ前進し仲家窪附近に於て敵の重砲三門を鹵獲して之れを連繼して浄法寺少将の率ゆる右翼隊及英国旅団少将パーマーデストンの率ゆる第一中央隊の正面に於いても挙つて前進して午前七時に至り確実にモルトケ、ビスマーク及イルチス山諸砲台を占領す敵は午前七時より同三十分に亘り同時天文台上及び海岸砲台に白旗を掲げ午前九時二十分軍使を以て我に開城を申込めり仍て午後四時モルトケ、バラックに於て開城規約締結中なり　我軍の戦死約三十六名　負傷約八十三名

又新一一月九日『敵の請降書　開城の順序　軍使の会見』は、ドイツ軍の無条件降伏である。

疾風迅雷の勢を以て七日朝敵の本防禦線全部を奪取した為め敵は遂に力尽きて降を我軍門に請ふに至つたので当日午後四時からモルトケバラックには彼我軍使会見し開城の規約締結中の所、午後七時五十分に至り敵は全部我要求を容れて爰に開城規約の調印に終つた事は八日発表の公報に見えたる通である(中略)規約の条項は未だ発表されないが

一・兵器弾薬其他の諸材料、建築物馬匹等の官有物は現状の尽総て我軍に引渡す事

一・砲塁、砲台に附属する諸種の材料も日本軍に譲渡す事

一・傷病兵を日本軍の手に引継ぎ充分加療せしむる事

一・青島市民及び非戦闘員の措置

などと言ふ事が此規約上の重なるものであらう

又新は一一月九日に社説で『青島の処分』、『独逸魂を弔ふ　我社は冷笑して之を吊ふの光栄を有す』を、鷺城も一一月一〇日『俘虜将校の佩刀:ワルデツク以下将校に対する御恩典』とともに、「将校に佩刀を許され俘虜として一段の恩典を与へ賜ふ」や、「一人としての面目を保たしむる為め」と、日本側の太っ腹を見せる。一方で、「独逸魂なるものは要するに三文の価値もあらざりしょな」と冷笑していて、戦時下におけるマスコミ報道の特徴が出ている。日本はこの勝利で膠州鉄道を含む山東半島の権益、南太平洋のドイツ領に対してもドイツ軍の行動を制約するために、ミクロネシ

アのドイツ領であったアリアナ諸島、カロリン諸島、マーシャル諸島を占領下においた。

鷺城は一一月一〇日付『青島陥落の原因：平和克復後の東洋貿易関係を打算して』で、その原因を「青島の守備兵は後備にあらずんば義勇兵であるさうして此等の人々の多くは東洋に在つて商業に従事しているもの」であり、十分な兵力とはなり得なかったと論じている。

この時期より俘虜護送などの記事が数多く掲載されてくる。鷺城は一一月一二日に『総督以下の俘虜：第二回俘虜として二千三百名護送さる』、『他日復讐す可し』、『俘虜は猶ほ斯の気慨あり』、『南洋の俘虜九名：但し非戦闘員は釈放さる』を報じている。さらに同日久留米来電では、『他日復讐す可し俘虜は猶ほ斯の気慨あり』と、イギリスに対する復讐を誓うとともに、ドイツ軍俘虜が日本との戦争は好まず、今後は平和的に商工業界で平和的な〈復讐〉を論じている。

殊に英国に向つては飽迄復讐を決行せざるべからずと放言し彼等の英国に対する恨みは甚だ深きものゝ如く山本中尉が汝等は英国に向つて恨みを懐けるが如く日本にも亦然るやと問ひしに然りと答へしかば日本の陸海軍はその戦術に於て世界の何国も之を模倣し得ざるものを有せり見よ汝等が難攻不落と称せし青島の如きも総攻撃僅かに一週日にして陥落せしにあらずやと語りしに彼れは打ち肯きつゝ或は吾等は日本人の敵にあらざるやも知れず、然る時は武器を以て日本と戦ふ代りに他日商工界に於て平和の復讐をなすべしと語れり、されど其の後は一般に落ちつきて青島植民経営の歌を合唱しながら九日より自炊生活をなし居れり

2　祝賀に沸く

日本国内では青島陥落に関して『祝捷提灯行列』や、《祝捷歌》の製作があり、神戸や姫路でも祝賀気分が街をおおった。

朝日一一月九日『県下の歓喜声　見よ常勝国民の意気を』

市中の活気　青島陥落の快報に前夜遅くまで提燈行列の火が華やかな賑ひを見せた神戸市中は八日も尚各戸の軒に残つている国旗に活気が認められた。

鷺城は一一月九日でも『火の海から万歳の声＝本社社旗を先登にして祝捷提灯行列＝幾百千の市民齊しく青島陥落を祝ふ』と、姫路市民の熱狂ぶりを伝えている。

青島陥落は、日本在住のドイツ人にとっては寧ろ安堵であったことも判明する。神戸一一月八日は一記者が『俘虜も御無事で：独逸義勇兵の留守宅を訪ふ』で、神戸から青島に夫を出征させた妻を取材し、その中の「衷心日本の戦勝と青島の陥落を祝う」というくだりは、俘虜となれば無事に日本に帰国できることで、ドイツ人であるがこの結果を歓迎するという内容であった。

敵国独逸人の家庭祖国破れたりと聞かば如何に感ずらむ殊に出征独逸人の家族の感想や如何にと一記者は陥落号外を手にして独逸軍人の留守宅市内中山手通三丁目独逸国民兵シャーマン氏邸を訪ふ(中略)独逸義勇兵として青島に籠城し祖国のために奮戦したる由夫人は年頃二十五、六、金髪を中央より美しく分け水色の上衣艶に今しも親しき婦人と二人ピアノの弾奏に耽り居たる処その手を止めて語るやう「主人は義勇兵を志願して青島に参りました、陥落する様は激戦に何う致しましたか安否を尋ねの電報を打度くも……、日本から打てるでせうか日本は誠に仁義の戦ひです決して好んで独逸を敵にしたのではなく日英同盟上余儀なくされたのです、陥落を祝する訳ではありませんが兎に角今に捕虜として日本へ帰るを待ちかねます独逸の軍隊は何の位死んだでせうか、俘虜になつたら久留米へ来るのでせうか」と憂はし気の面持なりしかば収容所は各地に出来る旨を告げしに「京都ならば近くて結構です俘虜でもよろしいから無事な顔が見度い」と敗戦は打ち忘れ一日も早く良人の帰るを待ち焦れる様子さもあるべしと思はれしが傍に在りし某独逸婦人は特に名を秘すとて明さゞりしも自分は日本に二三年住み夫は日本人ながら而独逸の敗けるのは残念なり青島を落したるは同盟軍にあらず日本人の手腕なりと語り合ひつゝ思ひを出征の人に馳て無限の感慨に堪えぬ風情なりき（一記者）

『留守宅の喜び陥落を聞き神にお礼の軍人家族』（神戸一一月八日）も、ドイツの敗戦にもかかわらず終戦に安堵した軍人家族の偽らざる気持ちを表し、日本軍と共にドイツに参戦したイギリス、さらにロシア、フランスも連合国としてこの勝利を歓迎している。

勝利を祝した神戸市民の反応には、『狂喜せる神戸市』（朝日一一月八日）に続き翌日も『県下の歓声　見よ常勝国民の意気を』、など一方的な勝利ムードに酔いしれる市民が紹介されている。また姫路では『飾磨街の祝捷祭：屋台七基を練り廻す』（鷺城一一月一三日）で、姫路名物の屋台を繰り出して祝っており、姫路市民がこの戦争に強い関心と期待を抱いていることを窺わせるとともに、播州地方の秋祭りの様子が生き生きと語られている。

3　アメリカ、イギリスと中国の反応

一方、日本の青島攻略の動きに対し、孤立主義（モンロー主義）をとるアメリカと中国が重大な関心を抱き、外国紙としての中国、アメリカとイギリスがそれぞれ新聞にコメントを寄せている。［青島陥落と米新聞』（鷺城一一月一三日）でアメリカ紙は、

青島の陥落と共に日本の独逸に対する陸戦は終りを告げたるを以て日本海軍は智利沖に英国艦隊を悩ましたる独逸艦隊を駆逐するため一層活動するなるべし（中略）青島の陥落は日本が極東の問題に対しモンロー主義（**註4**）を世

界に声明したるものなり今後支那に対し領土分割等は思も寄らざるべし米国は豪も支那に対し領土獲得の野心を有せず只機会均等なるを要求するのみなるを以て日本の態度は豪も吾人を脅かすものにあらず支那の人民を援助し指導し以て彼等を自由独立の経路に進むことは米国の歓迎する所なりと論ぜり（後略）

と日本には領土獲得の野心はないだろうとみている。中国の『青島陥落と支那新聞』（鷺城一一月一三日）では、〈北京デーリー、ニュース〉青島陥落の結果開戦以来支那人心に蟠《わだか》まりたる緊張の念減殺するに至るべきは疑を容れざる所なりさりながら日本の行動は今後益々注視せらるべきにつき日本が飽迄対独最後通牒の趣旨を確守し支那人の疑惧を一掃せんとを望む膠州湾を支那に還附し平和を確保せば日本は必ずや支那国民の好意を受くるを得べしとして日本が膠州湾を支那に還付することを期待している。また日本と同盟関係にあったイギリスはタイムスとマンチェスター・ガーヂャンとともに『青島陥落と英紙』（鷺城一一四日）で日本に対し好意的論評を掲げ、日本は大いなる権益を得ることができろだろうという領土拡大を認める示唆を与えている。

そして鷺城は一一月一三日に『戦捷御奉告祭』の実施を伝えている。戦勝国はいつの時代でも報道に主導権をもつ。今回でもドイツ軍俘虜が卑劣だとする記事『白旗を掲げて砲撃す 咄不埒《とつふらち》極る敵の卑劣手段』（又新一一月一六日）で、青島陥落前後で敵が白旗を掲げておきながら攻撃を仕掛けてきた、と反論できない方法でドイツを非難している。

(3)　俘虜移送（一九一四年）

一一月一七日になると鷺城が『青島の授受終了』（陸軍省公報）、『青島入城式順序』、『青島の処分に就き』、『青島の俘虜到着す＝日本兵の武勇を賞讃し英兵を罵倒す＝』を、又新も一八日には『青島敵将来る 昨日の総督今日の俘虜　福岡に収容さる』と、青島に関する記事を掲載してくる。そしていよいよ各地の収容所への俘虜移送が開始される。

一一月七日印度丸で海兵大隊千二百十五名が下関へ、さらに他の俘虜は久留米、福岡、熊本に、そして福壽丸では松山に収容する予定となった。一一月一五日、一千七百十九名のドイツ軍俘虜を乗せた船が門司港に入港した後、久留米、福岡、熊本へ移送された。

俘虜のイギリスに対する反感と日本兵への賞賛は、毎日一一月一六日『青島の俘虜到着す　久留米に。日本兵は強し。英兵を罵倒す。独逸は全勝すべし』に登場し、日本兵の機微と勇敢さを讃えるとともに、相手がイギリス兵だったら徹底的に闘っていたとし、ドイツは日本と闘う気持ちはなかったこととともに、イギリスへの反感が語られている。

姫路に到着した俘虜は、姫路俘虜収容所の準備事務所を当師団司令部会議室内に設置して野口所長以下係員が一切の事務取扱いを開始した。姫路での収容所への入城順序や食事について鷺城は一一月一七日で次のように報じている。

妙行寺は客殿七十畳、庫裡三十畳を収容所に充当すべく、准士官以上十名の収容を見る筈、東京外国語学校出身（東京現住）庄子勇氏は臨時陸軍通訳として二、三日以前より来姫し事務に鞅掌中にて野口所長の談に依れば何分匆卒任命せられたるより取扱へず差当り寝食の準備に忙殺せられ食事は自炊法を採ること丶したるが何れ不日到達の上厳重なる消毒法を施行し収容の上便宜に取扱ひをなすべしと併して収容人員は予定の如く准士官以上将校十名下士卒三百名なるも多少の増減はあるべく本部を別院内に設置せらる丶都合なりと

又新は一七日で『寛大を極む　俘虜姫路着は一九日　或程度までは放任主義』として収容後の俘虜の処置に収容所長が放任主義を打ち出している。この方針は今後俘虜のスポーツや文化・音楽活動に生かされ、俘虜がある程度自由な収

容所生活を満喫することができる環境が保証されることになる。俘虜収容所長は俘虜の取扱方について次のように語っている。

或程度迄は俘虜の要求を入れ、日本軍人同様の取扱をなさしむ筈なり食糧品は一切三十七、八年俘虜取扱細則に依り自炊制度を執らしむるべく計画せり俘虜の遊戯は時々金銭を賭し骨牌《かるた》を使用せる等実に忌しき事をなすものあり是等は取締上叱責の必要もあれど宗教並に遊技上の自由は認めざるべからず殊に妙行寺は運動場の狭隘なる為め適当のグラウンドを選定せんかと思ひ居れり、工事は既に計画中なり一六日より各収容所共に板圍《かこい》其他の工事に着手したるが兎も角も敵国俘虜の取扱としては実に寛大なる処置なり言々（姫路）

一一月一九日には『青島敵将の門司着』と、俘虜の日本移送関係の記事が紙面を賑わしてくる。『姫路俘虜収容所＝三収容所整備成る＝俘虜来着期＝受領員出張＝斯く収容所収容数と俘虜待遇』（鷺城）では。姫路三収容所への配置、自炊方法、そして給料の支給まで実施するという待遇を出している。中でも自炊方法については，後日パン焼き機の設置が認可されるが、とりあえず彼等の生活に即した食事がある程度保障されたことで、収容所生活のストレスは削減されていったことであろう。

自炊方法にて食糧材料は供給の上自炊すべし、但し将校は自弁にて帝国の将校相当の給料を支給し准士官は一日四十銭、下士卒は一日三十銭の範囲にて支給せられ凡て充分なる優遇を与へられるべしと

1　俘虜の到着と収容所開設

一一月二〇日になると、姫路に到着する俘虜の記事が多くなってくる。同日、『俘虜本日姫路着　収容所竣工す』（又新）

が報じられる。

青島から御用船嘉義丸で門司港に到着した俘虜に関する『俘虜四十欧州戦局を聞度《ききた》がる』（又新一一月二〇日）の記事は、未だ継続中の欧州における戦局について、俘虜の関心の高さを物語っている。

一一月二一日に鷺城『俘虜収容所　愈二〇日より開設』は、姫路における収容所生活が現実化してきたことを紹介し、三収容所への配属、電話と運動、そして取締規定を交付している。

姫路俘虜収容所に於ては大体の設備成りたるより二〇日午後零時四十九分当駅着列車にて俘虜将校八名、准士官十八名、兵卒二百九十七名は輜重兵《しじゅうへい》（運搬兵）大尉以下の受領委員に引率せられ来着し船場別院、景福寺、妙行寺の三収容所に収容したり。将校の収容所は阪田町妙行寺にして約五名の従卒を配属せしめ同所附として片岡歩兵伍長以下卒十名の衛兵を配置し同所は狭隘にして運動場の余地なきにより将校に限り自由散歩を許可せしむことゝせり、同所は将校の居室として四十八畳従卒の室として十二畳を与へ各室の間に白木木綿を以て几帳を垂下し将校の寝具としては新調の藁蒲団一枚に敷布鼠地の毛布八枚を与ふ凡て食料は当分大鹿洋食店請負ひ各自の希望に任すよし。別院内に一五日講には本部を置き、大玄関より広間白書院に通ずる一画に診断所を置き衛生機関の完全を期すことゝなせり。福寺収容所には百五十名を収容することとして、遠藤砲兵軍曹以下卒十名を配置し本堂客殿一画として下士卒藁蒲団と敷布赤毛布六枚として賄は准士官一日四十銭兵卒は三十銭の範囲に於て当分大鹿洋食店より請負納入せしむることとせり。収容所には電話を設置せられたり運動場は何れも余地なきを以て一日一回若くは二回係員附添所外に散歩を試む筈にして追て娯楽場並に酒保を開始して便宜を与ふる筈。当市五軒邸伝導師ベーカー師は聖書並に雑誌若干部を俘虜将校に寄贈方本部に出願したりと。俘虜取締規定は目下制定中なるにより不日公布せらるべし一一月二〇日には広島宇品から鉄道で三百名余りの俘虜が姫路に到着した。そして本徳寺にはドイツ兵、景福寺にはオーストリア＝ハンガリー帝国兵が各々ほぼ百五十名、妙行寺には将校など十名ほどが分割収容された。寺院への俘虜収容は、正式の収容所建設までの一時的措置で、日露戦争時も同じ措置がとられていた。そしてこの措置は一九一五（大正四）年九月の青野原移転までのわずか十ケ月間であった。

［写真 2-1　姫路収容所：加西市提供］

神戸は一一月二〇日『俘虜は本日姫路に到着：将校以下三百十名』を、又新も翌二一日には『珍客来る、青島の独墺俘虜姫路着　観光にでも遣つて来たやう　頗る暢気に構えている』を写真付二枚を出している。それらは「収容所船場別院到着」と「姫路駅を出て収容所に赴く途中」である。姫路に到着した俘虜の表情には敗戦兵の面影はなく、安堵感が見て取れる。ドイツでは俘虜もまた兵士としての務めであり、その務めをきちんと果たすことが求められるとともに、『第二ハーグ条約』で守られた生活への保障が彼等を安心させているからでもある。ただ第二次世界大戦下ではこのような光景はほとんど期待できなかった。

さらに同紙『俘虜姫路に着す：皆呑気相に『余等は名誉也』』（一一月二一日）では、『刀折れ矢尽く余は名誉の俘虜』と、また鷺城も同日『珍客来る　戦敗れて賞讃の勅語を得し軍人』を掲載し、「カイゼル青島降伏独軍に対し其の勇戦と功績を賞揚し、賜ふに得難き勅語と勲章とを以てす、戦ひ敗れて賞讃せらるゝもの独り独軍あり、戦ひ敗れて勲章を賜ふもの独り独軍あり、青島俘虜又以て名誉とすべし、光栄とすべし。軍人としての珍客なり、吾輩は之を歓迎す」と俘虜に対してリスペクトしている。また鷺城一一月二一日コラム欄［鷺城鞭］では、「遠方御苦労、さあ君あがりたまえ、ゆつくり遊んで帰りたまえ、といつた風に官民待遇するンだから俘虜は満足だろう青島の俘虜は戦に敗けて、独逸皇帝から其勇戦を賞讃てもらつた、お歴々の方だからエラい此の珍客様は日本でこそ珍客扱ひにされて結構な待遇だが、独逸に捕はれてる俘虜といつたらお話にならない、まあ見たまえ、外字新聞に掲載された雑報だが驚いた事をやるぢやないか」と、ドイツで俘虜となった日本人がひどい扱いを受けているとして、ドイツを野蛮国だと切り捨てている。

『恋の俘虜士官』（神戸一一月二〇日）では、姫路から出兵した技師が、俘虜として再度姫路に帰ることが実現し、恋人に寄せる思いが語られている。俘虜が一人の平凡な若者であり、平和な生活を希求していることを窺わせる。

俘虜が姫路に到着すると、外国人に対する好奇心なのか多数の市民が姫路駅やその周辺に集まって見学するという光景が見られた。俘虜に対する反応はその後、次第に交流へと発展し、ドイツの文化や技術の優秀性に関心が高まっていく。徳島板東俘虜収容所では、俘虜は親しみを込めて「ドイツさん」とも言われていた。そして収容所に設備について毎日三年一一月二一日付は『俘虜三百姫路に到着』の中で次のように明らかにしている。

収容所三ヶ所の中最も多数を収容せる姫路別院（本徳寺）は広き境内に堅牢なる杉板を以て垣を施し其の横手に収容本部を設置し之に収容所長野口中佐は詰め切り収容所の入口には歩哨厳として形を正したり収容所に充てたる本堂横手の黒書院白書院には共に本堂阿彌陀如来る前に至るまで杉板を以て垣し黒書院に七十名白書院に八十名分収せり而して寝室は食堂に隣りて設けられ、同院北玄関入口を以て事務所に充て兼て俘虜の診察室に充て、境内中央には四坪の地を画して之れに日本式の風呂場を設け其れに隣りて洗面場及び洗濯所を設けたり別に装飾は施さゞるも決して粗なる設備にはあらずワルデツク総督が日本の待遇を喜べるが如く茲に収容せられたる俘虜も亦大いに満足せるものゝ如く其他景福寺、妙行寺も同様の設備にて三百余名俘虜共に感謝せるが其の取扱方に就いて野口中佐は語る『起床は午前五時で八時に朝食、其間三時間を以て随意日課なり運動を取らせる、昼食は言ふ迄もなく正午十二時夕食は午後五時で九時に消燈させることになつて居る、又寝具は総て毛布で赤とカーキ色の二色を用いることになつて居るが是れは総て軍隊の規則に依つたもので、全国十一ヶ所の収容所何処も同一である、妙行寺に収容の准士官に附随して居る従卒は下士卒三百名の中から選択したもので彼等は最初からの従卒ではない景福寺、妙行寺の二ヶ所は軍曹及び伍長をして事務を執らしめることになつて居る、又た俘虜の食事は総て大鹿本店に於て賄ふことになつて居る』云々

さらに一一月二一日に鷺城『俘虜収容所　愈二〇日より開設』は、姫路における収容所生活が現実化してきたことを紹介し、三収容所への配属、電話と運動、そして取締規定を交付している。

姫路俘虜収容所に於ては大体の設備成りたるより二〇日午後零時四十九分当駅着列車にて俘虜将校八名、准士官十八名、兵卒二百九十七名は胁輜重兵《しじゅうへい》（運搬兵）大尉以下の受領委員に引率せられ来着し船場別院、景福寺、妙行寺の三収容所に収容したり。将校の収容所は阪田町妙行寺にして約五名の従卒を配属せしめ同所附として片岡歩兵伍長以下卒十名の衛兵を配置し同所は狭隘にして運動場の余地なきにより将校に限り自由散歩を許可せしむことゝせり、同所は将校の居室として四八畳従卒の室として十二畳を与へ各室の間に白木木綿を以て几帳を垂下し将校の寝具としては新調の藁蒲団一枚に敷布鼠地の毛布八枚を与ふ凡て食料は当分大鹿洋食店請負ひ各自の希望に任すよし。別院内に一五日講には本部を置き、大玄関より広間白書院に通ずる一画に診断所を置き衛生機関の完全を期すことゝなせり。福寺収容所には百五十名を収容することとして、遠藤砲兵軍曹以下卒十名を配置し本堂客殿一画として下士卒藁蒲団と敷布赤毛布六枚として賄は准士官一日四十銭兵卒は三十銭の範囲に於て当分大鹿洋食店より請

> 負納入せしむることとせり。収容所には電話を設置せられたり運動場は何れも余地なきを以て一日一回若くは二回係員附添所外に散歩を試む筈にして追て娯楽場並に酒保を開始して便宜を与ふる筈。当市五軒邸伝導師ベーカー師は聖書並に雑誌若干部を俘虜将校に寄贈方本部に出願したりと。俘虜取締規定は目下制定中なるにより不日公布せらるべし

以上の報道からは、収容後の日本側の準備として診察室の設置、日本式の風呂、一日の生活設計が見て取れる。そしてドイツ軍俘虜は姫路市民にとって反感感情ではなく物珍しい対象だったことが窺える。次の『ポンチ式の俘虜＝ドイツもコイツも大荷物を担ぎ廻る＝』（鷺城一一月二一日）は、姫路に到着した俘虜の服装や行動について、「一巻のポンチ絵を見たるが如く」と称している。この「ポンチ式」（風刺や寓話）では、C・ワーグマン風の風刺画的に俘虜を観察し、「流石に軍国の独逸だけあつて威風堂々たるものあり」と、評価しつつ、姫路市民が珍客を見るために姫路駅ホームになだれこんでいる光景を語っている。そして俘虜の行動について「頗る規律を厳守し受領委員の命を遵守し至つて温順」だと認めている。

> 当時の苦戦の状況を語るか如きものあり士官は流石に軍国の独逸だけあつて威風堂々たるものあり俘虜の多くは危地を脱したる喜びに堪へざるものゝ如く嬉々として微笑を湛へ居たり、殊に滑稽なりしは携帯の荷物にて番号附の大袋を背負ふもの小脇に抱けるもの、巻毛布を背負へるもの、大鞄を抱いて早足に行進するのも、六尺に余る大男あり、小男あり、何れも大荷物を抱いて行進せる有様は一巻のポンチ絵を見たるが如く斯くて本徳寺に入りたる一同は漸次休憩の上将校は妙行寺へ、下士卒は同寺と景福寺に収容されたり、当日此の遠来の珍客を見んと当駅に詰掛くるもの頗る多く正午頃姫路駅前は人の山を築きたるが定刻列車ホームに入るや見物人は雪崩を打って構内に入り込み播但線のプラットホームは人を以て埋められ果ては線路を飛越て本線プラットに押掛け捕虜の下車する場所

をも占領せん気勢なるを衛兵十数名強制的に之れを制止立退かしめたる程なり、因みに俘虜一同を一九日午前四時三十分受頭《ママ》委員脇大尉一行の手に受頭《ママ》し午後十時三十分宇品駅発、途中二時間休憩を与へサンドイッチの昼食を与へたるが一同は頗る規律を厳守し受領委員の命を遵守し至つて温順なりと且つ軍事上に亘る談話を厳禁しありと尚二〇日夕食として下士卒にはライスカレー、カツレツ、食パン四半斤を給与せしが何れも元気なり

(4) 収容所生活（一九一四年）

一一月二二日には鷺城が彙報として『俘虜収容所』を論じている。ここでは野口所長の訓示として衛生状態、日本人観、官給と衣服費、食品と自炊法、俘虜の日課、そして俘虜の小言がわかりやすく観察されていて、俘虜の日常生活の様子などドイツ軍俘虜への処遇で理解が感じられる。特にドラヘンタール少佐の感謝の意や、「日本に敵意はない」のくだりは、日本の処遇に対する感謝と共に、この戦争の本質が何であったかを彼らが感じていたことでもある。

墺国軍艦カイゼリン・エリーザベス副長海軍少佐フォン・ドラーヘンタール（**註5**）以下三百二十三名にして何れも危地を脱して日本の優遇を受くることゝなれるを感謝しつゝあり、昨今の見聞を示さんか。収容所長野口中佐は二〇日午後五時妙行寺俘虜将校に対し、二一日午前十一時より船場別院収容所及び景福寺収容所俘虜に対し順次左の意味の訓示を与へたり　諸君には祖国の為め勇敢に戦ひたり、而かも刀折れ弾尽きて俘虜となりたり、吾人は諸君に対し多大の同情を表す、吾人が諸君を遇するには一に我が陸海軍法規に従ふも、又諸君を遇するに我が陸海軍

の待遇を以て遇す、軍人は軍事としての名誉を保たざるべからず、諸君は宜しく独逸国軍人として、又墺国軍人としての名誉を保つべし、吾人は収容所長を始め収容所附将校及衛兵は、陸軍大臣閣下に隷属して、当師団長閣下指揮の下に万事を処する者なり、故に諸君の吾人の命令に従はざるべからず、唯茲に遺憾とするは、設備の不十分なるに在り、是れ事の余りに急に出でたるを以てなり何れ不備の点は漸次に之を補足せん、諸君は我国の風土気候に慣れざれば、各自衛生に注意し、身体を大切にせよ、而して平和克復の日を待て云々

右訓示を為したるに各収容所俘虜中の上官若くは古参兵は何れも所長以下の各将校衛兵等の厚意を謝し誓つて命令に背かずとの趣旨の答辞を述べたり

衛生状態について吉沢軍医は、「皮膚病、痲《ま》疾等の傷病者十名内外成るも将校には一名の罹病者もない」こと、「衛生思想が発達している」として良好だと述べている。また俘虜は日本に対して敵意はなく、「柔順にして厳格なり、係官の命令に服従して只管本邦人の感情を害せぬ様に努め日本の厚遇に衷心満足を表している」とした上で官給と衣服費について次のように述べている。

将校には日本将校と同様の俸給額を支給するも准士官以下は冬期間に於ける消耗品修繕としては准士官年額五円、下士一円、卒五十銭、衣服の新調費としては准士官は冬期十五円、夏六円、下士卒冬八円夏三円、下襦袢帽等は准士官冬三円、夏一円五十銭、下士卒冬八十三銭、靴は自費自弁の規程なるが、可成的現品を支給する方針なりと俘虜の多くは自炊を要求する今後一ヶ月を経過すれば自炊をなさしむる都合にして目下供給の品は食麵一斤、牛肉五十匁、馬鈴薯百匁、玉葱三十匁、砂糖十匁、食□五匁、日本茶（一回分）等にして一週間毎に献立を取替下士卒三十銭准士官四十銭将校五十銭の範囲内にて各種の洋食を大鹿店より調達供給しつゝあるが一斤の食麵は多量なりとて大部分は残し居れり、酒類は目下一切厳禁しあるも今後時期によりて供給する筈なりと

また収容所の俘虜日課については、

午前七時朝点呼起床、午前八時朝食、正午十二時昼食、午後五時夕食、午後八時三十六分夕点呼、午後九時消燈就床と規定せられたるが景福寺収容の俘虜は何れも消燈時間を合図に何れも期したる如く電燈を消して就床したには係官は暗闇にて取締上困難をしたと言へり

「小言の数々」＝異人種のことゝて差当り不便を感ずるは便器にして目下使用の便器は軽三寸の穴を有するものなるも尚穴の狭きを感じ六寸の穴を穿ち呉れとの要求せるよし、昨夜の如きは本国へ日本に到着収容せられ居る事を通信したき旨を要求して係官を困らせたるより打電方を許可したれば大に喜びて我れもくと時ならぬ欧文電報に郵便局員は目を皿にして忙殺せられた将校は何れも贅沢三昧にて収容せらるゝま否や洗濯屋を呼べ、髪屋を呼べ、果物は喰わぬ、煙草を欠乏した、日本貨幣と両替して呉れなど四方八方から小言やら希望やらを頻発して係官を困せりとぞ

姫路に到着した俘虜は、軍隊生活に馴染んでいるためか規則的な生活を送っている。夜九時消灯、朝は喇叭の音で起床し、朝食は半斤のパンと砂糖湯、食後は行水、洗濯、散歩、トランプ、散髪、読書などである程度気楽な生活を過ごしている。宗教は信じているがそれとて礼拝所の設置はそんなに必要としていないなど興味ある話題を提供している。自炊は日独双方にとって有効であったが、パンに関してはしばらく姫路の業者から調達せざるをえなかった。敗戦したことよりも解放されて自由の身になったことがよほど彼等をリラックさせたことかもしれない。そして〈俘虜〉という意味が当時の日本人の感覚とは随分違っていた。

しかしヨーロッパ戦線は九月中旬頃から塹壕と毒ガス使用による激烈な白兵戦が展開し、ドイツはエーヌ会戦や第一次イペール会戦などでの敗戦、さらにはロシアでの戦闘で八万三千名の俘虜を出し三個軍団全滅で国境に敗走している

という報道（一一月二七日　鷺城）など、現実を収容中の俘虜はなかなか理解できなかった。この状況は彼等が敗戦後ドイツに帰国したときに、ドイツの現実を眼のあたりにすることとなる。

東京東本願寺別院に収容されるドクトル・ユーベルシャールという総督通訳でもあった大阪高医独逸語教師は、品川に向う大阪駅での一記者との会談で、「夢の様です」（朝日一一月二二日）と流暢な日本語で語っている。三年有余の日本生活で日本への愛着と再度教授ができるという感慨からではないだろうか。このように日本在住のドイツ人が青島に召集され、俘虜として再度日本の土を踏んだ例はかなりある。

姫路（後日の青野原）収容所は全国六収容所の中でも、オーストリア＝ハンガリー帝国俘虜が多いという特徴をもっていた。オーストリア＝ハンガリー帝国とドイツは同盟国ではあったが、国が異なると様々な問題も起ってきた。

本徳寺にはドイツ兵、景福寺にはオーストリア＝ハンガリー帝国兵がそれぞれ百五十名ほど収容された。この本徳寺と景福寺は日露戦争でのロシア兵俘虜がかつて収容されていた。俘虜の日常生活は、応急仕立の寺院などで西洋式備品が完備されていなかったため、不便な生活を送らざるをえない状態でもあったが、念願であった浴室や酒保なども改善の見込みが出てきたようで俘虜は次第に落ち着きをみせてきた。

俘虜の中には、神戸ヘルム兄弟商会主の息子で、一年志願兵予備伍長ウイリー・ヘルム（註6）がいた。彼の父はドイツ人で、四十六，七年間、日本に在留し明治初年旧和歌山藩の兵学校教官をしていて大の日本贔屓で、日本人の母との間に横浜で生まれた。しかし八月に青島は極東在留独逸壮丁召集令でウイリー・ヘルムは神戸の同国青年と共に招集された。父のヘルムはこの召集には不同意であったが、国籍がドイツだということで已むを得ず召集に応ぜざるをえなかった。青島陥落後、ウイリー・ヘルムは負傷したが、元気に俘虜として収容された。彼は日本語が堪能であり、日本軍との間に立って様々な斡旋をしたりして一目置かれる存在となっていた。熊本に収容された息子に、父は親心か五・六百円を持たせている。

収容所に落ち着くと、俘虜は逃亡をはじめさまざまな行動を起こし始めて来る。姫路収容所の山口師団長代理柚原参謀長は俘虜の外出を許可することを発表する。この方法は、下士卒には衛兵を付わせて近くの山野を散歩させる、将校には地理を知るまで護衛させ、その後は自由に散歩させる、回数は一週に二回程度としている。この措置は俘虜にとって狭い収容所から外の空気を吸えることとなり、ストレス解消に一役かうこととなった。実際、後日には姫路城への登閣へと展開する。

オーストリア＝ハンガリー帝国ドラヘンタール少佐は、俘虜に対する日本の待遇に満足していて、野口所長に感謝している。また新聞記者の取材に対しては収容所規定に拠って優遇し、毎日午前九時から十時までに係員に接する事が許可された。収容所に於ける俘虜の生活に関する情報はこの措置で取材できたと思われる。その中に音楽に関する記事が『俘虜収容所』（彙報）（鷺城一一月二五日）に、「月下弾奏」として掲載されている。ヴァイオリンを携帯してきた俘虜が弾奏していたもので、奏者名不明だが、後述の『コンサートプログラム』から推測すると、レッシュマン、ドン・クールもしくはフインクと推測できる。

> 月下弾奏＝景福寺に収容の某俘虜は夕食後庭前にヴァイオリンを携へ行き荒涼寂寞たる暮れ行く秋の夕空に弦々嘈々（註：玄々嘈々か）雲間に洩れ出る□月に無限の情緒と配所の徒然を慰むるが果た妻恋ふ鹿ならで祖国の恋女房の上に及びしが茲一幕の悲劇は係官をして同情せしめたり

俘虜の不平や反感などについては、記者が『俘虜の昨今』（鷺城一一月二六日）でかなり詳細に報じている。中でもドイツ兵とオーストリア＝ハンガリー帝国兵の軋轢、イギリスへの反感、酒保の開始が彼等の率直な吐露でもあった。

「飽迄軍律的」では、ドイツを文明国人だと認め、軍律的精神に感心し学ぶべきところがあるとして次のように述べている。

　上下更に隔心なく服従的観念は非常に強い一寸収容所員の将校でも彼等の運動場を通行した際など必ず道を開いて譲るが其の刹那の行動の機敏さは日本の兵卒には出来ない位敏捷の行動を取る

「命令の伝達」では

　総ての命令は特務曹長より曹長へ、曹長より班長に命達し班長は部下の兵卒に命令を下して統一を計つて居る、其の外に掃除当番、食事分配の当番をおいてある

また、当初から日本貨幣を潤沢に持ち合わせていなく「小遣銭がない」という俘虜の不満があった。換金方法を交渉中で、当初は俘虜への送金が、ジーメンス社（**註7**）、シユッケルト商会より四千円、東京在住のドイツ人より三百円送金され、民間商売人の収容所での販売などで使用できるようになったが、両替が間に合わず果物や飲料水、そして酒保での利用ができなかったと悔やんでいた。

「独墺兵の反感」では、ドイツ兵は傲慢でオーストリア＝ハンガリー帝国兵を馬鹿にしていて常に暗闘は絶えないという状況を呈していた。そしてイギリスに対しての敵意である。また言語の違いも出てきているが、稲田少尉はドイツ語堪能で、俘虜は彼の訪問を期待していた。通訳の必要性は相互理解に極めて必要で、徳島収容所では高木大尉の存在が収容所管理に多大な役割を果たした。

　英国に対する彼等の敵愾心は殆ど其の極度に達し今に報復してやると言ふ考のあるのは争ふべからざる事実である

(中略) 墺兵で伊太利産のものは何れも英語で談話は出来るが独墺兵には英語で話せるものは至つて少なくない通話上に至つて不便を感じて居るが然し辻通訳の外に歩兵第十連附の稲田少尉は当軍隊切つての独逸通なので何処の収容所でも同少尉の訪問を何より歓迎して喜ぶそうである (以上、鷺城一一月二六日)

待ちに待った酒保が二五日から開始されることになった。一一月二六日には姫路市の堀市長が姫路に開設された三ヵ所の収容所を慰問している。姫路市長の慰問は俘虜の日本に対する気持ちを和らげたことになったと思われる。鷺城一一月二七日および二九日に堀市長が妙行寺の俘虜将校ドラヘンタール大佐(少佐から昇進)を訪問し西洋花と菊の花を寄贈し、日本がドイツに対し敵意をせず健康自愛を表している。その厚意に対しドラヘンタール大佐が神戸市長に対し、日英同盟のための戦争であって決して国家間の戦争ではない、日本国民が社会道徳に富んでいるかを察し、俘虜に対する取扱方への感謝であった。

俘虜の外出許可が始まると、外出区域が設定される。それによると、市内一円、ただ兵営ぐ軍衙《ぐんが》、官公衛停車場を除いて週二回とするが、天然痘の予防も行った。そしてジーメンス社による俘虜への援助、民間商売人の収容所での販売なども現実化した。

外出を許可された俘虜は、買物行動にも移っていく。俘虜でも日本をはじめアジア諸国から招集された俘虜は少し持金に余裕があり服、靴などの買物をしている。ただ商人が俘虜を珍客・〈先生〉と呼び、商人は値段を釣り上げていたとも言われている。

収容所での面会に関しては、外国人は外務大臣の許可を要し内国人でも衛戍(註:駐屯)司令官の許可がないと一切面会することは出来ないこととなった。

俘虜の中には教育者をはじめ様々な職業を有した者が数多くいた。日本の歴史研究もその一つである。一方、俘虜の行動には軍部も警戒心を抱いていた。新聞への検閲では、敵愾心を予防する方法としての『俘虜雑記　新聞の検閲』（又新一二月二九日）は、「俘虜の内外字新聞を購売して居るものもあるが一応本部で検閲し時局問題は全部抜粋の上読ませる要するに敵愾心を未発に防ぐ為だ」としている。またオーストリア＝ハンガリー帝国兵の述懐として、「一世紀毎に全欧羅巴《ヨーロッパ》に大戦があるが余は嘗て戦争に加つた事がない今度も水兵となり下士となり東洋艦隊に乗組んでから七，八年故国に帰つたことがない、日本は年に四度位訪問したので寧ろ第二の故郷と思つて居る、今年の六月実兄がボヘミヤで突然動員令が下つたと報せたきり消息不明多分戦死でもして居るのでせう、家族は姉妹が二人兄弟が二人、而して余は無妻であるが戦争は嫌だ、純墺人は却々愛国心に富んで居て勇猛であるが墺国も最《も》う末路でせうと大に悲観している。」と、故国を思い戦争を嫌っている心境を切実に語っている。

姫路収容所では当分自炊ができなかったので、市内の洋食屋から提供を受けていた。そして俘虜の処遇は厄介で、日本と比較して優遇しすぎているという不満が日本人の中から次第に噴出してくるようにもなってくる。

2　姫路城登閣と市内散歩

一方、暇を持て余していた俘虜の日常生活を緩和させる方針も出されてくる。その一つが姫路城への登閣や市内散歩であった。一二月一日には俘虜の遠足が許可され、姫路城に嬉々として登閣した様子が各新聞に次々と掲載された。『俘虜登閣は一日　日本語が上手になった』（鷺城一二月一日）では、日本文化に対する関心が芽生えてきていることが窺える。

いよ〳〵一日は俘虜達の本願成就して天下の名城豊太閤の遺跡たる白鷺城の見物をすることとなるが当日は午前九時より先づ別院収容の下士卒午後一時より妙行寺の将校別院の准士官景福寺の下士卒若干として収容所副官兼係員た

る稲田少尉引率哨兵十名をして護衛の下に収容後最初の市内散歩をすることに確定せられたるが何れも一刻千秋の想で待て居る。

続々寄贈＝在日本の独逸人より俘虜に続々物品の寄贈し来れる中にも東京シツゲル会社より黒麵（註：ばし）多数送致し来りたるが日本の白麵にはバタを付て食用するは大誤りで今回の寄贈の黒麵か本家本元だと俘虜か言ふて居る一箇人としては日本風俗誌日本渓本（註：独訳物）其他のあらゆる各種の雑書にて心ある俘虜は日本の研究に予念がない

日本語研究＝俘虜は流石に文明国の人間とて早くも日本語の研究に浮身を窶《やつ》し既に数字単純なる挨拶語等を語り係官衛兵等と談話を交換して居れるが今暫時研究を積めば上達して係官も日用の用便に利益を得るならんと

俘虜に依る日本文化、日本語研究は徳島板東収容所でも行われており、J・バルトによる『時代の流れから見た日本の演劇』、K・マイスナー（註8）『七夕』（註：筆者による翻訳あり）、H・ボーナー（註9）『日本霊異記』のドイツ語訳などがある。前出の歴史研究や日本語研究らとともに、俘虜を文明人だとみていることは、さらに高度な技能や技術を有していることと合わせ、俘虜が日本にとって有用な存在であると気づき始めてくる。

各紙は姫路市内散歩と姫路白鷺城登閣への体験を通して、日本文化との違和感も吐露している。『俘虜と白鷺城　日本芸妓の刺青』（朝日一二月一日）、『俘虜白鷺城に登る＝一眸裡に展開せる野趣山情を賞す　飲む食ふ一方石垣に驚く』（鷺城一二月二日）、『姫路俘虜君初外出　天守閣に登つて大満悦』（文新一二月二日）そして『俘虜の姫路見物：初外出の嬉しさ禁じ難く　白鷺城の腹切場で厭な顔』（神戸一二月二日）など、外出の喜びと日本文化へのまなざしが紹介されている。

俘虜の喜びは外出とともに日本国内のドイツ人からの援助が大きい。横浜ジーメンス社やドイツ人からの経済的援助が、収容所生活をある程度潤す結果となっていたことは確かである。

3　各収容所情況

又新一二月七日は現時点での全国各地の収容所に収容された俘虜の割り当てが『青島俘虜総数　各地収容状況（東亞時局）』として掲載した。これによると姫路は将校、同相当官八名、下士卒三百十五名となっている。

『青島俘虜総数：各地収容状況』

青島俘虜中已我俘虜収容所に収容されたるものは左の如し

久留米収容所	将校、同相当官二十九名、	下士卒五百七名
福岡収容所	将校、同相当官三十五名、	下士卒八百十五名
熊本収容所	将校、同相当官五十五名、	下士卒七百三十一名
松山収容所	将校、同相当官十五名、	下士卒四百名
丸亀収容所	将校、同省当官七名、	下士卒三百十七名
姫路収容所	将校、同相当官八名、	下士卒三百十五名
大阪収容所	将校、同相当官二十二名、	下士卒四百四十六名
名古屋収容所	将校、同相当官十二名、	下士卒二百九十七名
東京収容所	将校、同相当官十五名、	下士卒二百九十四名

右の外今尚青島に在りて病院に収容せられつゝある傷病俘虜将校同相当官二十四名、下士卒三百四十四名にして輸送に堪ゆるものより漸次内地に輸送せられ最近増置されたる三収容所に収容さるゝ筈にて来る八日宇品着の将校同

相当官十余名、下士卒七、八十名は静岡収容所に収容さるる都合なるが大分及徳島両収容所へは現に熊本及大阪両収容所に収容されつゝあるもの〻内より若干名宛転送さる〻ものあるべし而して以上已に収容済及今後内地に輸送さるべきものを合したる総数は。将校同相当官　二百二十二名下士卒　四千四百二十六名　合計四千六百四十八名

姫路収容所の山口勝第十師団長は、一二月七日景福寺、本徳寺、妙行寺について、要望書『俘虜収容所借家料其の他支出の件』（欧受一九六五号□欧九四九号）を出している。俘虜の待遇に関しその優遇振りを批判する記事も出てきている。日本人の生活と日本軍への処遇と比較して疑問に思う国民がいることは、一方で俘虜の存在がかなり一般の日本人の近くにいたことにもなる。『徳島人は敵愾心がない：俘虜に便宜を与へては困る』（徳島毎日一二月一一日）では、俘虜の敵愾心について久留米と比較している。久留米は「出征軍の所在地とて独逸に対する敵愾心が盛で俘虜に対しても彼等のため自分の子や同胞や友人が戦死したのだといふので俘虜を敵視するがため俘虜のために便宜を計つて遣るものなどはない」とする一方で、徳島収容所では松江収容所長談として、俘虜に対する市民の反応を気遣うコメントを出している。俘虜に対して寛大とも称されていた所長でも対応に苦慮している様子が窺える。

(5)　俘虜の遊興と問題行動（一九一四年）

俘虜にとって厄介な問題が出てくる。それは「〈暇〉をどう過ごすか?」で、収容所という規則と制限された生活の中で暇をもてあますことは耐えられなく、その克服法として考案されたのがスポーツ活動や音楽などの文化活動、そして

遊びであった。次は記者によるコメントである。

朝日一二月三日『夜の俘虜＝他愛のない遊戯』

姫路に収容の俘虜中下士のみを容れてある景福寺の夜の光景を観るべく或る夜訪うて見る、運動好きの彼等も昼間の運動に疲労《くたぶ》れて室内深く閉ぢ込んでいるかと思ひの外初冬の月冴えて寒さはひしと身に沁む中を相変らず元気よく運動を続けている、其中に長崎美人と結婚していると惚《のろ》けていたブリック・カスキーが居て記者を見るなり走つて来て握手を求める、暫くするとカスキーは室内からパンを持つて来て頬張りながら記者に向って「夜とパン」、「夜とパン」と叫ぶ、カスキーは日本婦人から愛さるゝ丈あつて中々の愛嬌者だ、室内を覗いて見ると煌々と輝いている電燈下にトランプをやつている者もあれば迂闊《うつかり》している僚友を後方から来るて引張倒して逃る者もある、又盲《めくら》遊戯とでも言ふのか三十八人許《ばかり》で円形を描いて其内一人の手拭で眼を隠している男が同じく手拭を堅く捲いて結んで宛ど拳固のやうに固くしたのを振廻して同じくこれも手拭で眼を隠している男を無暗矢鱈と追廻して盲滅法法界にブン殴ると言ふ遊戯をやつているのもあるがこれは如何にも無邪気で子供らしい而《そ》して其の態度が如何にも面白さうに見える、世界の大乱は何処にあるかと言つたやうである、併しこれは一面には自棄から来るのもあらう、鬱悶《うつもん》遣る方なさの手段とするのもあらう（中略）敵国に囚はれの身となつて斯くも安けき夢を結ぶのは全く我が聖代の賜物である

最後の「我が聖代の賜物」は俘虜取扱が如何に人道的であるかのアピールでもありそうだ。俘虜の生活に関する報告には、悲喜こもごもな様子が散見される。『週番は俘虜の喜び』（鷺城一二月三日）では、腕章を付けることに光栄を感じたり、同日『俘虜の減食処分　少量のパンを噛つて悔悟』では、食器に関して反抗したことで減食十日の処分を受けたこと、そして次の『俘虜劍を取上らる　日本芸妓大層別嬪好きあります』（鷺城一二月四日）である。

聖上陛下の厚き御思召に依り開城当時より日本収容所に到達する間は武士の面目を保たしむるため特に帯剣を御許可ありしも収容後帯剣の必要を認められず此れが為め市内妙行寺に収容せられ居るドラヘンタール少佐以下七名の将校の佩剣は悉く三日取挙げられたるが将校は予《かね》て覚悟の事とは言へ武士の面目上今更ながら心中多少不面目の感を抱き居れり（中略）俘虜文身《いれずみ》俘虜の大部分はいれずみを好んでおもに両腕に入れて居るが支那人に入れられたものは多くは龍蛇の種類が多いが殊に日本芸妓《げいき》の文身をなす者は甚だ多い俘虜の多くは日本芸妓大層別嬪で好だと言ふて居る係官戯れに日本芸妓が好きで文身までする位のになぜに日本と戦争したかと訊ねば芸妓は好きじやが戦争は皇帝同志がしたのだと平気で澄まして居る

将校を〈武士〉として捉えていることは、日本と同じ価値観からだろうか。また、いれずみや芸妓（註：げいしゃ、げいこの両ルビあり）への関心と戦争に対する認識の本心が表われている。『姫路の俘虜妻の写真を額面とす』（鷺城一二月五日）では、「最愛の妻子の写真を額面となしせめて毎朝毎此の写真に向つて健全あれ自愛せよと心中言い得ぬ熱き接吻をするドラヘンタール艦長を「文明国民」として語っている。

俘虜が不謹慎な遊興に耽っているという記事「毎日午後の八時迄自由散歩を許さるるなれば不謹慎にも日本貸座敷に入り娼妓買をなし営業制限時間（営業は午後八時限り）となるも容易に帰り去らざるには監督官も持て余し居れり言々」（神戸一二月一六日）も出てくる。

俘虜の外出に関して弊害も各収容所で指摘されてくる。生活・気候・文化そして何よりも狭い収容所での退屈な生活から、正常心の逸脱も出てくる。

福岡収容所では、「俘虜が優遇されるのであれば日本が身を挺して戦う必要もないのではないか」といった日本の児童教育に悪影響を与えているケースが出てきているとして当局者への注意を喚起している。また俘虜夫人が「俘虜と同棲できないか」といった申出もが出てきた。これは当時の日本では到底考えられない言動で、日本との生活との差異が具現化してきた結果でもある。

(6) 降誕祭（聖誕祭＝クリスマス）を楽しむ（一九一四年）

聖誕祭前後になると俘虜の行動は変化を見せ始め、降誕祭の準備と祈祷、祝賀に傾注してくる。俘虜にとっては、信仰心がそれほどでなくても、クリスマスは最大の行事の一つであり楽しみでもあった。姫路収容所でも祝会の実行が許可され、その準備に余念がなかった。母国ドイツの妻子や両親、そして友人・知人達に贈り物を発送したりしている。一方、日本各地在住のドイツ人からも果物、麦酒、衣服などの贈り物が届くことが楽しみであった。そしてヨーロッパ戦線で戦っているドイツ軍の勝利を神に祈ることを忘れなかった。

姫路収容所の降誕祭の様子については各紙が掲載している。神戸は『俘虜のクリスマス：本徳寺に集まつて演劇をやる』（一二月二四日）で次のように伝えている。

独逸の俘虜、常ならば彼等は一家団欒の睦じい家庭で愉快なクリスマスを行ふ筈であるのにあはれ戦争のためとはいへ捕はれて自由の利かぬ身となつたがそれでも降誕祭の日が来れば何とか祝賀の式祭を催したしとの懇願尤もな事とあつて姫路俘虜収容所では二五日を期し盛なクリスマス祭を執行することを許された、それを聞いて俘虜先生小供《（ママ）》のやうに勇み立ち何んな装飾どんな趣向を立てゝこの日を祝福しやうかと幹事に当つた数人の将校は数日来鳩首《きゅうしゅ》協議を重ねたが、愈当日は独墺両国の軍人全部を本徳寺に集合し此処で祝祭式を挙行した後余興として俘虜中から選抜された多芸の兵士が一団になり面白い演劇、舞踏、独唱など思ひ〳〵の得意芸をやつてウンと楽う遊び興する筈である、これに付き二六日には午前九時から特に俘虜一同の外出を許し例により収容所員が付き添ひて市内の散歩に楽しい一日を暮すといふこと、国は戦ひに敗れて敵の手に囚はれつゝもかうした有難いクリスマスに遇ひ敵国にありながら天帝に愉快な礼拝を捧げることの出来るその心中はどんなものであらうか。

また毎日も、一二月二四日付『俘虜の聖誕祭　収容所での趣向』で今年の趣向について、「今年の聖誕祭を迎へ一同で聖歌を合唱するといふ、此外各自思ひ〳〵に四畳半の日本座敷に鞄（トランプ）を据え北京、天津邊の細君や横浜神戸の知人などから送つて来た種々雑多な贈物を飾つているのもある、されば俘虜連は数日来聖誕祭を祝ふ手紙を書く事に忙殺されいたが収容所では此日は何かと便宜を與へて楽しい一夜を過さす筈である」や、「俘虜一同は二四日朝から寄贈品の分配其他装飾に忙殺されつゝあり余興は景福寺にては二四日夕演劇をなし二五日は在姫（註：在姫路）将校の縦覧に供し又本徳寺にては寄贈を受けし蓄音器にてマーチを吹奏して舞踊をなす由尚大日本聖書会社より独逸語の新約聖書を寄贈し来れりと」（一二月二五日）など、久々に非日常の楽しい時間を過ごしている。日本側が降誕祭に対して理解を示したことは、今後の収容所管理をスムーズに進めることにつながると期待し判断したことだろう。

この頃より演劇や音楽活動が始まってくる。もちろん女役も男が演じ、音楽も讃美歌が歌われている。『俘虜の降誕祭＝余興は芝居』（朝日一二月二六日）では、「姫路の俘虜は既報の如く二四日も聖誕祝賀会を催したるが景福寺収容の俘虜は二五日午後二時より収容所内にて讃美歌合唱説教其他の儀式を行ひ余興として演劇を催し所長以下所員の来場を乞ひ左も愉快気に見えたりと」と降誕祭の盛況を伝えている。

音楽活動としては姫路で、アメリカ，バブチスト外国伝導会伝道者ブリックス氏が一九一四年一二月一六日付で東京市陸軍省岡陸軍第人宛に次のような要請文を出している。

陸軍省受領欧受第二一五三号　　十二月廿一日

一九一四年一二月一六日付 ブリッグス氏ヨリ大臣閣下宛

謹啓　一二月二五日クリスマス朝に於て姫路独逸俘虜に対しクリスマスの音楽を寄付仕度候間御許可相成度願上候若し御許可被下候へバ『日ノ本女学校生徒』の音楽及蓄音機にて致し度候姫路には三ケ所有之手前八時より半時間各所にて致し度候俘虜と□□願はず候　わが女学校は高等女学校程度にして亜米利加バプチスト外国伝道会附属に御度候　私は米人にして本年四十一歳アメリカ、バプチスト外国伝導会の伝道者に御度候、一八〇二年渡来姫路に住し度候吾人同情は同盟軍に有之候も日本学校の生徒をして俘虜に対しクリスマスの朝に於て幸福なる驚を与へしめ度存じ候右許可相成度願上候敬具

それに対し一二月二四日に「姫路俘虜収容所に於て奏楽の件」（欧受二一五三号　軍事欧第一〇六八号）という回答がなされた。

一二月二五日朝姫路俘虜収容所ニ於テ音楽及蓄音機ヲ俘虜ヲシテ聴カシメ度趣出願ノ処俘虜慰問ノ為面会ニ就テハ許可相成候得共奏楽ノ議ハ許可不相成候条及通牒候也』（一二月二四日）

副官ヨリ「ブリッグス」へ回答案（以下欧発）

副官ヨリ姫路俘虜収容所長へ通牒案（衛成司令官軽由）左記ノ者姫路俘虜収容所収容俘虜慰問ノ為面会スルコトヲ許可セラレ候条及通牒候也 陸軍省送達 欧発第一六一八号

アメリカ、バブチスト外国伝道会 伝道者 ブリッグス（註10）

各地の俘虜収容所には日本国内在住のドイツ人から金品の寄付も多く寄せられている。牧師の派遣や楽器の提供も音

楽活動に欠かせないもので［俘虜宛寄贈品の運搬費に関する件］（欧受第二三二八号姫俘第四七号）を出している。

又新一二月二三日は、『駄々を捏ねる独俘虜　吝嗇坊《けちんぼ》で女好き　文明の仮面を冠つた厄介な先生達』として、ドイツ人は金に賤しい、妻と同棲させてほしいなど日本人の礼儀とは違っているとして俘虜のわがまま振りを論じている。

鷺城一二月二九日『俘虜の態度』では、日本とドイツの言動の相違について、「元より国情は相違し、従つて国民の採るべき言動の異なるべきは何等異論なき所なりと雖も」としつつも、憾みを述べている。

本邦が独逸俘虜に対する態度は端なくも本国の多大なる感謝を表せしむる事実を生じ、是れ畢竟本邦が正義博愛を恪守《かくしゅ》する当然の結実なると共に、此の敵国を悦服せしめたるに対して或る喜びを禁じ能はざる所、本邦の態度は、既に斯の如き光輝を発揮し得たりと雖も茲に翻つて其対象たる彼等俘虜の心事行動を見るに、吾人誠に慣慣《けんねん》たらざるもの少なからず、見よ彼等は俘虜収容所に在りて、日々閑を消する為に児戯にひとしき運動方法に依りて嬉遊しつゝありと言ふに非ずや、而かも彼等は皆其下級の兵員にして其の思想言行論ずるに足らずとせば彼のワルデック総督の如きは如何　総督は一般俘虜の其れの如く、敢て児戯的嬉遊を試みずと雖も、而かも自己の後を趁《お》ふて来朝すべき妻の為めに、自身宿舎万端の斡旋を為したりと言ふに非ずや、尚ほ其の夫人は如何、我軍青島包囲の成れる時、良人たる総督を残して支那内地に遁竄《とんざん》せりと言ふに非ずや、一身の安全を計らんが為めに。孤城の良人を見棄てゝ去る妻、俘虜となりて尚ほ且つ妻の動静を維れ気遣うふ将軍、是れを邦人の心理より観察し彼我風習の余りに径庭《けいてい》甚だしきを想はずんばあらず本邦と独逸と、元より国情は相違し、従つて国民の採るべき言動の異なるべきは何等異論なき所なりと雖も、併し乍ら一面より之れを観る、由来る真理に二なし吾人は茲に明白に彼の独逸魂の如何なるものなりやを実見して、従来の其れに対する推定が、甚だしく過重なるものなりしことを憾《う》らむ

［第二章註：姫路収容所の生活㈠］

註1　瀬戸武彦『青島から来た兵士たち』（同学社　九六頁　二〇〇六年）

註2　カイゼル（Kaiser）＝ドイツ皇帝の称号。古代ローマのカエサルに由来。日本ではとくにウイルヘルム二世をいう。（講談社『日本語大辞典』一九八五年）

ウィルヘルム二世（Wilhelm II; Friedrich Wilhelm Viktor Alber）＝ドイツ最後の皇帝。ドイツ植民地の発展、海上帝国建設などの彼の世界政策の遂行は列強を刺激し、一九〇七年の英仏露三国協商による包囲を招き、国際的孤立に陥った。イギリス、ドイツを中心とする二大陣営の対立は、結局、第一次世界大戦の勃発とドイツの敗退を招き、一八年の革命の結果オランダに亡命、退位した。以後帝政復活の機をうかがったが成功せず、同地で死去。『ブリタニカ国際大百科事典小項目事典一一』より抽出（ティビーエス・ブリタニカ　一九九一年）

註3　ワルデック（Waldeck, A.I.M）膠州総督・海軍大佐　一九一一年八月一九日、第四代膠州総督に就任。一一月一七日福岡収容所、一九一八年習志野収容所へ。収容中に少将昇任。一九二〇年三月二五日帰還。（瀬戸武彦『青島《チンタオ》をめぐるドイツと日本（四）独軍俘虜概要』高知大学学術研究報告　第五十巻　人文科学編　二〇〇一年）

註4　一八二三年、アメリカ大統領モンローが発表した外交原則。アメリカ大陸に対するヨーロッパ列強の干渉の排除、ヨーロッパに対するアメリカの不干渉を基本とする。（講談社『日本語大辞典』一九七〇頁　一九八五年）

註5　ドラッヘンタール（Drachenthal,G. P.W.v.：巡洋艦皇后エリーザベト乗員・海軍少佐。姫路及び青野原俘虜収容所の先任将校だった。姫路では妙行寺に収容された。イストニアのポーラ（Pola）出身

註6　ヘルム（Helm,W　一八九一―一九五二）：第三海兵大隊・予備伍長。一八九一年一〇月八日横浜に生まれ神戸で育った。母親は日本人で一二歳の時死別。父ユリウス・ヘルムは一八六九年に来日し、和歌山藩の兵学指南を務めた。（中略）久留米時代の一九一六年七月一九日、タウデイエン（Taudien）とともに逃亡したが、国分の日吉神社付近で捕まって二人は重営倉三十

日に処せられた。この事件は真崎甚三郎所長と警察側との対立を引き起こして大問題となった。同年九月新設の青野原収容所へ収容所替えになった。（中略）解放後は横浜に住んだが、第二次大戦後の一九四七年、家族とともにドイツへ送還された。一九五一年、ヴィスバーデンに没し、翌年本人の遺志に添って遺骨は横浜の外人墓地にへ移された。

註7　ジーメンス社＝一八四七年ベルリンで　ヴェルナー・ジーメンスによって設立。鉄道車両及び重電部門（発電機・変圧器等）の製造・販売を事業とする会社。日本に赴任したヴィクトル・ヘルマンが日本で活動を展開。豪奢な生活が話題となる。第一次世界大戦時には航空機製造も行っていた。また神戸にはヘルマン屋敷が建てられている。（www5c.biglobe.ne.jp/-akimitsu/heruman.htm 参照）

註8　マイスナー（Meißner,K）第三海兵大隊第六中隊・二等歩兵。ハンブルク大学で学んだ後一九〇六年、ジーモン・エーヴェルト商会の日本駐在員として来日、二十歳だった。滞日八年余の時点で応召し、日本の最後通牒が発せられた八月一五日に青島に到着した。日本語は堪能で、当初は松山の大林寺に収容され、そこの収容所講習会で日本語の講師を務めた。板東では本部主計事務室で松江所長の通訳をした。一九二〇年から一九四五年まで二十五年間、ドイツ東洋文化研究協会（ＯＡＧ）の指導的な地位に就き、会長も務めた。一九六三年秋、郷里ハンブルクに帰り、自宅を『七夕荘』と称した。"Tanabata:Das Sternenfest"は、筆者が邦訳している。（「『七夕：星祭り』元ドイツ兵俘虜の日本文化論」（愛知淑徳大学論集　教育学研究科篇　第三号二〇一三年）

註9　ボーナー（Bohner ,Dr.H　一八八四―一九六三）：第三海兵大隊第六中隊・二等歩兵。宣教師。大戦勃発とともに応召し、上記第六中隊に配属された。板東時代、収容所印刷所から『絵画についての対話』を出した。一九一八年六月一日、板東俘虜収容所においてベートーヴェンの『第九交響曲』が日本国内で初演された際に、『ベートーヴェン、シラー、ゲーテ　第九交響曲に添えて』の講演を行った。また『ドイツの歴史と芸術』の連続講義を三十三回に亘って行うなど多種多彩な数多くの講演を行った。一九二二年、この年の四月一日に設立された大阪外国語学校講師に就任した（一九二二―一九三七）。『神皇正統記』、『聖徳太子』、『能作書』等数多くの著作を残した。終生日本に住み、一九六三年六月二四日永眠した。神戸再度《ふたたび》山の墓地には教え子達が建てた墓碑がある。

註10　日ノ本学園は一八九三（明治二六）年に姫路に開校したバプチスト学校で、一九一五（大正四）年に「私立日ノ本高等女学校」

として設置が認可され今日に至っている。校歌の歌詞は聖書、基調はマタイによる福音書からとられている。（『写真で見る日ノ本学園百年』学校法人日ノ本学園　森東吾　一九九三年）

第三章　姫路収容所の生活(二)［一九一五（大正四）年］

(1)　俘虜の労役・技術への関心と期待（一九一五年）

一九一四年における青島陥落以前の部分はかなり省いている。この部分については『地方紙にみる姫路・青野ヶ原収容所のドイツ兵俘虜（一）大正三（一九一四）年　姫路から青野ヶ原へ』（『青島戦ドイツ兵俘虜収容所研究第一五号』（鳴門市ドイツ館　二〇一八年）（筆者）参照）。

一九一五年は俘虜の労役・技術への関心と期待が高まり、また俘虜の逃亡・処分・待遇問題や姫路から青野原への移転が行われた。

1　俘虜の労役――①

俘虜を日本で活用しようとする動きは、一九一五年にすでに始まっていた。統合された全国六カ所の収容所からは百五十件を超す「俘虜労役」に関する問い合わせが陸軍省、外務省などに寄せられた。当初は労働力としての取扱であったが、次第に俘虜の技能や技術の意義を見い出してくる。それについては件は後年一九一八（大正七）年の『俘虜労役の件』に窺える。一九一五年九月四日に姫路衛戍司令官は『俘虜労役に関する件』（欧受二〇七五号　軍事欧第二四一号）を提出した。内容は、「城北練兵場修繕工事労役用俘虜取締法要領トシテ、九月二日ヨリ二十日間、城北練兵場修繕報工事中ノ地均シ工事ニ服セシム、労役時間ハ毎日午前七時ヨリ午後五時半迄デ日曜・祭日ハ服セシメナイコト、人員ハ一日八十一人、交代デ服業セシメルコト、将校一、下士一、兵卒五ヲ以テ堅守警戒セシム」であった。

又新は一月一一日付『俘虜授産問題』で俘虜の労役について問題を指摘している。

内地各所に収容中の俘虜に対し何等か授産の方法を講じ相互の利益を計るは面白き思付には相違なく現に仏蘭西《フランス》にては独墺の俘虜を鉄道工事其他に使役し居る由なれども彼国の如く国内の壮丁悉く軍に従ひたるとは大に趣を異にせる我国にては都鄙《とひ》を通じて不景気の極に達せる今日我労働者の職業を奪ひて迄も之をなす必要なく実は今日迄内内彼等各自の芸能を調査せるが独墺人は露国人と違ひ頗る尊大にして使役に困難なるのみならず実際上の効果も疑はしく随つて各地収容所々在地方庁等より俘虜が特に有せる技能を地方の邦人に伝習せしむれば労働者の職業を奪ふより反対に他方を稗益する頗多かるべしとの見解にて一二の請求もありたれど以上の如き事情なれば今後俘虜に授産の途を與ふるが如き事は万々あるまじと信ずと柴軍務局長は語れり（東京電話）

この中で、「独墺人は露国人と違ひ頗る尊大にして使役に困難なるのみならず実際上の効果も疑はし」と疑問を呈している。ただ俘虜の技術の高さは認めざるを得ず、種々の課題があるものの又新二月二二日で『俘虜の労役』を次のように論じている。（註：記事では〈技能〉と〈技術〉が混在）

此際独人特有の技能を利用して国産の開発を図らんとする向きは最寄収容所に申込み許可を得べし俘虜情報局に於ても此程俘虜の職業調書を添へ地方各官署並に工業有力者に通報する所もありたりと因に俘虜の労役賃銀は官庁に属するものは下士一日七銭卒四銭其他裁縫造靴等特殊の技術を有するものは更に十六銭以内の賃銀を附與すべく私人雇傭の場合は之れよりも高賃なる可きも日本人の労銀に比すれば遥に低廉なるべし但茲に一考を要することは俘虜労役の為めに日本人の労役を奪はしめざることに注意するの要あり（東京電話）

ドイツ人特有の技能を利用して国産の開発を図るにしても、賃金は低廉にし、日本人労働者へのしわ寄せに注意を促している。そして俘虜の特殊技能の伝習・利用については、「独特の技能を利用するに於ては或は本邦工業上に碑益を与ふる」（又新三月一一日）など前向きな姿勢を出してくる。

次は徳島板東収容所収容所内における俘虜に製パン技術、農業技術などの伝習に関する記事で、「必ずや我商工業者の伝習せんと欲する先進商工業国の特技を有する者も居ることであらう」というくだりは俘虜の特技・技術を見い出していて注目される。

徳島毎日三月一五日『俘虜の特技：雇聘《こてい》手続も簡易』

彼等の多くは開戦前青島の植民地に在つて世界の商工業国民として独特の手腕を揮《ふる》つて居たのである（中略）目下収容中の俘虜総数四千四百六十一人の中三千三百二十五人は陸海軍の軍人軍属で残る一千余名が商工業に従事して居た者である事が解つた而して之等一千余名中五百余名は商業家で三百余名は工業従事者、農業従事者は最も少く園丁（註：畑を造る人）の類を入れるも尚十名に過ぎなかつた更に商業従事家を細別すると、機械、毛・皮雑貨の貿易商が全数の大半を占め工業従業者の大多数は電気、機械、建築の技師、技手、職工である之等の職業別を一見すると青島に於て独逸人が如何なる方面に発展して居たかを察知するに難くない而して商工業家にして之等の者を雇傭せんとする向きは各主務省に職業の種類、技術家の程度、使用時間等委細の希望を申出で同省より公文を以て陸軍省へ照会あれば当方では俘虜の希望を聴いた上で適当なる人物を推薦する考へで報酬額なども同程度の日本人を雇傭するよりも二三割方の低額にて依嘱に応ずる筈である言々

俘虜の労役として特技だけではなく、日本にとって必要な専門技術者がいることを俘虜の職業構成から把握し、その専門技術を日本に根付かせようとする試みが更に強くなってくる。俘虜には各職業のマイスターが数多く含まれていて、専門技術分野は、各収容所でパン、ケーキづくり、農業技術や製造技術など多方面に及んでいる。後日の製作品展覧会などでもドイツ文化の高さが明らかになってくる。又新三月二〇日付では、神戸市内における『俘虜傭聘回答』を分野別に報じている。

神戸市当局の俘虜利用並に外人職工雇傭方問合せに対する当業者の回答左の如し

川崎造船所～外人職工必要なるを以て其筋へ此旨移牒を切望す尚雇傭に関する条件は①真鍮鋳物師一人②鋼鋳物師ペシックプロセス一人③学歴よりも実地家を望む資格は技師よりも寧ろ職工長を良しとす

日本製粉会社兵庫支店＝外人職工傭職は目下必要なし

鐘淵紡績工場＝俘虜利用並外人職工傭職の必要を認めず

高橋清平氏＝ソーセージ製造技術に堪能なる俘虜雇入の希望あり

『俘虜利用　専門技術者多し』（又新四月五日）も俘虜利用の有効性を論じ、俘虜労役開始」へと進展していく。この中で「直接工業又は商業に従事し居たる者なれば実業的乃至工業上の智識に富むもの多く」、そして「収容中の俘虜を利用して其技能に応じ産業上の発展を期する」と、既に俘虜の技術を認知している。

姫路に収容中の独逸・墺国俘虜中には日独戦争前までは現役兵として本国より派遣せられたるもの少からざるも多

くは東洋各地より開戦と同時に臨時招集派遣せられたるものなるを以て開戦間際までは東洋各地の自国植民地又は日本支那沿岸の貿易港にありて直接工業又は商業に従事し居たる者なれば実業的乃至工業上の智識に富むもの多く昨今姫路俘虜収容所長野口少佐は其職業別の調査と共に我邦産業界に多少の稗益を与ふるものは力めて俘虜を利用せんと計画を試み着々準備中なるが同少佐は往訪の記者に語りて曰く「姫路各寺院に収容の俘虜中には化学工芸《（ママ）》に関する智識を有する軍人も少からざる模様あり、昨今各俘虜に就て一々軍隊にいる前の職業を調査し居れるが元来我邦より年々留学生、研究生を派遣し居れる先進国だけありて一兵卒中にも却々侮り難き技術者あり之を有用に利用する時は国家軽済上頗る有益の事業多き見込なれば調査完成の暁には当地方産業界の状況を斟酌し俘虜取締規則に違反せざる範囲内に於て日々工場会社に出勤せしめて俘虜の技能を発揮せしむる考へなり、日露戦役当時露西亜革製造に堪能なる俘虜ミハイルムラウスキーを姫路製革場に派遣し以て山陽製革場の今日あらしめたる如く日独戦役の俘虜中より姫路地方の工芸品に稗益する或る何物か捉へんと苦心中なれば地方産業家たるもの須らく此意を体し収容中の俘虜を利用して其技能に応じ産業上の発展を期する覚悟だにあれば収容所は喜んで之が利用の方法画策に応ぜんと

2　俘虜職業調査

又新五月一四日は、陸軍省『俘虜職業調査』を掲載した。

在留独墺国俘虜利用の為る過般職業調査中の処此程完了と遂げ今般陸軍省より左の如く報告し来りたるが是れに対し県下一般当業者にして該俘虜を使用せんとする向は其員数、業務別、期間、支出給料の最高限度並に一、俘虜に

対し一定の給料を与ふる事、二、使用者に於て通訳を付すべき事、三逃走等に対する取締及び収容所より往復中の
監視は使用者に於て相当の方法を講ずる事等の各項参照の上県当局を経て陸軍省宛に至急申達すべしとなり

俘虜の職業は、学歴無き者と徒弟職工、学校卒業程度が全体の九十三%を占めている。これらの俘虜が日本にさまざまな製造技術などを伝授した。彼等は各々の職種（食物でいえばパン、ケーキ、ソーセージ、チーズなど）に属し、収容所新聞として発行された板東『デイ・バラッケ』をはじめ、板東に統合前の徳島『徳島新報』、丸亀『丸亀日報』、そして松山『陣営の火』の新聞印刷技術もマイスター達によるものであった。中でも板東ではリトグラフ印刷と謄写版印刷で多色刷りの印刷を行い、五十種類のプログラムを製作、その印刷総数は五千枚以上となっている。この傾向は相次いで各収容所で顕著化し、俘虜による技術導入への希望が高まってくる。

職業	学歴無き者	徒弟職工 学校卒業程度	専門学校 大学卒業程度	合計
麦酒製造業	十二	十一	一	二十四
飛行機関工	一	―	―	一
帽子製造	二	一	―	三
指物師	五十三	四十七	一	百一
鞖皮業	六	三	一	十
染色業	八	二	二	十二
腸詰製造	二十九	十一	―	四十
革工	十三	八	―	二十一

電気工	四十八	二十五	十二	八十五
自動車製造	十七	十	五	三十二
麵麭業	四十二	二十一	―	六十三
製陶業	三	一	一	五
金銀細工	四	二	一	七
葡萄酒製造	―	―	一	一
飛行機製造	一	―	―	一
発条製造	一	―	―	一
製針業	二	―	―	二
乾酪製造	十四	六	―	二十
染料製造業	一	一	二	四
化学工業	一	二	四	七
合計	二百五十八	百五十一	三十一	四百四十

（註：鞖《さい》皮業〜鞣《なめし》皮か／発条＝ぜんまい）

兵庫県では俘虜雇用についての準備が緊急課題として浮上し、神戸五月一四日付『俘虜の奉公口　入用の向は人口入役の本県まで』によると、①使用員数・業務期間・及支出給料の最高限度の申告すること、②俘虜に一定の給料を支給すること、③使用者は通訳を付けること、④俘虜の逃走予防策を講じること、などであった。俘虜はまた模型造りも盛んに行っていて、『俘虜を利用せよ＝飛行機製造家も居る＝』（朝日五月二〇日）では

本邦各地に収容せる独墺国俘虜者中工業に関する業務に従事せし者の中特に技能優秀者数多《あまた》あるが是等の技能者を

して本邦工業家に於て使用する時は相当効果を挙ぐるを得べく彼等中最も多数なるは指物師の百一人あり次で電気工の八十五人等にして全部調査の結果優秀と認め得べき者四百四十余名あり中には飛行機製造者一名あるは甚だ奇とすべく是等の技術者を招聘希望者は使用員数、業務、期間、支出給料等の最高限度を詳細明記し所轄県庁に申出つべしと而して職業別を挙ぐれば左の如し

指物師百一、麦酒製造二十四、腸詰製造四十、革工二十一、電気工八十五、自動車製造三十二、パン製造六十三、飛行機製造一

と様々な製作が見出されてくる。これは後日（一九一八年）の俘虜製作による展覧会で具体化する。俘虜の学歴や経歴が判明するにつれ、「日本の事業界に相当の効果を挙げることが出来る」と確信を抱くようになってくる。次の『俘虜の外役＝変な手附で鍬を執る』（朝日九月八日）は外役に関する事例である。

姫路俘虜収容所にては七日より下士以下の俘虜の外役を命じ城北練兵場の地均《じなら》し工事に従事せしめたるが彼等は持ち馴れぬ鍬にて土を掘るを頗る興がり変な手附にて工事に従事しつゝあるがこの工事は十日間の予定なり而して毎日八十人宛《づつ》使役し成功の上来る二〇日何れも加東郡青野原へ移転の筈因に姫路の収容所が俘虜を外役に使用したるは今回が始めてなり

(2) 逃亡・処分・待遇（一九一五年）

一九一五年も前年に続いて俘虜の逃亡・処分問題が出てくる。その結果、俘虜の待遇に関する様々な意見とともに、市民に与える影響を鑑みて俘虜の外出を禁止する方針が出されてくる。

外出は姫路周辺の阿保磧《かわら》から市川右岸堤防、小川渡そして日河原を経て城北練兵場、男山に至るルートで俘虜は大いに喜んだ。しかし姫路収容所長野口中佐は『第二ハーグ条約』を履行するが過度の優遇に対し、市民感情を考慮して当分外出を認めないという方針を出してくる。その背景には日露戦争時、俘虜に対し優遇し過ぎたという思いが去来し俘虜の外出が一般市民に悪影響を与えかねないと判断したようだ。

徳島板東収容所の状況について、徳島毎日一月一八日『俘虜の告白：所員の好遇に泣く』では、板東収容所の俘虜が厚遇を受け、俘虜も感謝の意を表していると報じている。特に同・徳島県板東収容所長松江豊寿は俘虜に寛大であった。その背景には、明治維新時の戊辰戦争で、会津藩は賊藩として明治新政府軍から攻撃を受け敗北、再興を許されたが極寒で不毛に近い下北半島の斗南藩に移住を余儀なくされ、辛酸な生活を送ったという事実に基づいた〈敗者〉への思いやり〈武士の情け〉であった。その会津出身であった松江が〈敗者〉としての俘虜に思いを重ねたことは想像に難くない『第二ハーグ条約』の俘虜処遇が、俘虜の生活や文化活動を活性化させたといえる。

1　俘虜の逃走・懲罰等(一)

俘虜の逃走に関する記事も後を絶たない。二月二四日には姫路景福寺に収容中の元オーストリア＝ハンガリー帝国皇后エリーザベト号乗組員三名が、徒歩で姫路から神戸まで鉄道線路沿いに逃走している。直線距離で約五十七キロメートルを夜間に、持ち金僅か一円五十銭で一睡もしないで歩き、汽船モンゴリア号での出国を企てた。朝日は二月二五日付で『脱走俘虜捕はる──神戸水上署にて』を報じている。

　二四日午後三時頃神戸水上署の巡査が同港碇泊の太平洋汽船モンゴリア号を点検しての帰るさ《（ママ）》後方より同じく陸地に向け三人の外人を乗せたる艀舟に出遭ひたれば直に船を近寄せ臨検したるに墺国人アレッシ（二十二）同ヤーン（二十二）同クツブスキー（二十二）と言ふ姫路収容の俘虜にて二三日午後九時頃収容所監視の目を偸み大胆不敵にも逃亡を企て徒歩にて神戸に来り二四日午後一時頃港内碇泊のモンゴリア号に乗込まんとせしが乗船切符を有せざるため乗船を拒まれ止むなく陸地をさして帰らんとする所なりしかば直ちに水上署の手に捕はれたりアレッシ、ヤーンの二人は懐中無一文にて唯クツブスキーのみ僅かに一円五十銭を所持し居たり水上署にては姫路俘虜収容所に通知し二五日姫路収容所へ引渡す筈なり

さらに明石駅でも二名の逃亡兵が逮捕されている。この逃亡の理由は「食事が不味いのと少ないから」であった。この二人もモンゴリア号での脱出が目的で、神戸で商売でもしたいとも話していたという。また収容所の営倉から逃亡した俘虜は妻に諭されて自首したなど、逃亡が頻繁化してくる。そのため第十師団長山口勝は『俘虜逃走に関する件』（欧受第六五八号二月二五日第二〇号俘第七三号）で、三月二七日に処分を行っている。

一部不満があったとしても全般的には日本に対する俘虜の感想は悪くはなかった。しかし逃亡が多発してくると、厳重な施策を取らざるを得ない状況が生じてきた。『俘虜取締厳重＝背広服を着てはならぬ＝』（朝日三月二日）の背広着用の禁止もその一環である。全国的にも一九一四年一二月二四日の『墺国俘虜脱走』（又新）など、俘虜の逃走が紙面を賑わしてくる。

俘虜の懲罰は〈逃亡、暴行、命令違反、柵外からの物品購入、言語・態度傲慢、安寧を壊す〉などに関し、二月二六日、四月七日、その後九月二一日にも発生している。姫路俘虜収容所は二つの懲罰を出した。その一つは『俘虜懲罰の件』（欧受第一一一〇号姫俘第一八四号四月九日　俘第七六号）で、懲罰の事由は、「四月五日酒保ニ於ケル〈ビール〉売切レタル為囲墻内ヨリ影福《（ママ）》寺役僧ニ意ヲ通シ板囲ノ上方ヨリ〈ビール〉ヲ入手購求セシニ依ル」もので、「重営倉三日ニ処ス」にされている。さらに俘虜間の軋轢、紛擾も発生してきた。これは同盟国側と連合国側の構成が戦局の変化で〈今日の同僚、明日は敵〉」いう状態に至ったことが要因である。

八月二三日には、姫路俘虜収容所長野口猪雄次が陸軍大臣岡市之助に『俘虜懲罰ノ件報告』（俘第一〇二号　姫俘第二九二号　陸軍省受領　欧受第二〇三九号）を出している。

脱走俘虜の判決では、二月二三・四日に姫路俘虜収容所を脱出した姫路船場景福寺と本徳寺俘虜収容所収容のオーストリア＝ハンガリー帝国俘虜五名に対して軍法会議は禁錮刑の判決を、また暴れる俘虜に対しては重営倉二十日を出している。

一九一五年二月二二日の『俘虜取扱ニ関する件』（欧受五四八号軍事欧二五四号）では十二条にわたって『俘虜取扱ニ関スル注意事項』が述べている。第一条で、「俘虜ハ之ヲ待ツニ博愛ノ心ヲ以テスヘキハ国際一般ノ通義ナリト雖事皆対象ニ依テ差別アリ軽重ニ従テ取捨スヘキハ言ヲ俟タサル所ナレハ博愛ヲ誤リテ優遇ニ過キ或ハ取締ヲ厳格ト虐待トヲ混淆スル如キコトナキヲ要ス」と、心構えの主旨を述べ、俘虜の将校、俘虜固有の官職と指揮権、収容所職員、将校の報酬、消灯時間、俘虜の運動、酒保、火災予防、収容所での俘虜の使役、信書の検閲、面会などについて注意事項が列記され、最後に俘虜に関する諸法規の研究理解を述べている。

ヨーロッパ戦線が膠着化してくる中で、イギリスは日本軍のヨーロッパ戦線への出兵を期待していた。それに対してドイツは、日本がヨーロッパ出兵することで巨額な報酬を要求するとか、蒙古人種がヨーロッパ人種を蹂躙するとし、日本の出兵を阻止するプロパガンダを張った。その結果かどうかは不明だが、結局は断念している。ドイツにとっても日本の出兵は好まざるものであったようだ。

青島陥落後も日本軍はその後も青島に守備隊を送り込んだ。紙上では、『活気漲る姫路の天地　沸え返る栄内の光景、青島守備軍出発準備』（又新三月一一日）など凱旋の記事が続く。五月一五日には『神戸連の凱旋』（又新）、『凱旋す神戸連』（又新五月二〇日）、『凱旋の将士』（又新五月二一日）、『凱旋す白鷺城下』（又新五月二二日）が紙面を躍るとともに、平行して『独逸俘虜寄港』（又新五月二一日）、『残留俘虜到着』（又新七月七日）があり、勝者と敗者の現実が俘虜の心情に影響を及ぼしたことは想像に難くない。逃走・脱走と共に俘虜の行動として、『俘虜刃傷・飛んだ祝祭』（又新三月二一日）（後出）は、日本人にも反俘虜感情を生みだしてきた。

守備隊出発の一方では『青島戦死者追弔　風悲し白鷺城下の招魂祭』（神戸三月一一日）や、在留ドイツ＝オーストリア帝国俘虜の遊び方も論じられてきた。又新三月一一日には『在留独人の歎願　倶楽部の遊戯解禁』が掲載される。在日敵国人に対しての様々な禁止条項が出されたが、遊戯だけは解禁され、俘虜にとってかすかながらも安寧を得ることができるようになった。

2　俘虜の暴行事件

姫路収容所（その後青野原移転）収容のドイツ軍俘虜は、他の収容所と比較して民族的多様性が大きかった。総員四百三十名でドイツ兵が二百四十九名、オーストリア＝ハンガリー帝国兵が百九十四名、そしてイタリア兵を含む他は十三名であった。それは皇后エリーザベト号乗組員は同艦寄港地であるアドリア海沿岸部出身者が主体だったことが大きい。そしてドイツおよびオーストリア＝ハンガリー帝国兵とマイノリティであったイタリア兵との間で暴行事件が発生した。もともとイタリアはドイツ、オーストリア＝ハンガリー帝国と一八八二年に相互防衛目的で三国同盟を締結していた。しかしイタリアは、一九一五年四月に「ロンドン秘密条約」を結ぶことで、オーストリア＝ハンガリー帝国支配下のイタリア居住地が保障されるということになった。そしてイタリアは同年五月に「三国同盟」を破棄し、連合国側についたことが暴行事件発生の要因となった。

又新六月二五日の『独墺俘虜の大暴行　姫路景福寺収容所内の活劇　伊国水兵八名半殺しにさる』は、俘虜同士での暴行事件の発生の一部始終である。

姫路船場景福寺に収容中の敵国俘虜中事実伊太利人にして国籍を墺国に置ける三等下士二名、同水兵六名あり、過般母国が戈《ほこ》を執つて連合軍側に左袒《さたん》し独墺軍と交戦状態に入るや今迄の味方は一朝にして仇敵となり前記八名を虐待する事大方ならず、為に彼等は哀れにも互ひに相集ひて心細き末の事など打語らひつゝ淋しき日を送りいたるが二二日午後六時半の事、例の如く収容所の一隅に集り故国の唱歌の一節を口誦《くちずさ》みて僅かに日頃の欝を遣りいたる所、一方百四十余名の独墺俘虜は必定伊太利国歌を合唱し以て遥かに其祖国の勝利を祈れるものならんと邪推し大いに敦圉《いきま》き互に示し合う牒《しめ》し合すよと見る間に百四十余名の大集団鯨波《とき》を作って現場に駆付け八名を包囲して踏んづ蹴りつ袋叩きとして殆ど半殺しと為したり、此乱暴なる独墺俘虜に叩き延めされた伊国人は辛くも重囲の一方に血路を開いて事務所に駆付け救助を求めたるが中一名のプリンクスキー（二十五）と言へるは身に数ヶ所の打撲傷を負ひたる為めツイ逃げ遅れ止む無く附近便所内に飛込みしに兇暴なる独墺人は又亦其便所を取囲みアワや撲り殺しもし兼ねまじき権幕にプリンスキーは魂も身に添はず生命から〱便所の小窓より這ひ出し一旦柵外に逃れて再び他方面より収容所内に入り事務所に駆込みて事情を訴へたり、変を聞きたる収容所にて錯愕《さくがく》措く所を知らず兎も角も被害者に対し応急手当を施すと同時に暴行首謀者の何者たるを取調中なるが当局者は一再ならぬ失態を演じたる事とて右事実を堅く秘密に附しつゝあり

同様の記事は神戸でも報じられた。俘虜の逃亡とそれに対する懲罰が数多くなる中で、市民の中にも政府の俘虜待遇に不満が次第に増幅されてくる。特にイギリス、フランス、ロシア人の警戒度が高まり、逃亡に関する記事は様々な形で報じられ、在留ドイツ人に対する警戒感を喚起する記事『独人を警戒せよ』（又新八月二八日）も登場してくる。

八月二七日、姫路俘虜収容所長から陸軍省副官和田亀治に出された『俘虜待遇に関する件照会』（欧受二〇八三号　姫受俘二九七号）での「墺洪国海軍高級下士五名有之ノ第六表ニ基キ収容以来何レモ下士トシテ待遇得致度候」に対し、九月一四日に「副官ヨリ姫路俘虜収容所長へ回答案（欧発）八月二七日姫俘第二九七号ノ照会ニ係ル墺洪国海軍高級下ハ准士官トシテ待遇スヘキモノニ有之候」が出された。

俘虜が土木工事労働者に変装、俘虜夫人の手引き、日本人に化け、また夜間演習に赴く途中になど、逃亡に関する様々な様子が新聞に報道されてくる。福岡久留米収容所ではかなりの逃亡が見られるが、この要因としては収容所長による管理の厳格化が影響している。そして逃亡には重罰といった処罰も出てくる。また、国内在住のドイツ人妻が手段を選

ばずに頻繁に夫との連絡をとろうとしていたことも発覚してくる。

又新一一月二六日『俘虜待遇論』では、一面トップでドイツ兵将校の逃亡に関して、ロシア俘虜と比較しつつ俘虜の取り扱い方についての注意喚起している。

獣性あるものを證するに余あるものにして斯の如き人道を蔑するものに対して猶人道を以て之を遇するは徒に其侮慢を加ふるのみなるに想到せざるべからず　蓋し青島の役彼等が我に降るは殆ど予定の行動にして祖国の為に戦へりとは言ひながら之を露国人が旅順に依りて我に抗せしとは同日の談にあらず僅に精鋭なる銃砲《てっぽう》と要塞とに頼《よ》り辨疏《べんそ》的の対抗をなしたるに過ぎず斯かる敵に対して猶人道を以て之を遇したるは寧ろ仁慈に過ぐる処なれば彼は益々其慢心を長じて収容後も種々なる要求を敢てし遂には今回の挙をなすに至れるものにして我が監視を怠りたるを忘れ今更其追跡に忙殺され其共謀有無の鞫問《きくもん》に汲々たらんよりも斯の如き人道を無視する性癖ある国民の俘虜に対するは須らく秋霜烈日たる態度に出てその侮りを禦《ふせ》ぐ処なかるべからず当局者は須らく思を此処に致すを要し徒に文明の仮冒《かぼう》をなすは吾輩の切にとらざる所なり

各地の収容所の俘虜に対し積極的な援助活動を行ってきていたジーメンス社(**第二章註7参照**)は、一九一四年の海軍首脳とドイツのジーメンス社の軍艦など兵器輸入にかかわる疑獄事件で、軍備拡張の下で噂になってきた財閥と政府・軍部との癒着結合が暴露された。『二日に亙る=ジーメンス会社の家宅捜索=俘虜逃亡其他に関する嫌疑』(朝日一二月一二日)では、

日独の国交断絶し大使館領事館等の引揚と同時に在留独人及び独人の旅行者に対し便宜を図り大使館領事館等の留守番通訳等に与ふる月給の支払ひ、又福岡、久留米、大分其他の各地における俘虜の慰問送金等の事務を管掌握せるジーメンスシュッケルト商会本支店の行動は常に注目に価するものあり(中略)今回福岡における俘虜将校の逃走

に起因する重大事件の突発に連鎖を有するものなりと認められて、一〇日午前十時門司同支店を初め福岡、久留米の同出張所の捜索手配り門司支店と同支店支配人独人スタインの住宅なる龍門町方面は一層秘密の警戒線を張り小倉第十二師団より憲兵長吉弘大佐千々岩副官二宮下関憲兵分隊長、第十二師団法官部理事衣川荘造氏等出張し来り非常警戒せり

さらに在日ドイツ商会が俘虜の逃亡に関係しているのではないかという疑義記事も報じられている。『奇怪な独逸商会俘虜逃走に関係あるジーメンス』（一二月一二日神戸）では、「シュッツケルト商会は日独開戦後大使領事館に代り在留獨人の保護を図り且つ俘虜に送金の手続きなどなしものにて（中略）今回愈俘虜逃走に連鎖を有せり」と、ジーメンス社を追及している。これは最後にドイツ人追放へと世論をリードしていくこととなる。又新は一二月二七日付一面トップで『独逸人放逐すべし』という意見を出した。

現今内地に存在せる独人一切を挙げて之を国外に放逐するを可なりとす是れ即ち我が国威を示す所以にして一面に於ては彼の奸策《かんさく》を未萠《みぼう》に防ぐ道となり交戦国に対する至当の処置なりとす然るに余りに寛大に過ぎたる我の雅懐《がかい》に依り彼等をして悠々として此の山紫水明の佳境に逍遥せしめ其為さんとする所を為さしむるものは所謂仁に過ぎて□となれるものと一般にして寧ろ之を文明病の中毒と稱するも過言ならざるべし

ドイツに対する反感は次第に勢いを増してくる。神戸も一二月三〇日に『独逸人を一掃せよ：当地在住英人の大激昂』を報じている。

神戸在住の独逸人は今尚ほ百三十余名ありて何れも旺に営業し毫も謹慎の状なきのみならず却つて横暴を極めんとするの風あるより在住の英国人は真先に之が排斥の烽火《ほうか》を挙げコーンス、サミユルの二大会社は率先して海岸独逸人の掃蕩《そうとう》を計画し、最も手廣く営業しつゝある英独両国人軽営のヘルム商会（第二章注6参照）に向つて独逸人ヘル

ムが同商会に関係ある以上は一切の取引を拒絶すべしと通告したるよりヘルム商会の英人側は大に驚きヘルムを退隠せしめて純然たる英人組織となしこの旨各会社に通告して辛くも取引を継続したるも最近に到りヘルムが別にヘルム商会曳船部なる名目の下に隠れて依然たる潜勢力を同商会に占め居ることを確め得たるより英人側の憤慨一方《ひとかた》ならず事実精査の上ヘルム商会に向つて最後の通牒を発すること丶とし同時にこの際愈海岸の各独逸人を一掃せんと目下画策中なりといふ

ドイツ軍構成の一翼として在籍していたアルザス・ロレーヌ出身のフランス人に関しても新たな問題が出てきた。アルザス・ロレーヌ地方はフランス北東部に位置し、長年にわたってドイツとフランスの係争の地であった。フランス帝国とプロイセン王国の間で行われた普仏戦争（一八七〇―七一）でプロイセンに敗れアルザスを失った時、フランス人教師が行った『最後の授業』は、母国語を奪われた教材であった。アルザス・ロレーヌが正式にフランス領となるのは一九一九年の『ヴェルサイユ条約』だが、日本では一九一五年の段階で、ドイツ軍から引き離しフランス人として認知、そして帰国を認可した。（後述第四章(3)－3参照）

神戸一二月三一日『放たれし俘虜：怨を呑んで独軍に戦ひし仏国人』

四十余年前仏独戦争の際暴挙なる独軍の為めに其郷土を略奪されたるアルサス・ローレンスに呱々《ここ》の声を挙げたる者なるが独籍に編入せられ怨みを呑んで同地を去り移りて青島に行きて多年業を営み居りしが日独開戦と共に招集されて心ならずも砲台の守備に任じ居りしものなりしが仁慈なる日本皇帝陛下の御恩召を以つて解放され久方振に故山の故旧に見ゆるかと思へば心中欣喜に堪へずと語り終りて満面喜色を漂へたり

俘虜の逃亡や暴行事件は、ドイツ軍俘虜に対して日本人の感情を悪くするもので、そのためドイツ人排斥を唱える論調もさらに一層新聞紙上を賑わしてくることになる。

(3) 俘虜の生活・郵便など（一九一五年）

ドイツへの反感・攻撃が強まり、収容所での俘虜の生活や郵便事情などが報じられてくる中で、日本の生活習慣としての正月の風景は興味深い。次の記事は姫路船場本徳寺景福寺及び阪田町妙行寺の三寺院収容所の正月風景を紹介している。

神戸一月六日『俘虜の正月：自炊の御馳走で年酒』

独墺の俘虜先生達は年の暮クリスマスに天帝を祈つて間もない事であるからお正月が来ても大した祝賀はせぬ筈であるけれど何といつても年新玉《としあらたま》の初め殊に命を全うしてかうして日本の地で無事に春を迎へることであるからその喜びは譬へやうもなく旧臘《きゅうろう》（註：昨年一二月）三一日の夜消燈時間の九時を一一時に延ばし一人一本の寄贈ビールを仰いて盛な除夜祭を行ひさて元日は朝の程から日本人並に床を離れ輝々として照つた日の本の恵みの春光を受け新年の挨拶も中々に活気があつた、中にも年久しく神戸や横浜に住み馴れた日本通はお正月の儀式を心得て衛兵を相手にお目出度うなぞ洒落るのもある午前八時になると各隊から代表者を選んで収容事務所に出頭し所長初め所員に対して懇篤なる新年の御挨拶宜しくあつた後麥酒のコツプを挙げて新年を祝し合ひ又在支那墺国人から寄贈して来た一人前三円の慰労金を分配されて何れもニコ〱ものであつたが尚昨年の暮から食事は自炊といふことに定められたから吉日だけは御馳走に骨を折るコツクもあるといふ騒ぎ方何より遠い故国へ無事な便りを急ぎ幸福なる新年を迎ふなどの文句を書いた絵葉書を送るのもあれば内地に居る友人からお年玉のカードなどを贈られて自由の利かぬ今の身を慰めるものもありて流石春めいた揚気さに笑ひ興ずる声さへ常より賑かであつた（姫路通信）

一方、青島は戦後から蘇って新たな年末年始を迎えていた。青島発の『青島のお正月＝関所を開いて五日目＝』（朝日一月七日）に、「昨日まで釼着（註：付）鉄砲の歩哨だらけだつたのに引き換へて一旦死んだ青島が蘇生《よみがえ》り棺の蓋を叩いて居る様な気がする」が紹介されている。ドイツ軍時代には、ドイツ人はクリスマス、日本人は日本式の正月を、ただ中国は旧正月を祝っていた。

一九一五年一月一三日にはチョウチフス伝染病の発生について『俘虜伝染病発生ノ件』（第十師団俘第四八号欧受一五六号）が伝えられる。収容所生活中では今後、チョウチフスだけではなく、インフルエンザ、コレラなども流行してくる。

姫路俘虜収容所本徳寺支所収容ノ独逸卒一名熱性病ノ疑ニテ一月七日姫路衛戍病院ニ入院同一一日腸窒扶私（註：チョウチフス）ト決シ本徳寺支所ハ陸軍伝染病予防規則ニ準シ予防消毒ヲ実施致候条及報告候也

俘虜のさまざまな娯楽のジャンルの中の一つ演劇は人気があった。男性社会の中で女性役を男性が演じることで一味変った演出となった。音楽でも一九一八年六月一日、徳島板東収容所で本邦初演されたベートーヴェン《第九交響曲》、そして久留米収容所では一月に早くも演劇『俘虜演劇稽古：独帝天長節祝賀準備』（又新一九一五年一月一九日）や『俘虜芝居：例のカイゼル天長節』（又新一月三一日）が上演された。

各地より大阪、神戸や門司に到着した俘虜について、又新の一月二六日『大阪に収容の俘虜着　中に新倹挙者あり青島の近状』では、家族と別れて収容所に向う情景について、「俘虜一行が三隻のボートに分乗するや陸と海にて悲しき別れの歌は杜絶《とだ》へ杜絶に唱はれ埠頭に泣崩るゝ婦女子の一団を見る時は流石哀感を催されて一場の悲劇なり」や、『化けて居た俘虜着す＝飽《あく》までも別れを惜しむ＝』（朝日一月二六日）が掲載される。

青島から門司を経て大阪に向けで出航した船に対し、家族が食物を差し入れたり悲歌を歌ったりして見送る様子について、「家族等は俘虜が小港の埠頭に護送され行くを見送り食物などを持参して之を渡せり、二二日午後愈三隻の艀艇《ふてい》が端艇（註：ボート）を卸して寧静丸に漕ぎ去るや陸と船の哀別離苦他の見る目も憐れにて彼等は互に悲しげなる歌を唄ひハンケチ、帽子を打ち振り、船影の波間に隠れ行くまで別れを惜みたり言々、船中にては添田中尉及び十四名の護衛兵の監視の下に能く服従し時々手風琴を鳴し又トランプを弄び食事は将校は和洋折衷のものを、下士卒へは日本食を与へたり（門司電話）、

また『俘虜の築港着　傷病兵多し』（又新一月二八日）では、

輸送指揮官園田中尉曰く船中俘虜一行は概して柔順よく命令を奉じ無連《むりょう》を感ずる時は手風琴、骨牌を弄しいたるが孰れも日本の俘虜待遇を気遣ひいたるものゝ如くリスヘルド特務曹長の如きは護衛の日本兵に向ひ大阪は如何なる処なりや自分等の待遇は如何などゝ尋ねいたりと語れり（大阪）

など、記者による到着俘虜を波止場で見送る家族の様子を伝えている。一方、俘虜の中にはには鼻歌交じりで上陸する者もいて、第二次世界大戦と比較すると想像できない光景も生まれていた。

『俘虜収容所視察報告』（二月一日欧受第三七〇号）や『平和後の独逸：学ふべき平和的経営＝平和後の露人とは異なる＝独逸再興の力』（又新　二月二〇日）では、「時期尚早の嫌いあるも後進の日本は尚獨逸に学ぶべき事極めて多し」、「獨逸は一体又起たざるの観あるも若き日本は容易に侮る可らず却って大に彼に学ぶべき也」と結んでいる。日本が明治期にドイツから学んだ成果を、この時点でさらに確認してきたことが今後の俘虜の技術・技能を評価し吸収する政策へと向かわせた。

その動きは早速又新二月二二日『俘虜の労役』に登場する。この中で押さえているのは、以前でも論じられたが、俘

虜への賃金は安くし、日本人の労役を奪わないようにすることであった。そして日本に永らく在留していた俘虜もかなりいて、彼等は俘虜となった身でも通訳や仲介などで重要な日独理解の役割を担うこととなる。

次は神戸のドイツ商会で勤務していたドイツ人が開戦と同時にドイツに引揚げ、海軍として出征し青島で俘虜となり、再度福岡を経て青野原に移動させられた記事で、日本で長らく暮らしたドイツ人の複雑な気持ちが察せられる。

神戸一〇月一二日『俘虜に会ひ度い：神戸に居た商船員』

青野ケ原収容所の俘虜独逸海軍上等兵トーマス・トーゼン（二十八）は今より五年前神戸に来り兄と共に市内カーロウ井ツツ商会支店の貿易麦藁稈軽木麻真田《むぎわらきょうぎさなだ》部主任として勤務し居たるが日独開戦と共に神戸を引揚げて帰国し独逸海軍に属して出征し遂に青島に於て我軍に降り福岡俘虜収容所に収容され去月二五日青野ケ原収容所替となりしものにて同人は永らく神戸に住み日本語も頗る巧なるより努めて同僚の通訳となり係官に対して愛嬌を振蒔き居れり然るに神戸市葺合八幡通三丁目一七番貿易麦藁稈軽木麻真田業大島勇一は同業者にてトーゼンと親交ある間柄にてトーゼンが我軍の俘虜となり姫路に近き青野ケ原へ収容替となりしと聞き友情禁じ難く一一日第十師団司令部へトーゼンに面会許可を願ひ出でたり

1　俘虜の郵便事情

郵便に関しては『第二ハーグ条約』第二章第一六条で、「情報局は郵便料金の免除を受ける。俘虜宛てやその俘虜が発した信書、郵便為替、有価物件、小包郵便については差出国、通過国で全ての郵便料金が免除される」となっていて、郵便は俘虜にとって与えられた権利でもあった。一九一五年一月二九日には武富逓信大臣がスイス郵政庁の媒介でオーストリアとの間で俘虜宛通常郵便為替の取り扱いを開始、またドイツとの間はオランダ郵政庁の媒介で交換できるようになっていたが、スイス郵政庁でも可能となることを告示している。

この件については、又新が二月一〇日に『俘虜と為替取扱』、二四日に『俘虜郵便取扱』を報じ、かなり早くから郵便に関して許可されていたことは明らかである。そしてシベリア経由の不便さをアメリカ経由としたことで郵便事情が改善したことを歓迎している。しかし翌年の一九一六年一二月二五日の『対敵郵便規則』（逓信省令）で規則が強化された。敵国人を同盟国以外の外国人と同じ寛大な待遇、中でも郵便物に対して行うのは間違っているとして、新たに規則を出した。これは敵対国を軍事、通商、外交、政治の保護から除外するということだが、敵対国人に適応するのではなくある特別の方法を行えばある種の郵便物に限って取り扱いができた。

［写真 3-1　郵便物の受取
：鳴門市ドイツ館提供　『俘虜写真帖』］

又新一二月二五日『今日から実施の対敵郵便規則　付《つけた》り今年の聖誕祭郵便』

帝国政府の寛大なる保護を受け其通信等にも何等の束縛を加へられず今日迄自由に楽しい日を送り来つたが過般発布の逓信省令に依り今一二月二五日以降其通信に峻厳なる制限を加へらるゝ事となつた、即ち連合国側及び中立国の外交官を除く外仮令《たとえ》発信受信の一方が日本人であらうと英米国人であらうとを問はず対手方が以上四つの敵国人（ドイツ、オーストリア、トルコ、ブルガリア）であれば決して其通信物を取扱はぬ事となつたのである、此新らしい規則は要するに帝国以下連合国の軍事、通商、外交、政治を完全に保護する為めに設けられたもので何方かと云ふと其時期の稍や遅れてゐる感が無いでも無い位だ、（中略）例へば獨墺人なり其他の者が一般敵国人に通信をしやうと云ふ場合には先づ最寄の外国郵便取扱局に出頭して開封した儘の信書を係官に提示し其検閲を求める、万一其内容が不可ければ論外だが格別差支無いものと認定されたとすると局員は之に意見を付して同じく開封の儘中央逓信管理局に送致し此所で再び厳密なる調査を遂げた上夫々之を其目的地に差立てる手続きとなる

写真3-1は青野原の郵便物受取風景である。母国との郵便物の交換は俘虜にとって大きな楽しみとともにストレス解消にもなった。

2　再び労役・俘虜の技能利用をめぐって

俘虜の技術を利用しようとする動きもその現実性を増してくる。

一九一四年五月に出された『俘虜職業調査』（**第三章(1)-2**）以降、俘虜の技術・技能の高さに注目してきた日本は、具体的な利用方法を出してくる。又新三月一一日に『俘虜技能利用』、そして翌日に『俘虜利用と当局』という俘虜利用である。

目下本邦に収容せる俘虜には工業を主とし其他職業上の技能を有する者を包含せるを以て此際其独特の技能を利用するに於ては或は本邦工業上に碑益を与ふる事少からざるべく殊に今般俘虜情報局より俘虜の使用に関し意見問合せの次第あり旁《かたがた》使用希望の有無を確め置く必要ある旨小島本県内務部長より鹿島市長宛照会し来りたるに依り市役所勧業課にては市内の主なる工場に向け右の希望有無を問合はすべき方法を講じつゝありと（『俘虜技能利用』）

ドイツは芸術文化のみならず工業面でも先進国で、日本が吸収するメリットの大きな国としてあり続けた。姫路では一九〇四年の日露戦争で船場本徳寺などに収容していたロシア兵捕虜（約二千二百人）から技術を学んだ経験から、今

回も俘虜利用が得策だとしている。神戸市の雇用に関する記事は具体的な雇用に関するもので、この段階では業種による必要性に判断が分かれている。

又新四年三月一日「俘虜傭聘回答」

神戸市当局の俘虜利用並に外人職工雇傭方問合せに対する当業者の回答左の如し

川崎造船所～外人職工必要なるを以て其筋へ此旨移牒を切望す尚雇傭に関する條件は㈠眞鍮鋳物師一人㈡鋼鋳物師ぺしつくぷろせす一人㈢学歴よりも実地家を望む資格は技師よりも寧ろ職工長を良しとす

日本製粉会社兵庫支店～外人職工傭職は目下必要なし

鐘淵紡績工場～俘虜利用並外人職工傭職の必要を認めず

高橋清平氏～ソーセージ製造技術に堪能なる俘虜雇入の希望あり

3　俘虜の追放

ドイツに対する反感は在留ドイツ人の追放や刃傷事件にも発展し、処遇は厳しさを増し、東京や神戸ではて追放や退去命令が出てくる。

神戸三月一六日『独人追放　注意人物三人』

本邦在留独逸人にして其筋の注意人物たるもの少からざるは屡々《しばしば》耳にする所なるが警視聴は遂に左記三名の独墺人に対し一五日より向ふ一週間内に日本を退去すべき旨厳達したり（東京電話）～エ・マント・ワローア（会社員）、アードルフ・ゼーラ、シャツマイヤ（墺国語学教授）～追放続々＝東京在留の独墺人にして退去を命ぜられたること前記の如く尚此外に神戸在留のもの十一名内墺国人二名敦賀在留の者二名内墺国人一名あり東京に在る者や横浜神戸及び敦賀に在る者は孰も其港を夫夫乗船地と指定せられたり（東京電話）

神戸在留ドイツ人退去・追放説に関して在留獨墺（ドイツ・オーストリア）人は「仕方ありません、命令は別にひといともひとくないとも言へませぬ、兎に角諦めている」（朝日三月一八日）と語っている。

三月一八日付ニューヨーク発電報では、『米英独墺捕虜協定』が成立（又新三月二〇日）、さらに同日には、ポートランド発外務省着電の『米国新聞の正論』を報じている。

日本の対支要求は米国が米大陸にてモンロー主義を唱ふると同様に其意を諒とすべし只其結果米国の投資企業を妨げ支那の独立を害するなくんば可なり然れども日本が支那開発の指導者たるべきは疑を容れず之を妨ぐるは米国の為に不利なり又日本の支那に於て多忙なるは米国の東洋移民問題を緩和するものなり（東京電話）

モンロー主義（**第二章註４参照**）は、アメリカの孤立主義で、ヨーロッパ諸国間の戦争には介入しないという政策を堅持し中立の立場をとっていた。これはロシアの南下政策、ラテンアメリカへのヨーロッパの干渉の脅威から不干渉主義を唱えることでアメリカを守るというアメリカ優位政策であった。ヨーロッパからの移民で構成しているアメリカにとって、国を二分するかもしれない介入には慎重にならざるを得なかった。そしてこの立場は欧米列強のアジア支配のために日本の青島占領を利用しようとしたふしが垣間見れる。しかし後日（一九一七年四月）、ドイツ潜水艦による無制限攻撃で、アメリカからヨーロッパへの物資補給船が攻撃されてきたことを受け、アメリカのウイルソン大統領はモンロー主義を転換しドイツに宣戦布告をした。この決定がドイツにとって極めて不利な状態を生み出し、敗戦の道をと辿ることになった。

俘虜生活は軍規も緩くならざるを得ない。そして同国人同士の喧嘩も出てくる。姫路船場本徳寺に収容のオーストリア＝ハンガリー帝国人俘虜によるビールの紛失に関して喧嘩となる。相手に切りつけて重傷を負わせたこの事件で、犯人は第三十九連の重営倉への収容処分を受けている。

ドイツ人の国外追放と時を同じくして、ドイツから日本人が追放される事態も起こっている。『独人妻とせる同胞　敵国最後の退去邦人　悲劇妻子瑞西《スイス》の別れ』（又新四月一日）は、ドイツで約三十余年間滞在し、現地でドイツ人と結婚し三人の子どもを設けていた元居留地の野原氏がドイツ官憲に拘禁され日本に強制送還された記事である。日独関係は日を追って厳しさを増した。

4　俘虜の外出・散歩

俘虜にとって外出や散歩は気晴らしや外の空気が満喫できるまたとない機会だった。収容所の近況を伝える記事が数少ない中で、神戸四月一〇日『俘虜散歩　暖き春光に浴す』では次のように報じている。

姫路俘虜収容所に収容中なる独墺両国の俘虜は収容当初白鷺城及び市内を見物せしめたるも爾来外出を禁止し彼等は収容所の板塀内にて運動をするに過ぎざりしが九日午後一時船場本徳寺収容所本部の俘虜百五名、景福寺収容所支所の俘虜百十二名に対して外出散歩を許可されしかば彼等は久し振の外出に嬉々として収容所を出で収容所員に引率されて郊外の春色を恣《ほしいまま》にしつゝ市川筋字阿保磧《かわら》に至り松青く砂白き辺り互に手を携へて散歩し薄暮夫々帰所したり

又新も四月一五日付で『春を如何に俘虜君　姫路収容所内の近況』として姫路本徳寺俘虜の生活を描写している。

遊心そぞろに動く花の春を侘びしい収容所の板圏《かこい》の奥深く幽囚生活を送る俘虜君の近況如何と姫路本徳寺の俘虜収

容所を訪づれる、本徳寺、景福寺、妙行寺の三ヶ所とも俘虜の健康状態は頗る順調で昨年一一月収容当時は永い籠城生活から遽《にわか》かに俘虜の取扱を受けた生活上の変化が原因で胃腸病神経衰弱等の患者を出したが俘虜生活に馴れた昨今ではモウ達者なもので軍医の診断を受ける俘虜は滅多に無いさうだ、渠等の日常生活は頗る単調で朝七時半の人員点呼を受けてから夜九時の就寝まで喰う、寝る、遊ぶより外少しも仕事が無い（中略）慰問の金品であるが独逸俘虜は本国政府からの送金もあり知己友人から多数の寄贈品到来して懐合が豊かであるに引換へ墺国人は何処からも来ないから惨めなもので独逸俘虜が毎日金のあるに任せてビールを呷《あお》つているを怨めし気に見せ付けられ月々ジーメンス会社から来る俘虜慰問金の分配に預つて慚《や》つと日用品を買求める始末は俘虜ながらも同情せられる、新聞はジャパン・クロニクル、北京ガゼツト、天津で発行するターキプラット日本俘虜号上海の独逸ツアイツング、ツワ、チナと此外に数種の外国雑誌が到着する中にクロニクルを多く読む、本国との通信は勿論収容所で厳重に倹閲の上許可してるが申合せた如くに自分は勇敢に戦つたけれど力尽き最も適当の方法を以て敵国日本に俘虜となつた、併し日本は聞きしに勝る文明国で吾等俘虜を待遇する誠に人道に叶へりと適当な時期に適当な方法を以て俘虜となつてたを大に自慢らしく吹聴して係官を笑わせている（中略）此俘虜の嬉ぶ郊外運動は一時中止せられていたのが健康上結果が面白くないので昨今は時々引率外出を試みると小供《（ママ）》の如《よ》うに嬉しがつて途中年頃の女にでも出会《でくわ》したが最初瓢軽《ひょうきん》な俘虜は頭《かしら》ア右！　敬礼!!と号令をかけて立止つたり相手になるので今後外出の時は市街地を距《はな》れた磧《かわら》か野原に連れて行く方針である

記事は健康状態は良くなっていること、日常生活が頗る単調であること、慰問の金品はドイツ兵が多いが、オーストリア＝ハンガリー帝国兵は殆どないこと、新聞購読、そしてジーメンス社からの援助、郊外運動が再開されてよかったことなどを報じている。また両国兵の懐具合の差は、日本在住のドイツ人からの送金や寄付があるためで、オーストリ

ア＝ハンガリー帝国兵は侘しさを味わっていた。

ただ『俘虜への送金毎月一万二千円』（朝日六月一六日）によると、俘虜への物品や送金はシーメンス社だけではなく、クルップ社そして神戸在住のドイツ人などからもドイツ兵とオーストリア＝ハンガリー帝国兵双方に送金されていた。

先に日本にある収容の独墺俘虜に対し独逸クルップ会社より七万二千マルクを寄贈せしを始めとし煙草書籍等の慰問品山積の状態なるが今回ジーメンスシュッケルト会社及び独逸国工業家等相謀り俘虜として日本にある限り毎月一万二千円宛《づつ》を送附すること丶なりたりと（東京電話）

現今、在留敵国人が御苑に招待されたという記事は、内務大寺裁可であるだけににわかには信じがたいが、注目される。

朝日四月二三日『独墺人も御宴に召さる＝本日の浜離宮御観櫻に』

両陛下には二三日浜離宮に於て観桜の御催しあり内外人二千五百余名を召させらるべきが其の中には在京の大公使、同夫人、同館員並に東京横浜在住の外人紳士紳商等百余名加はれり右は何れも在京大公使の證明により内務大臣より御裁可を経たるもの丶みにて独墺人も各一名あり、そは学習院独文科教授リチャード・ハイゼ氏（独人）宮内省楽部傭《やとい》ズブラウイッチ氏（墺人）の二名なり（東京電話）

五月四日にイタリアがオーストリア＝ハンガリー帝国に宣戦布告、この結果、青野原収容所内でイタリア兵とドイツ、オーストリア＝ハンガリー帝国兵との軋轢が発生してくる。神戸でもイギリス人によるドイツ人への反感・攻撃が起こってくる。一方で神戸連隊が歓迎されて青島から凱旋する記事も好意をもって掲載されている。

俘虜の生活については、朝日が六月一日に、『在阪の俘虜は何うして居る？＝新しい夏服を貰つた』で、読書、新聞購読、イタリアの宣戦を、そして俘虜は指先の働きが鈍く、手工やピアノ演奏者以外は不器用だと見ている。

5　俘虜訪問願出

青島で俘虜となり日本に移送された夫に会うため、俘虜の家族も様々な手段を講じてくる。それは一九一四年一〇月から多くなり、『俘虜面会願の件』、『俘虜面会許可願の件』、『俘虜訪問願出に関する件』、『ワルデック大佐夫人と面会願に関する件』、中には『俘虜と同棲等に関する件』などが『欧受大日記』に掲載されてくる。姫路収容所でも『俘虜訪問願出ニ関スル件』（欧受一一三三号　政送二一〇号）が出てくる。

俘虜を追って、上海から来日したドイツ人妻子に関する記事は、俘虜に会うための来日行動である。さらに訪問の願出として、『墺太利人 Bruno Muller（麹町区内幸町一丁目三番地）ヨリ家事上ノ用務ノ為メ在姫路俘虜 G.P.von Drachenthal 訪問願出アリタル趣ヲ以テ存本邦米国代理大使ヨリ申越ノ次第有』（政送第三〇六号　欧受一六〇五号）などが出されてくる。

神戸七月一四日『夫を慕ふ俘虜の妻　独逸陸軍少将夫人来る』

朝日七月二六日『日本は実に暑い＝汗だら〳〵の俘虜＝朝日新聞を読む＝』

俘虜が退屈しのぎに読書をしていることに鑑み、八月二一日に陸軍省は『所要図書交付方の件』（欧受第二〇四〇号姫俘第二九三号）として、「姫路俘虜収容所　陸軍省副官　当所開設以来左記書類ハ時々其必要ヲ感スルコト有之候ヒシモ他部隊ト同衞成地ニアリシ為所要ニ応シ臨時借用シ来リシモ遠カラス当所ハ青野原ニ移転スルコト、相成ルヘク従テ従来ノ如キ便宜ヲ得ルコト困難ニ付此際左記書類交付相成度及通牒候也」を出している。

6　音楽活動と生活

文化活動は全国六カ所の収容所で盛んに行われていた。音楽活動も明治以降日本では音楽発展を図るため、ドイツ人音楽家をお雇い音楽教師として招聘している。しかしドイツが敵国となってからは、その演奏が困難になってきた。『大饗宴の管絃楽：伊仏露三国の名曲から選定』（神戸九月一日）では宮内省雅楽部楽長として和洋学の指揮者を担っていた芝葛鎮《ふじつね》が、「平時ならば無論独逸のものを選択するに違ひないが目下は不幸にして敵国である敵国の曲目を御大典に演奏するは断じて不可と言ふ説も内部にある」とし、「今の処排斥採用孰れとも決定して居らぬ」としつつも、イタリア、フランス、ロシアの音楽から選定せざるを得ないとしている。ここで〈和洋学〉とあるのは、明治期に日本に西洋音楽を導入する窓口の一つが宮内省雅楽部であったことと、雅楽部楽人たちは基本的に雅楽の楽器に加え、西洋の楽器も併用して演奏していたことによる。

この時期に政府は御大典奉祝唱歌の創作に取り掛かっている。それは全国の小学児童に奉祝唱歌を歌わせることにしたからで、公募の結果神戸市の小学教員松本徳蔵氏が当選した。

ただ、実際に生徒に歌わせるに際し、言葉の調子を直したり、関西のアクセントを東京アクセントに変更している。曲は四分の四拍子、ト長調、十六小節、一点レから二点レの一オクターブで、当時の学校唱歌と酷似していた。

一九一五年三月二日、大阪北浜帝国座で朝日新聞社主催『白国《ベルギー》民同情義金募集の為　慈善音楽会』が開催された。この趣旨は今回のヨーロッパ戦線で最も悲惨な運命を被った国・白耳義《ベルギー》に対し「日本国民の義侠と同情をした」企画であった。曲目は和洋多彩で、ヴァイオリンやピアノ独奏、《野営の暁》、《戦闘曲》、《ベルギー国歌》、さらには《高砂》、《熊野》、

《竹生島》など十七曲が演奏された。新聞社も戦争のプロパガンダの一翼を音楽活動で積極的に担っていて、いつの時代でも音楽は「手段」としての役割を担わされてきた。（朝日一九一五年二月二五日に予告記事）

写真3－2は収容所内に開設された診療所である。

一九一五年に開催された『神戸博覧会』は、『整ひ来りし神戸博』（神戸一〇月五日）や『変装連が神戸博へ：繰り込んで思々の芸づくし』（神戸一〇月一五日）などに見られる。

一〇月一一日には俘虜情報局は『俘虜名簿三部送付ノ件』（軍事欧第一一九二号俘発第一一八〇号）として『俘虜名簿』（大正四年一〇月調査）を発行、その後一九一七（大正六）年には再度『俘虜名簿送付の件』を出している。**（第四章(3)－5参照）**

姫路から青野原への移転に伴う経費について、九月一三日に第十師団山口勝は「姫路俘虜収容所移転ニ要スル経費別紙算出明細書之通リ所要ニ付き臨時軍事費支出ノ儀認可相成度候也」（主経第二五七号）を申請している。

［写真 3-2　収容内での診療所：鳴門市ドイツ館提供］

大阪収容所では俘虜の食する洋食に関し、バターは日本人に馴染みが少なかったためか、調達に苦労している。（毎日一一月四日『俘虜の舐るバタ：一ケ月に三千円』）

一二月に入ると、『近く日本を占領せん：独逸に囚はれし邦人帰る』（神戸一〇月二七日）や『軍用金を隠せし俘虜：昨日命寧静丸にて青島に押送』（神戸一二月四日）など、俘虜の言動に注意すべき記事も出てくる。

第四章　姫路から青野原へ（一九一五〜一七年）

(1)　青野原移転（一九一五年）

俘虜収容所は一九一四年に全国十二カ所に設置されていたが、一九一五（大正四）年から一九一八（大正七）年にかけて、千葉県習志野、愛知県名古屋、兵庫県青野原、徳島県板東、広島県似島、福岡県久留米の六カ所に整理統合された。

千葉県習志野（一九一五．九．七）＝一九一五年東京を統合、一九一八年静岡、大分統合。一九二〇年四月一日閉鎖。

愛知県名古屋（一九一四．一一．一一）＝一九二〇年四月一日閉鎖。

兵庫県青野原（一九一五．九．二〇）＝姫路（一九一四．一一．一一）から移転。一九二〇年四月一日閉鎖。

徳島県板東（一九一七．四．八）＝松山、徳島、丸亀（一九．四．一一．一一）統合。一九二〇年四月一日閉鎖。

広島県似島（一九一七．二．一九）＝大阪（一九一四．一一．一一）統合。一九二〇年四月一日閉鎖。

福岡県久留米（一九一四．一〇．六）＝熊本（一九一四．一一．一一）統合。一九二〇年三月一二日閉鎖。

福岡収容所（一九一四・一一・一二）＝習志野、久留米、青野原、名古屋に段階的に移送後一九一八年四月一二日閉鎖）
（註：福岡収容所は統合ではなく移転）

姫路からの移転地青野原は、現在の小野市、加西市、加東市が交錯した土地で、他の収容所から一部俘虜の合流はあるが統合はしていない。一九一四年一一月一一日に姫路に収容された俘虜は、その後一九一五年九月二〇日から一九二〇（大正九）年四月一日まで青野原での俘虜生活を送ることとなる。青野原移転に伴いさまざまな規則が新たに制定されるが、姫路当時の規則とは若干の違いもある。

一九一五年三月一九日に第十師団長山口勝は、陸軍大臣に『俘虜収容所諸規則改正ノ件報告』として『姫路俘虜収容所俘虜取締規則』（第十師団俘六七号　欧受第九六三）を出している。この中で俘虜の心得、面会慰問、物品の寄贈、地方人の出入り、俘虜の点呼、外出、暴行・逃走への対処、火災など二一条にわたって取締規則を設け、中でも火災に関しては特段の注意を喚起している。板東収容所でのベートーヴェン《第九》交響曲初演のプログラムにも『煙草をすわないように！（Bitte nicht Rauchen!）とあり、火災は俘虜も特段の注意を払っていたことが窺える。

九月二〇日の『俘虜収容所諸規則ノ件』（『青野原俘虜収容所取扱規則』（第十師団俘第一二一号）と『同・服務規則』（第十師団俘第一二二号）（欧受二二二三号））報告は、半年前の一九一五年三月一九日に出された姫路収容所の規則に続くものである。『青野原俘虜収容所取扱規則』で「本規則ハ青野原俘虜収容所ニ於ケル俘虜ノ取締ニ関スル事項ヲ規定スルモノトス」、『青野原俘虜収容所服務規則』では、「本規則ハ青野原俘虜収容所職員ノ服務ニ関スル事項ヲ規定スルモノトス」としている。この中で「俘虜の面会慰問を許可する場合の言語について、「姫路が用語を制限」としていたのに対し、青野原では「用語ハ通常邦語若クハ独逸語トス」。さらに姫路ではなかった寝具に関して「准士官以上ノ俘虜ニハ各人ニ寝台ヲ下士以下ニハ藁蒲団ヲ貸与スルコトヲ得」、酒保についても「収容所ニ酒保ヲ設置ス酒保請負販売人及売品ハ所長選定ノ上本職ノ許可ヲ受クヘシ　酒保ニ出入リセシムヘキ人員ハ三名以内トス」としている。

収容所に於ける維持経費はどの収容所でも課題となっていた。第十師団司令部は、一九一五年一〇月一九日に『俘虜収容所経費支出ノ件』（欧受第二四一三号）で「一二月迄ノ所要トシテ金一万千百二十円認可セラレ候」と報告している。

1　新天地、青野原へ

いよいよ姫路から青野原への収容所移転が始まった。全国十三カ所収容所を移転・集約する要因は、収容所の設備が不完全であったこと、民家を借りた場合も費用がかさんだこと、寺院の運営に支障が生じてきたことなどであった。

陸軍省は青野原への移転を実現するために一九一五年六月加東郡青野原でのバラック建て工事を開始、八月の完成を目指した。青野原は陸軍演習場のあった青野原台地で、閑散とした地区であった。**写真4-1**の「青野原収容所の棟札」には、競争入札の結果、五百旗頭喜八が四万千円で落札し、六月二五日起工、完成は予定より少し遅れて九月一三日と書かれている。

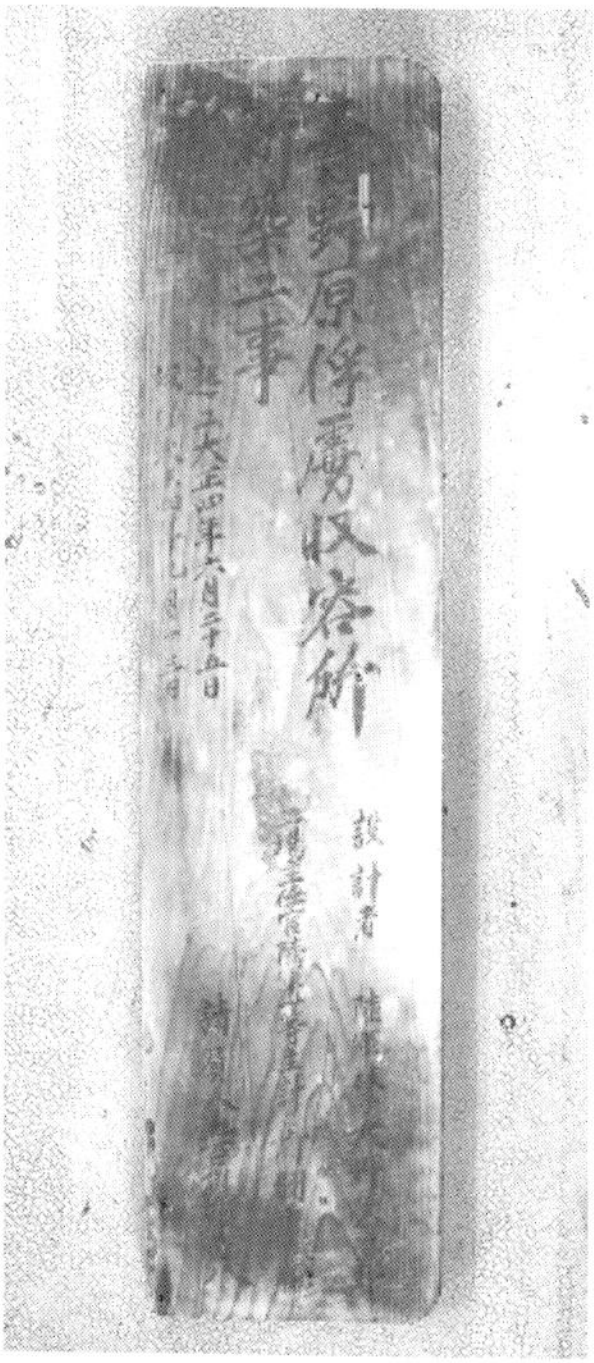

［写真4-1　青野原収容所の棟札
：加西市提供］

収容所新築にあたっての設計者や工場主任官を務めた人物の名前に加え、工事を請け負った名前も見られる。

青野原俘虜収容所　設計者　陸軍技手　大野栄次郎

新築工事　　工場主管陸軍一等主計　丹羽鹿蔵
　　　起工大正四年六月二五日　請負人　五百旗頭喜八
　　　竣工大正四年九月一三日

又新は九月九日付『俘虜近状　ソロ〱引越準備』で俘虜の青野原移転を掲載している。ただ神戸や姫路から離れていたため、町が恋しいという気持ちから脱走も起こってくる。

青野ケ原へ行ば草茫々の荒野で人の姿を垣間見るさへ叶はぬ故幾ら狭苦しい処でも此所の寺院に居たいとは飽迄も猾い、将校俘虜には日本相当の位階に依つて俸給を与へるから頭株のトラヘンタール少佐は月々百四十円、中尉六十円、少尉で四十円位宛の給料生活費十五円乃至二十円の外遣ひ途が無いので懐中は常に暖い、青島陥落当時の分配金もあり大体の将校は千円位の貯金を持つているが時々金のない兵にビールでも御馳走するのが関の山で非常にケチン坊だ、ヒンナー中尉（注：巡洋艦皇后エリーザベト乗員・海軍機関中尉）は六月中戦功に依り大尉に昇進平和克復後は何かの試験を受けると言つている、海軍俘虜が多い丈け船長、機関師、技師の受験準備に耽つている、昨今八十余名の俘虜を引出し城北練兵場の地均《じなら》しをさせて見ると無職に苦しんでいた輩の事だから喜んで仕事に従事している、景福寺収容中のワルタピーがコンクリートと鉄線で作り上げたライン河畔の古城塞は実に精巧を極めたものでこれは記念の為め景福寺に残していくさうだ

この記事から、俘虜には給料が支給され、さらに昇進も約束されていたことが判明する。

徒然にこしらえたライン河畔の古城塞の模型を記念としてつくられた噴水を船場本徳寺に遺していることは、祖国を偲ぶ創作の一つでもあった。記事では景福寺となっているが、藤原龍雄氏は『第一次世界大戦と姫路俘虜収容所』で次のように語っている。

景福寺から船場本徳寺に移設したと考えるのが、今のところ有力である。全国的に俘虜収容所に充てられた寺は東本願寺系が多く、宗派の問題が背景にあるとすれば移転も妥当と考えられる。

俘虜の残した原文の記録では、「噴水の階段状の滝の下」に「金魚が泳いでいた」という描写があり、この表現とモニュメントの前部が一致しているため、この特徴をとらえると古城塞の外観に、庭園の装飾的機能も兼ね備えた建造物であることがわかる。ドイツ本国では、このような特徴を持つ庭園が少なからず存在するということを聞き及び、市史編集室では、『古城塞のもつ堅固な外壁と庭園の美観を強調する噴水の機能を兼備しているこの構築物を、「ライン河畔の古城を模した噴水」と表現した。（抜粋）（註1）

引越しには『俘虜のお宿替　二〇日青野ケ原へ　沢山な荷物』（神戸九月二二日）や、『俘虜青野ケ原へ　賑やかな昨日の引越し』（神戸九月二二日）など、悲痛な状況とは思えない引越しで、自分たちでパンを焼くための竈作りが見えてきたことを喜んでいる。

［写真 4-2　本徳寺の噴水　（撮影：筆者）］

そして当直当日の食料、寝具などを前日までに職員が青野原に出張し朝食の準備をした。『俘虜のお宿替：二〇日青野ケ原へ　沢山な荷物』（神戸九月二二日）では、

姫路駅特別仕立臨時列車にて播州鉄道経由輸送すべく青野ヶ原に於ては衛兵を附せらるるを以て当日衛兵をして護送中の監視兵として同行監視せしむべし俘虜は総数三百二十三名にして内五名は姫路衛戍病院に入院し五名は

姫路分監に入監服役中にして衛戍病院に入院せる患者は重患者なるよりその尽になし置くべく今回移転すべきは三百十三名なるが何分多人数にして且つ我軍隊なれば他へ守備等の為め派遣せらるるべき場合も先方にて絨衣《じゅうい》等の準備をなしあり出発の際にはたゞ整理を為せば済むべきも今回は之れと違ひ服装から携帯品は勿論洗面器に至るまで運搬せざるべからず其の荷物は非常の嵩《かさ》にして鉄道輸送を為すか荷車にて運搬するかについては目下研究中なるが俘虜にも持ち得る限り携帯せしむべし職員も当日大部分は同行すべきも若干は殘留し跡始末をなして経理部へ引渡せし上出発すべく軽理部にては市吏員の立会を求め本徳寺へ返還する筈

として、移転後は即日姫路収容所を閉鎖し、青野原収容所が開設された。一方、祖国に帰国するドイツ人もおり、神戸港からアメリカ船で出国している。

九月一八日付神戸は『愈俘虜の引越し：来る二〇日青野ケ原へ』など姫路収容所から青野原収容所への移転では、各紙が大々的にその様子を伝えている。さらに九月二〇日には福岡収容所から九十名の俘虜が青野原に、一方で十三名を丸亀収容所に移動させる措置がとられている。移転する俘虜の中には名残を惜しんで心ばかりの晩餐会を開いたり、本徳寺収容の俘虜は大谷連枝《れんし》（註：浄土真宗で法王の一族の称）に告別の辞を述べるなどわずか十カ月の滞在だったが、待遇に関しての感謝の意を表している。そして出発の姫路駅や沿道では、物珍しさも手伝って多くの市民が駆け付けて見物していた。その様子は、『俘虜の宿替へ＝本日姫路から青野へ』（朝日九月二〇日）などの記事にみられる。移動には特別列車として鉄道が利用された。姫路から播州鉄道大門口駅（現在のＪＲ加古川線青野ヶ原駅）で下車し、そこから北西方向に徒歩で移動した。移動の**写真４-３**（現在の小野市）には、閑散とした大地をもくもくと移動するドイツ軍兵の姿があり、都市とは離れた閑散とした土地で生活を送ることとなった。

オーストリア＝ハンガリー帝国海軍少佐ドラヘンタールは、俘虜三百十四名とともに青野原に一一月二〇日出発した。

朝日九月二一日『住み慣れた姫路を後に＝青野へ行つた俘虜』でドラヘンタール少佐は次のように語っている。

収容所が斯くまで親切に青野ヶ原へ送つて下さる事は実に感謝の外ありません特に収容所であつた寺院の住職までが駅頭まで見送つて下さる事は感激に堪へません十個月滞在中の感想と申しても別に之ぞと申す程の事はありません只戦争が一日も早く無事に済んで呉れるやうにと祈つています、滞在中修養の方面では文学書類又は科学としては星学抔を研究しました言々

収容所は総坪数二千六百十五坪、兵舎は便所、洗面場、物干し台などを備えた四棟、その外事務室、医務室、将校休養室（五十坪）、魚・野菜調理所（八坪）、庖厨《ほうちゅう》（台所）及び浴室（八十坪）酒保（三十二坪）衛兵所及び消防器具置場（二十四坪）哨兵舎三か所ケ所、井戸九ケ所で、収容所の周囲は高さ八尺の板塀を張り巡らし、半永久的なバラックとなっている。青野原には広大な農耕地と牧畜可能な土地が存在していた。

青島から大阪に移送されるドイツ軍俘虜について、『新俘虜来る：青島から二十八名』（神戸九月二一日）には、「我寛大なる処置に馴れ窃に帝国の不利を謀るもの頻出」という事態も生じてきた。

俘虜の移転は各収容所間でも行われた。福岡収容所から九十名の俘虜が青野

［写真 4-3　青野原収容所へ移動する捕虜の隊列：加西市提供］

原に移されたのは同時期の九月二五日で、その理由は収容所での俘虜の不穏な行動を防ぎ、収容所の運営を正常にしようとする意図もあったようだ。久留米から青野原への俘虜移転では、ドイツ歩兵少尉外将校三名、下士八名、将校一名に下士四名の護衛が付き、八月四日に加古川駅で播州鉄道に乗換え大門駅で下車し青野原へ向かった。

姫路から青野原への移転に伴う経費について、九月一三日に第十師団長山口勝は『姫路俘虜収容所移転経費支出ノ件』（欧受二一八九号主経第二五七号）で次のように申請している。「姫路俘虜収容所移転ニ要スル経費別紙算出明細書之通リ所要ニ付き臨時軍事費支出ノ儀認可相成度候也」。そして第十師団司令部は一九一五年一〇月一九日の『青野原俘虜収容所ニ増加備付衛生材料新調ニ関スル件』（欧受第二三八四号欧受第一一八号）で、

> 姫路収容所備付衛生材料（器械）ハ姫路衛戍病院ヨリ配布セシメ臨時ニ必要ヲ生シタル器械類ハ一時同病院ヨリ貸与セシムルカ或ハ同病院ニ託シテ□□治療ヲ施ス等治療上不便ヲ感シメルコトナカリシモ今回同青野原俘虜収容所ヲ開設移転ニ際シ衛戍地ト遠隔スルヲ以テ従来配布ノ衛生材料の外更ニ必要ナル器械ノ配布ヲ請求セルモ之等諸品ハ姫路衛戍病院ニハ配布シ得ヘキ

として移転に伴う配慮を見せている。この巻末添付の「材料」の中に〈音叉〉が入っている。音楽では音叉は本来ピッチに使用するものだが、これは耳鼻科用の器具としてだろう。

写真4-4はテーゲによる絵画で、収容所全景が描かれている。テーゲについて瀬戸武彦氏は「砲兵兵站部・二等砲兵曹で俘虜製作品展覧会では数々の鮮やか

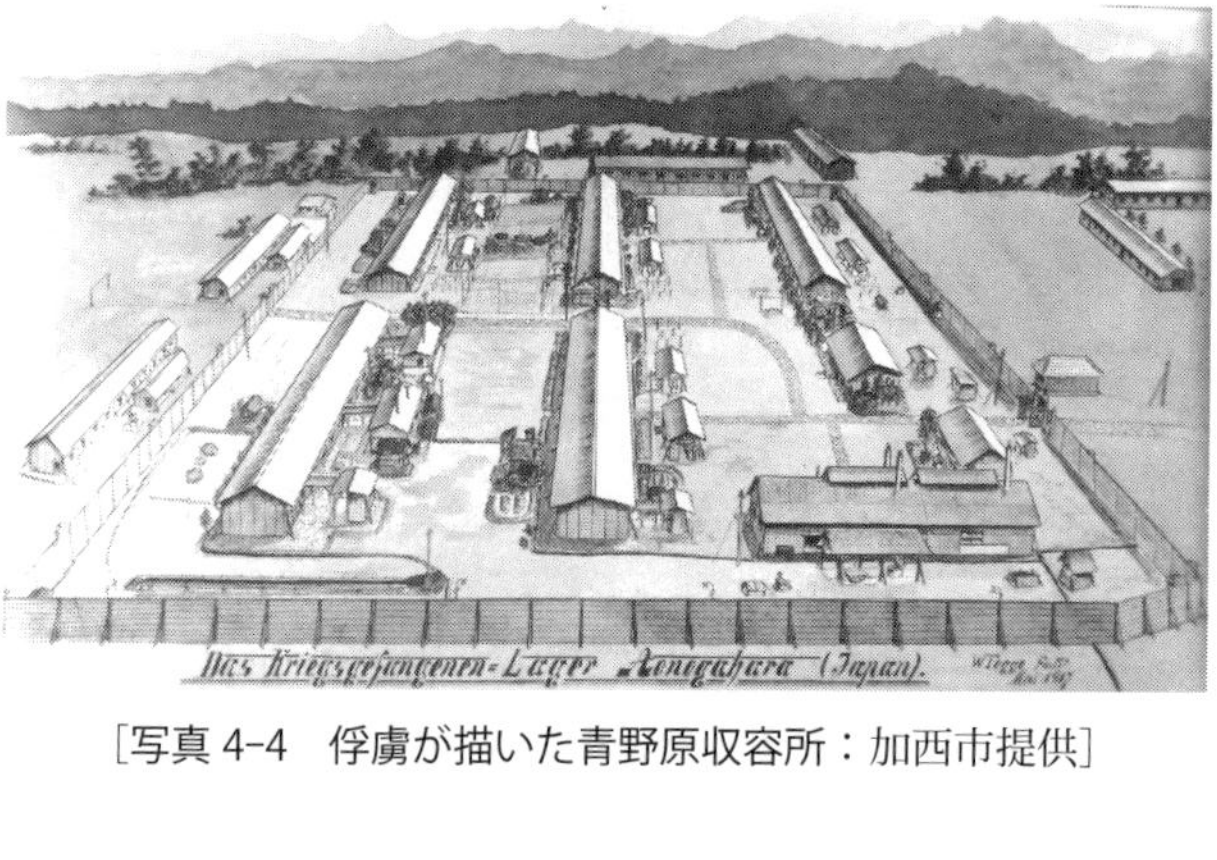

［写真 4-4　俘虜が描いた青野原収容所：加西市提供］

なスケッチ、デザインを描いた」と述べている。（註2）写真4－5は収容所の表門で、監視用衛士四十名、警察官十五名が監視にあたっていた。

青野原に関する情報は神戸や姫路から離れた地区にあるため数少ない。ただ一二月二二日又新『青野ヶ原の俘虜は何う暮しているか　柔順しく儚いXマス気分に浸る』ではかなり詳細に俘虜達の生活ぶりを報じている。移転当時は取締も厳しく不平を唱える俘虜もが多かったが、取締が寛大になったり、設備も次第に充実し運動場も完成したことで、俘虜の言動は穏やかになった。収容俘虜総員は四百二十二名になり、様々な活動が始まった。技術研究、サッカー、テニス、トランプ、そして郵便物の取扱など日課は日本の軍隊方式に従い六時半起床、朝夕二度の点呼、六班に分けられて毎日炊事当番担当、朝食はパン、昼・夜食には肉類などもあり、かなり潤沢な食事であった。構内の散歩、技術研究（砲術、土木、建築、造船などの技術を有する俘虜による）、運動場でのフットボール、テニスや器械体操、トランプや演劇、音楽活動などは彼等の楽しみでありストレス解消であった。

［写真4-5　青野原収容所の表門：加西市提供］

［写真4-6　青野原収容所前での歓談：加西市提供］

収容俘虜は総員四百二十二名、大部分は海軍兵にして是を国別及び階級別にせば独逸高級将校青島総督副官エルサーベル少佐以下将校六名、準士官十五名、下士二十五名、卒百六十五名合計二百十一名、墺太利将校四名、準士官十七名、下士六十名、卒百二十九名合計二百十名にして独逸軍人は上下の隔てなく総てに於て一致一団となる気風あれど墺太利軍人は五ヶ国の異人種混合せる為人種又は宗教上の関係にて融和を缺き争論喧騒する事一再ならず

酒保は俘虜にとって何よりの楽しみで、郵便物は準士（註：下士官の最上位）が事務員の立会いの上配布のための作業を行った。この郵便による信書などは母国の両親・妻子などとの連絡で貴重な役割を果たし、クリスマス関係や宣教師の派遣などにも利用された。

(2) 俘虜の逃亡・懲罰等㈡（一九一六年）

一九一六年になる昨年度に続き俘虜の逃走事件が発生し、点呼遅刻、衛兵侮辱、官給品毀損などで処罰される俘虜の情況、生活も報じられてくる。ジャパン・クロニックは一九一六年一月六日に脱走に関する記事を報じている。

The Japan Chronicle Weekly Edition は"German Prisoners in Japan: More Attempts at Escape"（『日本抑留独の数多くの逸兵俘虜が脱走を試みた』）（註3）

一九一六年からは処罰が次第に増加し、青野原では一九一八年に十四件の報告があった。なお、一九一五年から一九一九年にかけて、『欧受大日記』で確認された姫路および青野原収容所に関する逃亡・懲罰・処罰に関する報告は次の通りであった。全国的にみると、収容初期は福岡収容所が多く二十九件、そして途中から習志野収容所が四十六件と

多くなる。以下は『欧受大日記』からの処分内容を簡潔に付けた報告で、消灯後の飲酒が多数を占めている。

［一九一五年］

三月二九日　俘虜第五七号二月二三日及二四日俘虜中逃走者ヲ生セシハ畢竟所内取締厳密ヲ欠キタルノ致ス所トス依テ軽謹慎五日ニ処ス（三月九日衛戍司令官処分）など六件

［一九一六年］

一二月一六日　青俘第五一六号『朝点呼ノ際整列ニ遅レタル科重営倉に二日ニ処ス』など六件

［一九一七年］

六月六日　青俘第六九〇号『被服修理品差出ニ当リ変換ノ詮議ヲ得ルノ目的ヲ以テ故意ニ之ヲ段損シ以テ該品ノ程度ヲ低下セシムルコトヲ図リタル形跡アルニ依ル科重営倉二日ニ処』など六件

［一九一八年］

①一月七日　青俘第八七八号　第十師団第一号『日夕点呼後音楽ヲ奏シ取締官ノ制止ヲ用ヒス再ヒ之ヲ実行シタル科重営倉一五日ニ処ス』など十四件

紀律を守らなかったことで、音楽演奏した俘虜が〈営倉一五日〉の処分をうけており、処分の内容はかなり厳しかったようだ。

［一九一九年］

大正八年一月二二日　青俘一二三〇号　『消灯後規則ニ反シ猥リニ飲酒シ日直下士ノ制止ニ対シ従順ナラサリシ科重営倉十日ニ処ス』など六件

これら俘虜の処分については一九〇五（明治三八）年二月二八日の『俘虜ノ処罰ニ関スル件』（法律第三八号）で既に法

律化されている。（第一章(3)参照）

訴追される罪状は様々で、俘虜が神戸の宣教師を名乗り神戸を通過させたという逃走幇助疑惑、オーストリア＝ハンガリー帝国予備海軍軍人の旅行券の文書変造行使などで、俘虜の逃亡とともに拘束・裁判が行われ懲役刑も求刑され判決で有罪も出ている。次は横浜生まれ神戸育ちのドイツ軍俘虜の逃亡についての報道である。

又新七月二三日『神戸出身の逃亡俘虜：ヘルム（第二章註6参照）の四番息《むすこ》』

数日前、久留米収容所より逃亡後、首尾好く逮捕されたる独逸俘虜の一人ウイルヘルム・ヘルム（二十五）は当地出身にて一昨年八月青島に召集せられ俘虜となりたる者なるが同人は当地前ヘルム兄弟商会の支配人たりし老ヘルムの末子にして実兄三人あり次男のゼームスヘルムは先頃までヘルム兄弟商会に勤務せしも同商会が英人組織となりたる結果お払箱となりて海岸に日本人名義の廻漕業を営み居れるが長男は余程前に日本に帰化し三男は米国に帰化して何れも横浜に在り而して父のヘルムは素《もと》普魯西《プロシャ》の工兵大尉にして維新前後、紀州藩に聘用《へいよう》せられたることあり従つて日本の老軍人間にも知人を有し居れるが同人は戦争中独逸人が到底日本にて栄業なり難きことを観破して敏《さと》くも見切りをつけ昨年夏、足許の明い内に大金を懐にして米国に高飛を為しソレより巧に本国に逃げ帰りたるが四人の子供は日本婦人との間に生れたる混血児とて今回逮捕されたるウイルヘルムの如きも日本語は自由に操る由

逃亡が数多くなるにつれ、各収容所でも逃亡防止のための鉄条網が設置されてくる。鉄条網の中でも自由な活動が許されていた板東収容所では、活発な音楽活動と共に俘虜収容所詩画集『鉄条網の中の四年半』（註4）に収容所内での俘虜の生活が生き生きと描かれている。

1　俘虜の情況報告

一九一五年には二つの収容所情況が報告されている。その一つが八月二三日『俘虜収容所情況ノ件報告』（欧受第一一四二号俘□一八四四号）名古屋、徳島、丸亀、松山、青野原収容所の視察報告で、未だ全国六収容所に整理統合されていない時期である。

この時期は自由な活動が展開されていた。それらは〈五　俘虜ノ娯楽及運動〉で「風紀竝ニ取締ニ害ナキ運動及娯楽ハ概ネ之ヲ許可」や、「図書室ヲ設ケ各俘虜ニ閲覧ヲ許シ」などである。そして「実ニ彼等俘虜ノ運動僻ト読書僻トハ国民性長所トモ称スベキ美点ナランカ、我国人ノ採ヲ以テ学ブベキコトタルベシ」と、日本も見習うべしと結んでいる。《酒保》ニ関しても「取締ハ風紀、並ニ衛生上支障ナキ物品ハ成ルヘク多ク酒保内ニ陳列シ俘虜ノ希望ヲ充タシ」として俘虜の期待に応え、日本の下士卒と俘虜の給養比較をしている。

其一	副食物分量	姫路屯在部隊	青野原俘虜
	肉類分量	六十匁	八十匁
	野菜分量	八十匁	二百匁
其二	一日主食代金	六銭九十	七銭六十二
	同副食物代金	十銭七十	十七銭三十八

この比較では、明らかに日本兵より俘虜の食事が恵まれている。俘虜への待遇が良かったことは、市民の間に不満が募り、ドイツ軍排斥を唱えるように発展していく。

(3) 青野原収容所の生活（一九一六年）

一九一二（大正元）年からヨーロッパに滞在していた文学博士藤井慶乗氏は一月二、三、六日に『独逸楚囚中の正月』を寄稿している。その中でフランス人たちが歌った国歌《ラ・マルセイエーズ》の後で、藤井に日本国歌を歌うようにとリクエストがあり、フランス人のピアノ伴奏で歌った後に次のような感想を語っている。

今度は一同が口を揃へて、僕に日本の国歌を唄へと迫る、謙厳な態度で厳かに君ヶ代を歌った。すると居並ぶ一同がクス〳〵と笑ひ出したから何だといつて聞いて見ると、畏れ多いことではあるが、君ヶ代の調子は何しても「葬式の譜」だといふ、勿体ないことを叶《ぬか》すとムッとはして見たが、冷静に考へて見ると、何んな贔屓目で見ても我が国歌にはその曲調に飽き足らぬ処がある。モ少し快活で華やかな調子の代表的歌曲が君ヶ代の外に今一つ位あつて欲しいと思ふ。（神戸一月六日）

彼等が「葬式の譜」と述べた《君ヶ代》の感想は、《ラ・マルセイエーズ》の快活さに較べてのことではあるが、当時のヨーロッパ人の日本観の一つとして、またヨーロッパに滞在した日本人の率直な感想である。

この頃になると神戸を含む日本国内在住ドイツ人の動向が紙面を賑わしてくる。次は神戸在留ドイツ人の混迷ぶりを報じた記事である。

神戸二月二九日『哀なる独人の立往生　戦争の生んだ一種の悲劇』

目下当市下山手四丁目のプレサントンホテルにリヒーテルと言ふ独逸人が妻と一人の娘とを連れて投宿して居る、同人は素当地元居留地四十七番館エーストン商会の支配人なりしが欧洲戦争のため敵国人となり商売も思はしからず止むなく店を閉鎖し昨年夏横浜に引揚げた者であるが同地でも一向面白くないので、一層米国カルフオルニヤの知己を頼りて同地に渡航せんと家族を纏めて横浜に於ける業務も片付け本月一〇日同地より下神し前記のプレサントンホテルに一宿翌日陸路長崎に赴き二〇日上海より同地に寄港の筈なるチャイナ号にて渡米する積りで既に汽船切符まで買入れたのである、処がチャイナ号は去る一八日揚子江口にて英国補助軍艦ローレンチック号の倹閲を受け上海より米国行きの独墺船客十六歳以上六十歳未満の男子同十七名に下船を命じ軍艦に移乗して濠洲《オーストラリア》に護送するとの乗組員の談を聞いたので、リーヒテル（ママ）を始め横浜より同行したる独人及過般南洋諸島より追放せられたる独人宣教師も乗船を見合した

次の『元から日本が好きです　帰化願を出した独逸人』（神戸三月四日）は、兵庫県に在留していたドイツ人が兵庫県に帰化願いを出した記事で、日本人女性と結婚し日本語にも不自由なく、祖国との縁を切ってまで日本を愛し日本人になる決意を表している。しかし敵国人としてイギリス人経営商会に勤務していることを危惧もしている。

武庫郡魚崎村在住独逸人ハインリッヒ・ピール氏（三十三）が去る一日本県庁に向かつて敵国日本へ帰化願を出したること既記の如くなるが今同人帰化の次第を聞くにピール氏は今より十四年前初めて来朝し魚崎村に居を構へて神奈川県生れの横井はなといふを妻とし目下は長男喜代司（十二）次男カール（十）を挙げ家庭も極めて円満に暮し来りしが元来非常なる日本贔屓にて家屋の如きも純粋の日本風を喜び三度の食事さへ悉く和食を好み日本語なども何不自由なく流暢に喋舌《しゃべ》り立て目下は暇さへあれば日本の習字を習ひ既に尋常六年位の本は楽々と読み得られる程度にて日本人も時によりては恥しい位の事あり今回の帰化願に付いて語るやう私が帰化を願うたのは何の意味も

なく元から好きな日本へ帰化して仕舞ふ事は不思議ではありません妻を迎へる時も漢堡《ハンブルグ》に居る父母兄弟に相談した処日本の女を妻にする位ならば二度と本国へ帰つて来るな帰国すると妻子に悲しい思ひをさせるからとの事であつたから妻を嫁《めと》る当時からモウ国へは帰らぬ覚悟でした、敵国の私が英国人経営の元居留地ウイットマスキー商会に勤めて居ますが人によると敵国人が店に居るからとて取引を断る向もあるので領事に問ひ合すと敵国人は使用する事はならぬとあつたから此際商館なり自分のため決然帰化したのでこれからは好きな日本のために尽す考へです云々

一九一六年は、前年に続き青島陥落から二年弱後三月から四月にかけて、青島管理のための青島守備隊の帰国・交代に関する記事が登場する。

この時期、俘虜と面会を求める俘虜の家族からの申請は数多く出されていて、『欧受大日記』には、『技能調査の為俘虜面会に関する件』、米国人宣教師俘虜訪問の件（外務省）を含む『俘虜面会願の件』が二百八十七件出されている。作成者は一部に陸軍省、農商務省や個人が見られるがほぼ外務省である。ドイツ人のプライドはかなりなものであったようで、『追放独逸人　傲然独逸魂を語る』（神戸四月二五日）では、「独逸にも独逸魂があるから日本官憲より従軍せぬやうとの宣誓を強られても左様は行かぬ」というコメントを紹介している、

1　収容所概要。外出・散歩

一九一五年、姫路から離れた地区に新たにバラックが建設された。ドイツ軍の一俘虜であったケルステン（註5）の『ケルステン日記』（註6）によると、

照明で照らされた有刺鉄線付きの垣根を持ち、二百平方メートル以上の広さを誇るものだった。全部で四百五十五人の捕虜が収容されていた。入り口を二つ備えた二階建てのバラックが二棟あって、一棟の一つにつき百二十人が収容されていたさらに事務棟バラックには衛生室があって、十三人の将校が収容されており、そのほとんどはオーストリアの戦艦「エリーザベト」号出身だった。

寝具はわら布団で、石炭ストーブが設置されていたこと、食事は配置替え前の福岡より少なかったがこれは世界的食糧難が深刻であったことによること。そしてジーメンス社（第二章註7参照）によって物品が提供されたこと、「一九一六年以来、ジーメンス・シュッカートのおかげで約十五人からなる楽団を抱えることになり、何回かのお楽しみ会があった」、と記している。

［写真4-7　巡礼者と捕虜の隊列：加西市提供］

外出は姫路収容所時代から楽しみの一つであり、青野原に移転してからも外出の一つとして遠足があった。ドイツ語で「郊外への俘虜遠足」とタイトルが付けられた写真4-7は、巡礼者と狭い道を行き違って通過する俘虜一行である。遠足はペストやチフスの流行、コレラの勃発で外出ができないためで、厳しい監視付きは、頻発していた逃亡に対する収容所側の警戒強化であった。遠足について『ケルステン日記』に次のような記述がある。

我々は毎週平日、四週に一度は一日の遠足を楽しんだ。遠出の遠足は次のような様子だった。遠出をしたくない者は少なかったが、着ていくものや特に長靴を借りなければならなかったので、参加できたのは二百人ほどだった。しかも四十人の兵士と二十人の警察官の監視付きだった。見通しの利く地点で一旦止まったが、それは監視部隊が我々を取り囲んでからだった。海が見えるほど高いところへ我々が登ることもあった。その時には我々は杖と石で、監視人によって下へと追い立てられた。（註6）

俘虜は地域住民とかなり自由に交流していたことが写真で確認できる。地域住民たちと記念写真を撮ったり、子どもたちとの集合写真、小野小学校の柔道を見学する俘虜といった写真も残されている。

青野原に移転した俘虜は、姫路時代と比べて外出が少なくなっていた。その要因が姫路のような都会でなく、可愛い女性の姿も見ることもない。若い俘虜にとってはつまらないことであったことだろう。そのため草花を愛でたりスポーツに関心を寄せていた。そして青野原は空気がよく健康状態は改善していた。

青野原収容所における俘虜待遇の在り方がかなり自由であったことは、五月二四、二五日の両日又新に掲載された『俘虜の玉突屋開業上・下＝青野ヶ原の収容所は頗る平和＝何所迄も自惚れ返つている』に表れている。俘虜にとって最大の課題は〈暇〉であり、この〈暇〉を如何に克服するかを常に考えていた。そしてこの戦争は早期には終結しないこと、ドイツが全てにおいて世界に勝ると信じていた。

　彼等は皆欧州戦乱は決して早急に済むものでないと観念して余程気を長く持つて居るらしい其一面には独逸は戦術に於ても、器械に於ても、軍資、其他に於ても世界にヨリ以上優れて強いものは無いと信じて居て、独軍が全世界を征服する迄戦争は済まないと思つて居るらしい、平素でも、英国は戦ひの国民にあらずとか、露兵は強くても将校の指揮が宜しきを得ないから駄目だとか、随分自惚れの勝つた事を言つて居る、中には串戯《じょうだん》を言ひ合つて居るのを聴くと独逸から日本への飛行機を持つて来て、首府であらうが□港《おう》であらうが爆弾を上から三つ四つ宛《づつ》も擲《な》げつけやうものなく皆滅茶〱になるだろう、建物が総て木造だから雑作はない、なんかと気焔を吐いているのもある。
　『俘虜の玉突屋開業（上）』

日本各地の収容所における俘虜の死亡や葬儀は一九一四（大正三）年の『俘虜取扱規則細則』（九月二一日　陸達三二号）に詳細に規定されていて、この細則に基いて処理されている。（後出第六章(1)に関連写真掲載）

第二十六条　俘虜ノ埋葬ハ土葬ヲ主トシ其ノ死亡者ノ身分階級ニ応シテ相当ノ儀式ヲ行ヒ埋葬ノ場所ハ陸軍埋葬地ノ一隅ニ区別シテ設置スヘシ但シ時宜ニ依リテハ別ニ之ヲ設定スルコトヲ得

神戸六月一九日『墺国俘虜葬儀　姫路栗林墓地にて』

青野ヶ原俘虜収容所収容中の墺国俘虜海軍二等水兵トヨフェル・ゴモルガ（二十三）は予《かね》て糖尿病を患ひ同所にて療養中一七日午前三時遂に死亡したれば陸軍葬儀令に基き姫路栗林山陸軍墓地に葬送《まいそう》をなすべく同日午後三時より姫路天主教会の仏蘭西宣教師いヂドル・シャロン師を聘し俘虜一同相集まつて異邦の土に化したる戦友の為最《い》と懇ろなる祈祷をなし一八日朝播州鉄道より加古川駅を軽て午前十時四十二分姫路駅着、収容所より直川歩兵中尉及び下士以下三名の日本兵、墺匈国（オーストリア＝ハンガリー帝国）二名、独逸国一名の同階級俘虜は戦友より贈れる花環七箇を捧げて会葬し巡査三名護衛天主教会信徒数名も列に加はつて栗林山墓地に向ひシャロン師の祈祷聖書朗読等あり叮重なる埋葬式を終りたり

一九一六年五月十一日には、昨年に引き続き大阪北浜帝国座で演奏会（朝日新聞社主催慈善和洋大音楽会）が開催され、翌五月一二日には大々的に演奏会評が掲載された（第三章(3)6参照）。第一部が日本音楽で尺八《春の光》、舞踊《浦島》、長唄《勧進帳》を、第二部では、西洋音楽で演奏時間一時間半のメンデルスゾーン作曲カンタータ管弦楽合奏、声楽合唱《頌徳歌》(Lobgesang)を演奏している。敗戦国ドイツ音楽が演奏されたことは、日本人がドイツ音楽をこよなく認知していたばかりでなく、キリスト教にも関心を寄せていた。一方、第二次世界大戦下では、〈鬼畜米英〉として、アメリカとイギリス音楽排斥に向っていった。

朝日五月一二日『本社主催　昨夜の和洋大音楽会＝本紙愛読者、リッテル嬢の為に　否不幸なるわが同胞のために＝先を争うて入場し未曽有の盛況』

六十余人の外人管絃合奏団が舞台一杯に美しく居列《いなら》んでいる様も、皆遠い世界の出来る事でゝもあるかの様に夢心地の聴衆は一心に序曲シンフォニーに聴入る（中略）平和を歓喜し寺院用合唱曲では心からの感謝をひろげて聴くものは唯々夢の国を徘徊《さまよ》ふほかなく雄大な曲譜に充ち満ちた最後の四部合唱にはいかにも万象唱和して神の偉力を空高く讃え上げる趣があつた始めより一時間半を要するシンフォニック・カンタータ『頌徳歌』は斯くて無事に演じ終された、未曽有の大曲演奏に魅せられ酔はされた聴衆は此時思い出したやうに割るゝばかりの大喝采を浴びせかけて閉会一〇時五〇分

ドイツ人の様々な技能・技術にも注目は、『独逸俘虜を利用せよ：大阪のような土地で殊に肝要』（朝日一九一六年八月二一日）の「青島にいただけに種々の技術を持つているものが多く」にも見られる。

2　コレラの発生・ジーメンス

日本で最初にコレラが確認されたのは一八二二（文政五）年だと言われている。一八七九（明治一二）年には神戸、そして全国に流行した。その後一八八五年、一八九〇年、一九〇二年と次々と流行した。一九二〇（大正九）年に神戸市で発生したコレラを最後に日本での大流行は終結した。コレラの日本上陸地点が港湾都市であった神戸は常にコレラ発生・流行の危険にさらされていた。

収容所における伝染病の発生とその対策は一九一五年からとられていた。姫路衛戍司令官山口勝は一九一五年一

月一三日に『俘虜伝染病発生の件報告』（欧受第一五六　第十師団第四八号）を出し、また青島備軍司令官大谷喜久蔵は一九一六年九月一五日に『虎列刺予防に関する件』（欧受一二七一号　青医疫甲第一二五号）で次のような予防報告をしている。

一汽船検疫 従来ヨリ実施シアルモ一層厳重ニ施行シ香港、「マニラ」ヨリ来航ノ汽船ニハ本月一日ヨリ内地ヨリ来航ノ汽船ニ対シテハ本月十日ヨリ一定時間停船ヲ命シ乗客及乗組員全部ノ糞便検査ヲ施行ス二、船検疫 本月一五日ヨリ膠州湾及沙子口入港ノ船（支那形船ヲ含ム）ニ対シ検疫ヲ施行ス三、汽車検疫 本月一五日ヨリ山東鉄道乗降ノ旅客及乗務員ニ対シ青島、坊子、済南、ニ於テ検疫ヲ施行ス四、虎列刺有病地ヨリノ生魚貝類及薄塩魚貝類ノ輸入ヲ禁止ス

翌一九一六年にはコレラが発生し始めてくる。一九一六年一二月二一日には『虎列刺発生ニ関スル件』（医第三一三号）が出された。

朝日は一九一六（大正五）年八月二九日付で『県下虎列拉《コレラ》』を、そして神戸も同年九月一六日付で『虎疫《コレラ》市内百八十二＝初発以来一昨一四日までの総数累計＝兵庫部内最も多数なり』と報じている。

神戸市内に於ける虎疫拉病は県市当局の防疫作業大に機宜《きぎ》を制し水際つた活動を続けて居るので蔓延の程度も左迄《さまで》甚だしからざるは市民一同の幸福であるが如何せん（中略）県下累計四十二名に達し八分通り死亡している。

俘虜支援を行っていたドイツ人ジーメンス（**第二章註7**）も、日本在留が困難となってきた。そのため上海で終戦を待つという判断をしている。

毎日八月二八日『住馴し日本を後に　流寓《さすら》ひ往く元ジーメンス神戸支店長』

元ジーメンス神戸支店長たりしワインリッヒ氏は戦争勃発以来る神戸北野町なる自宅にて詫しき日を送りいたるが此程に至り十余年間住馴れし住宅を引払ひ夫人と共にトーアホテルに仮寓の身となり二八日午後神戸解纜の商船紅

丸にて途中伊予の松山に赴き俘虜収容所の友人を訪ひそれより上海に赴き同地にて商業を営み戦争の終結を待ちて再び来朝する事となりたり

姫路の地元新聞鷺城は一九一六（大正五）年一〇月九日で五千号を迎え、一面トップで『善戦五千号：社長　高橋鷺城』と報じた。政府の圧迫・言論統制などの中でマスコミとしての役割を果たしてきたという自負が感じられる。ただ鷺城新聞は太平洋戦争での空爆などで現存している紙面が著しく少なくなっていることが残念である。

在日ドイツ人、オーストリア＝ハンガリー帝国人に対する迫害は日増しに激しくなってくる。『今後敵国人の電報は拒絶　独墺人の名簿を取調ぶ』（神戸一二月一六日）では、「平和克服に至るまで一切敵国人の電報を取扱はざることに決定しそのため彼等の姓名を調査する必要を生じた」という状況を呈してきた。イギリス大使館の調査でドイツ系商社は悪徳商人だとされ、取引中止を余儀なくされたのである。

3　俘虜の生活、楽しみ方・ペストの流行

加西市所有の**写真4－8**～**写真4－13**には俘虜の生活が映し出されている。

写真4－8について、『ケステルン日記』は

我々はわら布団の上で寝たが、二つの板張り寝台の各々は二十七メートルだったので、一人当たり長さ二メートル、幅九十センチの寝場所が割り当てられた。我々の所には六つの机とそれに見合ったベンチと、さらに二つの丸い石炭ストーブもあった。薪と石炭も充分あった。食事は以前の福岡よりも少なかったが、それは理解できないことではなかった。なぜなら世界中で食糧難が深刻であり、六十グラムという一日の割り当て食糧の増量は考えられなかっ

たからである（註6）と記している。**写真4－9**のビールはアサヒビール、また平野水〈三ツ矢サイダー〉もカウンターに並べられていた。『ケステルン日記』では、バンザイ（ドイツ語のフラー＝酒盛り）について次のように述べている。

静けさを破らない限り、夜まで許された。酒盛りに加わったのは、大抵は八～十人なのだが、彼等のビールがなくなると、酒保係が注文に応じて後からも補充分を持ってきた。日本の醸造者は激しい競争にさらされ、あらゆる手段で売り上げを伸ばそうとしていた。（註6）

［写真 4-8　バラック内部：加西市提供］

［写真 4-9　酒保：加西市提供］

［写真 4-10　俘虜の東屋：加西市提供］

酒保は俘虜にとってかけがえのない場所であった。そして日本の業者が酒保の営業に関わっていた。ドイツ兵にとって「青島ビール」は、ドイツが青島を租借した一九〇三年にドイツのビール醸造技術でつくられたビールで、おそらく下面発酵のラガービールだったと推測される。ドイツ兵にとってはもっとも身近な嗜好品であったが、日本のビールが彼等の嗜好に合ったかどうかは確認できていない。

写真4‐10の東屋について俘虜の中には、自分用の東屋を建てることが許された者もいて、それぞれ思い思いに花壇や菜園を作ったり、室内に装飾を施したりして楽しんでいた。

地元の祭りは、姫路時代の一九一四年には秋に収容所にいたので「播州の秋祭り」として名高い屋台や毛獅子を見たこともあるのではないか。ただ移転後の青野原では豪華な屋台などは見る機会はなかったと思われるが、**写真4‐11**にある茅葺の農家の横を通過する神輿行列や神事には出会っている。俘虜にとってキリスト教との異文化体験が行われたことが、日本理解にどのようなインパクトをもたらしただろうか。

写真4‐12の仲間の誕生日の光景では、海軍の軍服で盛装した俘虜が集っている。俘虜としての生活の中でも規律を守っていることが想像できる。

写真4‐13は収容所内でのトランプ遊びである。ここにはくつろいだ俘虜の姿がある。

姫路から青野原に移転した俘虜の活動は、姫路や神戸から離れていたこともあり一九一六、七年度の新聞記事はかなり少なくなってくる。

日本国民の眼には触れることも少なかったが、全国六収容所では多くの文化活動が展開されていった。『独逸俘虜の素人芝居＝芸題はお国もの〻喜劇』（朝日一九一六年一二月二二日）など俘虜の表現活動も活発化してくる。

演劇や芝居は各収容所でも演じられ人気があった。大阪収容所では、『独逸俘虜の素人芝居＝芸題はお国もの〻喜劇』（朝日二二月二二日）が演じられ、芸題はドイツの喜歌劇、そして管弦合奏団が演奏したと報じている。

また香川県丸亀収容所での音楽会も、『風呂場で大音楽会：平和風から大浮れ＝相撲と体操と芝居＝大阪朝日愛読の二俘虜　丸亀収容所の独俘虜クリスマスの余興』（朝日一二月二五日）として報道されている。和洋の楽器による管弦楽団をつくり、歌劇、合唱などを加えたもので、音楽や演劇は男だけの世界の中で暇をもてあますことから脱却し、趣味を活かすこととなった。そして青野原でも次第に活発化していくことになる。

板東に統合される前の丸亀収容所には、エンゲルという音楽家・ヴァイオリニストがいて五十回に及ぶコンサートを

［写真 4–11　地元の祭りを見に行った俘虜による写真：加西市提供］

［写真 4–12　仲間の誕生日：加西市提供］

［写真 4–13　トランプする俘虜：鳴門市ドイツ館提供］

開催している。クリスマスの余興は、音楽堂代用として入浴場を会場として開催し、楽器も和洋楽器を揃え、歌劇や独唱、合唱も上演している。また『丸亀日報』が発行されている。詳細は筆者『四国三収容所におけるドイツ軍俘虜の音楽活動』（『音の万華鏡　音楽論叢』二〇一〇年　岩田書院所収）を参照下さい。

一二月になると聖誕祭の準備に大忙しとなる。しかし神戸市の聖誕祭にドイツ人は参加していない、というよりできていない。それとともに、神戸一二月二五日では『ペスト一日二十名　惨憺たる印度地方の鼠疫流行』が報じられる。日本で黒死病と恐れられたペストの日本上陸は一八九六（明治二九）年で、三年後の一八九九（明治三二）年に最初の流行があり、一九〇五年から十年にかけて大阪で大流行が起る。一四年には東京でも流行し四十一名が死亡している。神戸でも一九一六年の八月にコレラ、そして同年一二月にはペストが流行した。ペストの予防策には、ネズミの買い上げ、洗足《はだし》禁止令があった。その効果がでたのか、一九二二（大正一一）年が最後の流行となり（死者六十七名）終息に向っている。

一九一七年も前年に続き逃亡事件、点呼遅刻、衛兵侮辱、官給品毀損などで処罰される記事が多く掲載された。青野原の記事は少ないが、その中に大阪の日本人新兵が強盗の嫌疑をかけられ劇薬自殺した記事『逃亡兵の劇薬自殺』（又新一九一七年一月一二日）がある。またドイツ政府とドイツ人とを区別して論じた二月七日付又新の『独逸委員訪問＝米国領事と長時間の密談＝愈々公報が来た』では、東京アメリカ大使館から米独国交断絶広報が届いたが、これは単に国交断絶に止まり宣戦することがないこと、そしてドイツ政府は憎いがドイツ人は頗る好い人間だ、と語っていて、戦争が個人間のものではなく、国民レベルの認識とは全く違った国家間のものであることを物語っている。

一九一六年一一月二日、第十師団経理部長から『青野原俘虜収容所営造物模様替並新設ノ件伺』（経理局主計課　欧受第一四四八号号）が陸軍大臣大島健一に提出された。その内容は逃走を予防するための増設、麺麭焼竈及製造所の設備を新営、そして収容所附属衛兵の宿舎模様替えに関するもので、「麺麭焼竈及製造所ノ設備ヲ新営スルコト」の理由は、「俘虜ニ依リ麺麭ノ自営スルヲ有利トスルニ由ル」であった。

この措置により、姫路から運搬していたパンはやっと俘虜による製造を可能とした。それは俘虜にとってだけではなく収容所側の経費節減にもなるものだった。

一九一七年四月六日にはアメリカもドイツに宣戦布告し、戦争がさらに拡大していった。又新四月一三日『特殊俘虜の哀訴　神戸の英人社会へ』では、特殊俘虜の哀訴による移転が実現している。『最後の授業』（註7）として知られているドイツとフランスの政争の地であったアルザス・ローレンヌ出身の俘虜が、結局はドイツではなくイギリスに期待を寄せていたことが判明する。（第三章(2)－2参照）

俘虜は運動会も行っていて、地元民が見学している。地元民との交流の一面である。

毎日一九一七年四月一一日『俘虜の運動会　春の青野ヶ原で』では、地元民が観覧する中で運動会が開かれ、ドイツ兵と地元民との交流が進展していっている様子が窺える。

青野ヶ原に収容されて居る独逸俘虜は以来の優遇に不幸なければ随つて元気もよく、漸《ようよ》う深み行く／春と共に気も悠《ゆる》やかに昨今嬉々として麗《うら》らかな日を楽しんで居るが九日屋外の広場に於て春の運動会を開催、大きな連中が異郷の空に閉居の身といふことも打忘れて十数番の競技に大いにハシャぎ廻つたが附近の村落から男や女や子供等が其周囲に集まつて見物し拍手喝采を呉れたので一層浮れ立ちて楽い一日を送つたといふことである。

4　俘虜の労役②

写真4－14はツィター（チター）を囲んでの集合写真である。俘虜の職業も多種多様、マイスターが多いことが特徴で、

皇后エリーザベト号をはじめとする海軍俘虜が多く見られる。所属・階級については瀬戸武彦氏がその詳細を明らかにされている。

職業はパン職人、ビール製造緒職人、腸詰職人、製靴職人、錠前職人、洋服屋、金職人、指物職人、製陶職人、機械工、植字工、板金工など、日本がなんとしてでも導入したい技能・」技術を備えた俘虜であった。

エルンスト・コーテ：海軍膠州砲兵隊・二等砲兵。［パン職人］
フランツ・フォーゲット：海軍東アジア分遣隊第二中隊・上等歩兵。［パン職人］
アダム・ラミング：海軍膠州砲兵隊第一中隊・二等砲兵。［麦酒醸造職人］
クノ・シュトライヒャー：海軍膠州砲兵隊・一等砲兵。［麦酒製造職人］
ロレンツ・ショル：海軍東アジア分遣隊第二中隊・二等歩兵。［腸詰製造職人］
ロベルト・フォルマン：海軍膠州砲兵隊・二等砲兵。［製靴職人］
ヒューゴ・クレッチュマー）海軍東アジア分遣隊第二中隊・二等歩兵。［製陶職人］
ヨハネス・テイレ：海軍東アジア分遣隊第二中隊・二等歩兵。［金銀細工師］
ヘルマン・ドライフュルスト：海軍膠州砲兵隊・二等砲兵。［指物師］
カール・ブローム：海軍膠州砲兵隊・二等砲兵。［錠前工］
パウル・ヘルマン・ハインリヒ：国民軍・上等歩兵。［洋服屋］
イシュトヴァン・ホレチ：巡洋艦皇后エリーザベト乗員・二等水兵。［機械工］
エドアルド・アッカーマン：国民軍・上等兵。［植字工］
ウイルヘルム・フォークト［板金工］

一九一七年は各地の収容所から数多くの『俘虜労役ノ件申請』が出されてくる。五月八日、姫路衛戍司令官から陸軍大臣大島健一に出された申請には具体的な職種、賃金を規定していて、五月一六日承認されている。

『俘虜労役ノ件』（欧受六五七号第十師団俘第三十号）

第一、俘虜中ノ裁縫及造靴ノ技術ヲ有スル者ヲシテ左ノ規定ニ拠リ俘虜被服ノ補修ヲ実施セシメ度　通常六時間　縫工三名　靴工　三名　一人日額　当分十五銭　賃銀ハ臨時軍事費ヨリ支出　第二、俘虜中炊爨業務ニ特別ノ技術ヲ有スルモノヲ選定シ左ノ規定ニ拠リ炊爨ヲ実施セシメ度　炊事場　朝食準備ヨリ夕食炊爨造迄　下士　一　卒十　一人日額　下士　七銭　卒四銭

毎日五月二七日付では『独人使用許可　農相より示達』が報じられ、神戸市の十商会がドイツ兵俘虜雇用を許可されている。

ラスペ商会、シイナエキスポート・インポート・ウントバンクコンパニー神戸支店、ゲーツェーヒルシ・ユルトケ商会、ウインクンル商会、デラカンプ・ビーバー・エンドカンパニーシツデルト商会、カールローデハウントカンパニー、シモンエバース商会、カツロウイツチ商会、独亜銀行、ア・マイエル商会（註：住所は略）

陸軍内部にドイツ兵俘虜の様々な技術・能力を評価し、俘虜をして日本に導入させようとする気運はさらに大きくなってきた。一九一五年五月一四日に陸軍省は『俘虜職業調査』（第三章(1)-2参照）を、二年後の一九一七年五月三〇日には俘虜情報局は陸軍大臣官房宛『俘虜職業調送付ノ件通牒』（欧受七四五号

［写真 4-14　チターと青野原職人：加西市提供］

俘発二六五二号）を出している。

一・二、省略

三、今前記譜表ヲ通覧スルニ俘虜ノ職業ハ千差万別ニシテ殆ト所有職業ヲ包含シアルモ之ヲ大別スレハ内地収容俘虜総数四千六百五十一名中三千三百余名ハ現役軍人軍属（内約百五十名ハ将校）ニシテ其他約二百名ノ官公吏、約五十名ノ自由業ヲ含有シ東亜ニ於テ商、工業等各種ノ事業ヲ経営セル者ハ僅ニ千余名ナリ今俘虜ノ総数を十トスレハ其ノ内訳ノ区分ハ左ノ数トナル

現役軍人軍属　七・一／官公吏　〇・四／自由業　〇・一／其ノ他ノ事業経営者　二・四

而シテ事業経営ニ従事セルモノノ大部分ハ商業ニシテ工業之ニ次キ農業ハ極メテ少数ナリ更ニ之ヲ細別スレハ商業中其ノ大半ヲ占ムルモノハ貿易商ニシテ雑貨、機機械、皮革商ヲ稍《やや》多トシ工業トシテハ電気、機械及建築等ノ各種技師及職工最モ多シトス、又其ノ経営地ヲ概観スルニ現役軍人軍属ノ大部分ハ青島在勤者ニシテ其ノ他ノ職業に従事セルモノハ青島ニ於ケル経営者ヲ他ノ北支那ニ於ケルモノト区分スルトキハ青島ニ於ケル経営者最モ多クシテ四百六十名以上ニ達シ之ニ亜クモノハ南支那ニ於ケル約三百四十名、青島以外ノ北支那ニ於テ約二百四十名、日本（朝鮮ヲ含ム）ハ約百名ノ順序ニシテ其ノ他前記以外ノ地ニ於テ商工業ヲ営メルモノ約百五十名アリ而シテ独逸人ノ東亜ニ在留シテ各種ノ事業ヲ経営シツツアル者ハ俘虜以外ニ多数アルヘキコトハ固ヨリ□言ヲ憂セサル所ナルモ上記ノ統計ニ依リテ東亜ニ於ケル独逸人経営状況ノ一班ヲ窺ウヲ得ヘシ収容俘虜中墺洪国（オーストリア＝ハンガリー帝国）人三百一名アルモ悉ク現役兵ニシテ東亜ニ於ケル事業経営ニ関係ヲ有セス

第一表ノ一（青野原のみ抽出）

現役軍人軍属＝四百二十一／官公吏＝四／自由業＝四／技芸家＝二十四（音楽家一を含む）／商業及交通業＝

二十二／工業＝一（麦酒醸造業）／農業＝一／其他＝二

注目されるのは、「農業ハ極メテ少数」で「各種技師及職工最モ多シ」である。各種技師及び職工はその後数多くの『俘虜労役ノ件』が各地の収容所から出されたが、俘虜の労役が様々な反響を呼んだことで弊害も出てきた。

又新四月二四日は『独人帰化裁許せらる＝グレッピ氏の歓喜＝日本の武士道に心酔せる外人』としてドイツ人の日本帰化を報じている。

五月二八日には『在青野原墺国人俘虜へ送金方ニ関スル件』（欧受第七四〇号　軍事欧第四四二号　通会達第三九六号　軍事欧第四四二号）、六月一二日には『日本収容ノ墺国俘虜待遇ニ関スル件』（欧受第七九〇号　陸第八六号）が出ている。また青野原収容所における新築工事について『俘虜収容所新築工事ノ件』（主計課　軍事課　砲兵課（欧受第一三八四号　建築課（欧経建甲第四九号）が七月四日に出された。

第十師団行ハ『青野原』ニ作ル将校十、准士官十九、下士九十、卒二百九十四、計四百十三

日本在住のドイツ人は青島に志願や召集により兵士となり、日本軍と戦闘をまじえ戦後、収容所生活を送った俘虜も少なくない。その中には〝『Sechzig Jahre in Japan』を出版し松山―板東で俘虜生活を体験したクルト・マイスナーや、解放後大阪外国語大学教授を勤め日本で没したヘルマン・ボーナー（Bohner,H）もいた。

第一次世界大戦では戦争途中で連合国側に立ったイタリアは、俘虜としての身分でなくなったため、多数を占めるドイツ＝オーストリア帝国俘虜と軋轢を生じ、一線を画した行動をとるようになる。そして俘虜として収容されていたイタリア兵は釈放された。

又新六月二四日『墺艦に乗組だ伊俘虜の釈放　宛《さながら》放された籠の鳥の十三名　伊国旗を翳《かざ》して片言の万歳』は、来月一〇日の解放・帰国予定のイタリア兵の喜びを最大限に表現したものだった。

青野原収容所で三年近くを過ごした俘虜について、第十師団軍医部長編集部軍医正は、『暢気な青野原の俘虜＝所内の空地に気楽相な花作り＝本国の窮状も知らず顔に』（神戸六月二三日）という報告を行っている、

5 俘虜名簿の送付とドイツの没落

俘虜情報局から『俘虜名簿送付ノ件』（軍事欧第七一七号俘発八一四号）としてドイツ、オーストリア＝ハンガリー帝国俘虜の名簿が発行されたが、一九一七年九月七日にドイツの敗戦により兵庫県内でのドイツ人の身分が次第に制限され、独逸倶楽部の売却やドイツ商会などの存在が危うくなってきた。『神戸のドイツ人―旧き神戸への回想』に音楽の楽しみというくだりがある。

音楽の楽しみとしては、イタリア人のリゼッテイ（Rizetti）が指揮する楽団があって、夏の宵など海岸通：（バンド）の緑地で演奏を披露し、またクラブのお祭りにも盛り上げてくれた。（中略）その後大阪に駐屯していた歩兵連隊軍楽隊も演奏したので、クラブの舞踏会は一九一四年までトランペットの響きのもとで行われた。「クラブ・コンコルデイア」での最初のコンサートは、一八八〇年七月九日、エッカート（Eckert, F）の指揮する日本海軍軍楽隊の演奏であった。（註8）

神戸在住のドイツ人は日独戦争が開始するまでは、日本での生活を保障され楽しんでいたが、戦争の影響は彼らの生活そのものを脅かしてきた。

毎日一九一七年八月二八日『神戸在留敵国人の減少　独逸人は七十一人も減つた殆ど人気のない独逸倶楽部　この調子では持ち切れない』

神戸在留の敵国人は使用七月末の調査にて独人百十一名墺国人十名土耳其《トルコ》人一名にて昨年に比し独逸人七十一名減少せるは営業の停止に依り支那方面に転住したる結果にて現在対敵通商禁止条令に依り営業の許可を得たる者はカールトーン薬舗セントラルホテル主人煙草営業人チャーマン並に書籍行商人等僅に数名に過ぎず彼等の職務整理も一段落を告げたる事とて本年は昨年に比し避暑する者多く男三十一名女十三名は軽井沢を始め富士山麓方面伊香保等に赴けるが就中開戦当時は敵愾心により連合国民は排斥され六甲山を為す能はざりし者も日を経るに従ひ排斥の度漸く薄らぎたるより本年は六甲に赴くものも亦十数名を加へ居れり右の如き有様とて独逸人間の娯楽機関たりし独逸クラブにては開戦当時より撞球《たまつき》、音曲、飲酒等を禁止したる外食事も亦通商禁止の許に営業を継続する能はず目下の処午前中は四、五名午後は十名位出入し新聞を見、喫茶する位にて閑寂を極め且此の状態は何日まで継続するや分りがたきより同クラブは持ちきれず適当の買手あらば売却せん意向なりと

さらに八月三〇日には毎日が『売物に出た独逸倶楽部　維持困難の為めに価格三十五万円』を、九月二七日には神戸が『凋落し行く独逸商館＝イリス商館売らる＝三十四万円にて』を報じた。ドイツに対する反発はポルトガル人にも及んでいた。『在留葡萄牙《ポルトガル》人の憤激　独逸の無礼を慨して』（又新＝三月一〇日）では、ポルトガルが押収した汽船をドイツが解放しろと主張したことに在留ポルトガル人が激しく反発、ドイツとの国交断絶、英仏との連携を主張、第一次世界大戦における同盟国対連合国の対立は神戸でも繰り広げられていた。神戸はマカオが近くであったため、ポルトガル人が百三十名ほど在留し外商部などでかなりの地位を占めており、日本でのニュースとなった。

日本国内のドイツ人は待遇が悪化する中で、非戦闘員にもかかわらず冷遇されていて、ドイツから帰国した若沢船長は、『若沢船長帰る　推服すべき独逸の俘虜待遇　国内元気旺溢挙国一致の厳粛と緊張　独逸尚充分の余力あり』（神戸一九一七年一一月一日）で、ドイツでの待遇の良さと、ドイツの国力が未だ健在であると語っている。

次は『青野原に来て一年、俘虜が平和克服の日を待ちわびていること、俘虜と日本兵との体重比較、そして物価高騰を嘆いていることが綴られている。

又新一一月二二日『侘し収容所記念式＝青野ケ原の俘虜が昨今＝物価騰貴の大祟り』

今渠等昨今の状態を聞くと誰も彼も平和克復の日を待ち詫び神に祈願を籠むる暇々には新しく所内に設けたテニスコートに出て無邪気な遊戯に耽り夜は故国の懐旧談に長い夜の更るのも知らない有様又最近に於ける彼等の体格検査の結果を聞くと独逸陸軍下士の体重は平均十九貫七百匁、同兵卒十九貫二百七十匁、同海軍下士十八貫十七匁、同兵卒十九貫二十匁、墺国海軍下士は十七貫九七十匁、同兵卒十八貫二十六匁に及び概して独逸の陸軍兵は同国海軍兵に比し体量重く墺国の海軍兵は独逸の海軍兵より体量に於て勝れて居る、尚之を日本兵の平均体重十四貫五百匁に比すれば日本兵三名と敵国人二名と掛合ふ割である　因に同収容所は土地が僻辺なだけ不便此上無く殊に食料品の如き運搬費に多額を要するばかりでなく諸物価騰貴に伴ひ牛肉は天井知らずの高価を稱へ居る今日、賄方は大弱りの状態に陥り昨今では成るべく肉食を節して蔬菜《そさい》鶏卵を使用し滋養分の補充をして居るさうだ又目下の衛生状態は至極良好で僅々軽微な胃腸病者が二三所内休養所で治療を受けて居るに過ぎないと言ふ

この中で物価高騰への対策として「成るべく肉食を節して蔬菜鶏卵を使用し滋養分の補充」をし、健康状態は至極良好だとしている。

一九一七年四月のアメリカ参戦で、アメリカでは在米ドイツ人が十万人レベルで失業に至り、神戸でもドイツ領事トルオールドが貴重品以外を放棄して帰国するという事態になっていた。在留外国人が多い兵庫県におけるドイツ人は百四名、オーストリア＝ハンガリー帝国人は十四名と減少傾向になってきた。当時、日本は東アジア方面に頻繁に航路を開き活発な活動をしていたが、ドイツの没落は青島でも進行し、その生活基盤を失っていくことになった。そして「『在

留独人は疲弊せず　不自由勝な生活といふは皮相の見　日本の待遇には非常の好感を有す　敵人ながら尊敬すべき美点』（神戸 一二月三日）のような記事も報じられてきた。

新しく設けられた本県外事課では、何分在留外人の多い点においては全国有数の地とあつて、一般外人に多大の注意を払ひ、殊に欧洲戦争のため敵人として取扱つている独・墺・土《トルコ》の各国人には、特別の警戒を加へているが、現在当地に留まつている彼等敵国人は独逸人男百十八、女七十四計百九十二、墺匈国人男七、女七の計十四、土耳其《トルコ》人男三、女一の計四名で、戦前に比すると約半数にも足らず、而も時々便船を待つて退去するものがあるため、その数は次第に減少しつつある有様である。処で戦乱開始以来、既に五年、日本がこれに参加し独墺人に敵人待遇を与へてからでも最早四年になる。この長い年月の間彼等、殊にその多数を占める独人は要するに彼等のための敵国にあつて、不自由勝な日を送つて来たのであるから、一般、社会の眼からは如何にも彼等の生活が疲弊しているらしく観察されているが、事実は決してさうでは無い、（中略）ところで茲に彼等の感ずべき点は日本人に対する貸借関係の責任を重んずることで、電燈料や家賃などの支払ひは、如何な貧乏人でも奇麗サツパリと払ふ外現在商取引は禁止されていながらも他日大いに為す処あらんとして、絶えず経済状態の変化に注目を怠らない処にある。彼等は何にもいはないが唯、「斯うして遊んでいるために身体の倦怠に馴れるのを恐れる。経済状態の転化を見逃すことを懸念する」といふ相で

［写真 4-15　1917 年の簡素なクリスマス：加西市提供］

ある。因みに本県において彼等の願出に依つて許可を与へているのは建物の賃貸借六十五、在庫品売買その他に依る金銭授受七十、旧店員その他家庭雇人の雇傭関係二十四、その他四十九である相だ。

占領した青島で一攫千金を目論む日本人もいたようだが、大した効果はなかった。戦勝国の敗戦国に対する振る舞いはいつの時代も変わらない。そして一九一七年度も青島守備隊の姫路帰還で帰還兵が大歓迎を受けている。

写真4-15は、「俘虜の重要な日」とタイトルが付けられたクリスマスのモニュメントである。簡素どころか結構工夫を施したもので芸術的センスが表現されている。

［第四章註：姫路から青野原へ］

註1　姫路市文化財保護協会『文化財だより』第五十号　二七三―二七四頁　二〇〇三年三月一日

註2　瀬戸武彦『青島ドイツ軍俘虜概要　その事績・足跡』

註3　The Japan Chronicle Weekly Edition KOBE(JAPAN). THURDAY, JANUARY 6TH, 一九一六 "German Prisoner in Japan: More Attempts at Escape"　一八九〇（明治二三）年イギリス人ロバート・ヤングによって創刊された日刊英字新聞で、ヤングは英国の権益を擁護する立場に立って日本の諸政策を辛辣な筆をもって論評した点で知られ、記者に小泉八雲（ラフカデイオ・ハーン）、寄稿者としてダブリュー・ビー・メーソンほか、著名な文筆家を擁して声価を高め、ついに『ヒョーゴ・ニューズ』を凌駕し同紙の火災を機にこれを買収し、一八九九（明治三二）年七月紙名を『ジャパン・クロニクル（Japan Chronicle）と改題した。発行人は尾崎岩吉、発行所は栄町一丁目七番地コウベ・クロニクル社であったが後に発行所は浪花町に移った。（『神戸市史　第三集　社会文化編』八二二頁　一九六五年）

註4　『板東俘虜収容所詩画集』W・ムッテルゼーのスケッチ　カール・ベーアの詩　詩の印刷及び文字：バンドー・オスト印刷所　ルドルフ・ヒュルゼンニック　バンドー俘虜収容所　一九一九年秋（林啓介・扶

川茂訳　潮出版社　一九七九年）

註5　ケルステン（Kersten,O.H）海軍膠州砲兵隊・二等砲兵。一九一六年福岡から青野原に配置換えとなった。神戸の『ドイツ・クラブ』での歓迎会には、トルトゼン（Thordsen）と同じ車に乗り込んで出かけた。一九一九年の帰国時には収容所で豚の飼育係を務めていた。『ケルステン日記』はドイツ連邦共和国シュツットガルト現代史図書館蔵。

註6　『ケルステン日記』小野市史編纂専門委会編集『小野市史　第六巻　史料編Ⅲ』小野市　八二〇‐八二三頁　二〇〇二年。原文は東京在住のデイルク・ファンデア・ラーンより提供を受けたと記している。

註7　アルフォンス・ドーデ『最後の授業』。南本史訳　ポプラ社　二〇〇七年。ドイツ領となったアルザス・ロレーヌ地方で、フランス人教師アメルがフランス語の最後の授業を行ったときに述べた言葉。日本でも国語の教科書に掲載されていたが、一九八五年に削除された。その理由は一八七〇年からドイツ領であったことからだった。この地方は歴史的にドイツとフランスの政争の地でもあった。

註8　オットー・レファート原著、田中美津子訳・編『神戸のドイツ人―旧き神戸への回想』ＮＰＯ法人（神戸日独協会　六五頁　二〇〇八年）

第五章　青野原の生活、そして休戦へ［一九一八（大正七）年］

(1)　パン焼き・生活（一九一八年）

一九一八年になるとドイツの敗戦が濃厚となり、神戸市内だけではなく青野原の俘虜の間にも不安と動揺が出始めてくる。

1　ドイツの日本観と窮乏

スイスに滞在していて帰国した中村万吉早大教授が、ドイツ系の新聞や私信などから、ドイツ人の日本観に変化が出てきていると語っている。（神戸二月二一日と又新二二日）それはこの青島攻略戦が日本の意志ではなくイギリスによるもので、日本を憎むことはないこと、また日本各地に収容されているドイツ軍俘虜の待遇がよいこと、この戦争が終結すれば次には必ず日本とイギリスの衝突に展開するだろう、ということである。

三月二九日『軍靴に代へ下駄支給方ノ件』（欧受第三七四号　欧発第三一三号）は、靴の穿脱が不便、修理費用が高いということによるものであった。さて日本の下駄の履き具合は如何だったことだろうか。この件は『俘虜労役の件』（一九一七年五月一六日　欧受第六五七号）の〈造靴〉にも関連する。

満四年を経過した第一次世界大戦は、遠隔地である日本の外国人にも様々な影響を及ぼしてきた。在留ドイツ人には商売禁止なども加わり一層困窮を極めてきた。神戸に開校している神戸市北区のドイツ小学校の月謝が十五円に値上がりしたことで小学校の運営に問題が出てきた。ちなみにこの時期の日本円の価値は現代との換算で一円＝四千円だから六万円という高額になる。

一九一八年には戦争特需を狙った米の買い占め・売り惜しみで、価格が二倍には値上がりし米騒動が発生した。これはシベリア出兵にも関連していて、地主と米商人の投機、そして第一次世界大戦による兵の招集による非農業人口の増加、さらには地主保護政策で米輸入税の撤廃を寺内内閣がしなかったことが原因で、寺内内閣は八月一六日に一切の記事掲載を禁止し都合の悪い記事への情報統制を行った。

米の騰貴で苦境に直面した在留ドイツ人、オーストリア＝ハンガリー帝国人が、ささやかな手段として請け負ったのが彼等の語学であり音楽であった。

神戸九月四日『窮迫せる独墺人　食ふや食はずの惨めさ　語学や音楽の教授をしてとうく救済会へ泣き付いた』

今にも生活の破滅期に遭遇せんとするもの、即ち換言すれば是が非でも救齊を要するものがザラにあると言ふ。その證據《しょうこ》に茲一二箇月来語学、音楽等の教授をしたいからとて、これが許可方を県外事課に願ひ出るもの続出し、行き詰つた生活の惨苦を赤裸々に暴露しつゝあるが、当局においても或る程度迄その情を察し、成るべくさうしたものに対しては許可する方針を取つているさうだ、斯うした悲惨な状態にあるので有名なヘルマンを初め、□資産階級の独墺人達はまだ〜戦争が永引くものと先を見越して、何等か彼等の名誉心を傷つけない方法に依り、近く県の認許等を得た上、前記救済会の名に依つて窮迫せる同国人を救恤《きゅうじゅつ》すべく、目下寄々協議しつゝあるさうである（中略）尚ほ従来立派に一戸を構へていたものが家賃の暴騰のために近来日本人同様盛んに相住居をし出したとのことである。

ドイツ人が日本社会から追放されていく様子は各新聞に登場し、ドイツ人の神戸往来の記載が見られなくなる。

毎日九月一三日『神戸を往来する外人客　どのホテルも満員続き＝観光客は戦乱以来急に減つた　商売人では英人が第一故国を逃れた漂泊の旅』

英国＝九十二、埃及《エジプト》＝二、比島《フイリピン》＝七、伊太利＝六、瑞西《スイス》＝三、希臘《ギリシャ》＝八、諾威《ノルウエー》＝二、支那＝八十六、智利《チリ》＝二、印度＝一、米国＝四十六、仏国＝二十一、和蘭《オランダ》＝三十一、瑞典《スエーデン》＝九、葡萄牙《ポルトガル》＝一、西班牙《スペイン》＝三、露国＝百二十九＝＝

合計四百四十八人

敗戦の憂き目にあったのは俘虜だけではなかった。日本国内に従来から在留していたドイツ人にも敗戦の影響が及んでいった。『敵商次第に凋落す　元居留地の独墺商会が日に月に衰滅の非運に向ふ　余喘《よぜん》を保ものは今僅に数戸』（神戸九月二二日）でも凋落ぶりが見て取れる。

俘虜の処分の一つに営倉処分があった。この処分に関しては、ドイツ政府から『第二ハーグ条約』に基づき人道上の配慮を求める申出が出ている。営倉処分を受けているドイツ兵俘虜の健康を案じてのドイツ政府の申し出に対し、日本も第一次世界大戦では『第二ハーグ条約』を順守していたが、『青野原俘虜収容所の営倉処分に関し独逸政府より申出の件』（欧受第一七四五号軍工事欧第九六〇号）で、「俘虜ノ生命身体ヲ害フコト無之独逸政府ノ得タル情報ハ何等カノ没報ナルヘクト被存候条可然」と回答しており、かみ合っていない。

2　シベリア出兵（一九一八年）

中国青島での短期間の戦闘に勝利し「漁夫の利」を得た日本だが、イギリス、フランスそしてアメリカはロシア革命の反革命勢力を援助した。日本も一九一八―二二（大正七―一一）年に、七万人以上の兵士をシベリアに送り込んだ。この出兵は「日露戦争とアジア太平洋戦争の間に日本が行った最も大きな軍事作戦であり、四千~五千人の兵士が命を落とした。日本社会は、この〈シベリア出兵〉が対ドイツの戦争として報道され、数多くの石版画で取り上げられた。当時の日本では〈ドイツの東漸〉を警告する声が数多く上がり、ドイツは降伏したロシアを乗っ取り、日本を攻撃するのではないかとも言われた。」（註1）しかしヨーロッパ戦線ではドイツの敗戦が明らかになっていた。ただイギリスはあくまでもドイツに対する警戒感を緩めていなかったことが次の記事に表れている。

朝日三月二二日『独逸と亜細亜　国際倫敦《ロンドン》発』

倫敦オブザーヴァー紙軍事通信は『独逸と亜細亜』なる標題の下に論じて曰く（中略）若し西伯利《シベリア》の独逸化が既成の事実とならば満洲は独逸の支配下に置かるべく日本の亜細亜に於ける安全は危殆《きたい》に陥るべし（中略）日本は全世界に向つて総ての公明正大なる政策に調し其の模範を示す事を得るなり首相寺内伯其の他の日本政治家を知る者は皆此の意見を賛し吾人が自由と文明との為に戦ひつゝある此の大戦乱に日本の如き有力なる同盟国が参加する事を歓迎するなるべし

その結果連合国の撤兵後も日本だけが駐兵したことで、日本国内で米騒動を引き起こした。シベリアではドイツ軍が苦境に立たされていることが、収容中の俘虜の間に知れ渡り、シベリアのドイツ軍に日本収容中の俘虜が救援の手を差し伸べることになる。

一方日本側はドイツの悪弊を伝える役割として、シベリアを脱走したオーストリア＝ハンガリー帝国俘虜を青野原収容所へ護送している。

このシベリア出兵に関し、音楽活動が大きな役割を演じることとなる。一九一九年三月三〇日　青野原収容所でチャリテイ・コンサート（『東シベリアで苦境にあえぐ我々の同志のために』）が開催されている。**（第八章コンサートプログラム①参照）**またチャリテイコンサートは板東俘虜収容所でも同年三月一六日に行われており、『デイ・バラッケ』（板東俘虜収容所新聞）に次のように掲載されている。

一九一九年三月九日の板東収容所のM・A・Kオーケストラ第二十七回コンサート（弦楽）『ウラジソストクで苦難に耐えているドイツ・オーストリア俘虜のために』**（註2）**

チャリテイのためのいわゆるポピュラー・プログラムである。高貴な目的にぴったり合いさえすれば、ドイツでのチャリテイ・コンサートの通常の基準に当てはまらなくてもかまわないのだ。（中略）最後に二つの勇壮な行進曲《わが祖国ドイツ》とアンコールとして、誰にでも好かれている《心は変わることなく》が演奏された。たくさんの聴衆は喝采を惜しまず、募金の額はほんとうに喜ばしいものとなった。

また一九一九年三月一六日『ウラジオストクのドイツ人俘虜』というタイトルでシベリアの実情を述べている。

ヨーロッパ・ロシアの戦争俘虜の大部分は故国に帰れたが、他方では唯一の鉄道が故国までつながってはいても何千キロも離れた所にいるというのに、彼らはその鉄道を使うことができず、したがって故郷との唯一の連絡が途絶えていた。同盟を結んだ日本人とチェコ人と連合国側の対ボリシェヴイキ戦で完全な無政府状況になり、俘虜たちは厳しい気候とも絡んで、ひどく困難な状況に立つに至っていた。**（註3）**

朝日一九一八年四月一六日『武装どころか音楽会で　天下泰平な西伯利の独墺俘虜　敵愾心は愚か却つて日本女郎屋での御大尽《だいじん》』では、シベリアでのドイツ俘虜が羽目を外していることを報じている。これは日本側による敵国へのプロパガンダに利用しているともみられる。戦争はどの時代でも自国に有利な情報を発信する。

3　俘虜の労役③

一九一八年も前年度に引き続き各収容所から多くの『俘虜労役の件』申請があり、五月八日には、姫路衛戍司令官尾野実信から陸軍大臣大島健一に『俘虜労役ノ件申請』（第十師団 俘第二三号）が出された。別紙では労役ノ種類場所時間人員賃金期間及使用人について規定している。

（別紙）俘虜労役ノ種類場所時間人員賃金期間及使用人左ノ如シ
種類＝発動機ポンプノ設計及製造／一日の労役時間＝七時間／場所＝収容所東側小松林（附図）
人員＝六／賃銀＝五百五十円／労役期間＝収容所閉鎖迄／使用人＝泉平太郎
備考＝一．所定賃銀ノ中ヨリ二割ハ俘虜労役規則第六条ニ依リ国庫ニ納入セシム
　二．賃銀ハ俘虜ノ技能ニヨリ増給スルコトヲ得

また同・（附録）『俘虜労役ニ関スル細部ノ規定』には俘虜に対する警戒心、心得、賃金の支払いが詳細に記されている。

第一条　本規定ハ私人ノタメニスル俘虜労役ニ関スル細部ノ取締事項ヲ定メルモノトス
第二条　労役俘虜ノ取締ハ収容所長ノ任トス之カ為左ノ処置ヲナス
一．俘虜ノ業務ニ従事中ハ衛兵控兵中ノ一名ヲ以テ警戒ニ任セシム

二．所員ハ時々工場内ヲ巡視シ特ニ製作機械ニ注意シ警戒スヘシ
三．雇主ハ取締ノ為責任アル監視者一名ヲ定メ置クヲ要ス
第三条 雇主ハ労役俘虜ノ取締上左ノ事項ヲ遵守スルヲ要ス
一．俘虜就業中非違ヲ認メタル時ハ直チニ之ヲ収容所長ニ通報スルコト
二．邦人ニシテ就業状態ヲ視察ニ来リ雇主ノ許可アルモノハ工場ニ入ラシムルコトヲ得ルモ作業場ノ質疑ノ外一切ノ談話ヲ禁スルコト
三．俘虜ノ電信電話郵便物又ハ物品ノ売買等ノ依託ハ一切受クヘカラサルコト
四．収容所長ノ許可アルニアラサレハ内外人トノ面会ヲ禁ス
第四条 雇主ハ労役俘虜ニ所長ノ許可ナクシテ金銭物品ヲ支給スルヲ得ス
第五条 雇主ハ俘虜ノ労役実施ニ当リ左ノ通リ心得ヘシ
一．労役ハ毎日午前八時ヨリ午後四時迄トス
二．昼食ノ為ニハ一時間ノ休憩ヲ与フ昼食ハ収容所内ニ於テナスモノトス
三．日曜日、祭日、其他収容所長ノ臨時定ムル日ニハ休業セシムルコト
第六条 労役賃銀ノ支払方法次ノ如シ
一．労役賃銀ハ十日毎ニ雇主ヨリ収容所附主計ニ納付スルモノトス
二．右ノ金額ハ主計之ヲ保管シ爾役労務者ニ自由ニ使用ヲ許ス
三．労役時間端数ナルトキハ労銀ノ支払ハ時間計算ニヨルモノトス

朝日五月一七日には日独戦の戦利品に関して、『日独戦役記念館成る　振天府と並びて賢所に近く　全部竣工の上兎角

の御命名あるべし』とし、ドイツ軍が使用していた兵器や用具類の戦利品処理に関する記事を載せている。その対象品目は、「銃、砲、刀剣、機関銃、火箭《かせん》迫撃砲の如き類より電信電話機、土器機具等に至るまで独逸軍にて使用せる兵器用具等の殆ど凡て」（東京電話）であった。

4　俘虜間の軋轢・自殺・死亡

俘虜の紛擾も次第に露見してくる。その要因としては、収容所におけるドイツ兵は一致団結となる気風が強いことに対し、オーストリア＝ハンガリー帝国兵は五カ国混合で民族や宗教上の違いがあり、まとまり感が希薄であったこと、本国内での支援体制の違い、本国からの送金額の差、さらには皇后エリーザベト艦乗員という海軍兵が主体であったため、青島守備隊主体のドイツ兵と違って妻子が本国にいたことと、東洋に知人が少なかったことも、青野原収容所での俘虜間の軋轢の原因となった。

兵庫県知事 清野長太郎は一九一八年七月一三日に内務大臣、外務大臣そして陸軍大臣宛てに兵外発秘第一〇九九号で『俘虜紛擾ニ関スル件』（欧受第一一八六号 軍事欧受一五一号）を出している。これによると、ヨーロッパ戦線が複雑化してきた中で、同盟国であったドイツ兵とオーストリア＝ハンガリー帝国兵、さらには同国人兵間でも軋轢が生じていたと指摘している。

七月二九日、姫路衛戍司令官は、『二九日朝俘虜兵卒一名井戸ニ投身死ス』（欧受一二四〇号軍事第四四号）を陸軍大臣に報告している。収容生活の長期化、様々な紛擾や処分が頻発する中でストレスや望郷の念も俘虜達の間に滲透していた。また自殺や変死に関する記事も登場する。

『俘虜変死の件』

陸軍省受領 欧受第一二四〇号 第七〇号 電報訳 発信者二九日（青野ケ原俘虜収容所）俘虜兵卒一名井戸ニ投身死ス

大正七年七月二九日 青野原俘虜収容所長 宮本秀一 陸軍大臣 大島健一 俘虜死亡ノ件別紙ノ通リ及詳報候也

独逸膠州守備隊　海軍一等筆記生　ハンス・シュロットフエルト

又新は七月三〇日で『俘虜の投身　厭世自殺か』で、俘虜生活を悲観しての自殺だろうと論じている。自殺は他の収容所でも発生していた。

皇后エリーザベト号乗組二等水兵ゴモルガが糖尿病で死亡したのは一九一六年六月一七日で、葬儀が翌日に執り行われている。なお死亡・葬儀については第六章(1)でも述べる。

神戸六月一九日『墺国俘虜葬儀　姫路栗林墓地にて』

青野ヶ原俘虜収容所収容中の墺国俘虜海軍二等水兵トヨフェル・ゴモルカ（二十三）は予《かね》て糖尿病を患ひ同所にて療養中一七日午前三時遂に死亡したれば陸軍葬儀令に基き姫路栗林山陸軍墓地に葬送《まいそう》をなすべく同日午後三時より姫路天主教会の仏蘭西宣教師イヂドル・シャロン師を聘し俘虜一同相集まつて異邦の土に化したる戦友の為最《い》と懇ろなる祈祷をなし一八日朝播州鉄道より加古川駅を経て午前一〇時四二分姫路駅着、収容所より直川歩兵中尉及び下士以下三名の日本兵、墺匈国二名、独逸国一名の同階級俘虜は戦友より贈れる花環七箇を捧げて会葬し巡査三名護衛天主教会信徒数名も列に加はつて栗林山墓地に向ひシャロン師の祈祷聖書朗読等あり叮重なる埋葬式を終りたり

5　パン焼き竈の設置・俘虜特種技能者

七月にはパン焼用の竈が作られ俘虜によるパン製造が本格化した。一九一七年一月二六日『青野原俘虜収容所営造物模様替並新設の件』における『麺麭焼竈及製造所の設備を新設すること』（経理局主計課 欧受第一四四八号）は、一年半後にパン焼竈の設置となり、俘虜によるパン焼がやっと開始された。

『青野原俘虜収容所麺麭《パン》焼竈新設工事の件』（欧発第一二〇六号欧軽建甲第三一号）

青野原俘虜収容所ニ麺麭焼釜設置ノ件伺出タルニ認可相成候処先般欧発第一一一二号ヲ以テ俘虜ノ給養ハ可成自給スヘキ旨示達セラレ候ニ就テハ石釜ヲ設置シ麺麭ノ自製ヲ致度ト存候

自分たちでパンを焼くことが出来たこと、調理場での献立作りは食事における改革であった。

パン焼き場の設置に関して、『ケルステン日記』では次のように記している。

きわめて少なくなったパンの割当てのために、我々はもっと安いが劣悪な黒パンに頼らざるを得なかった。それはまだ手に入るからである。さらに数か月後、パンにかなり多くのジャガイモでんぷん

［写真 5-1　パン焼き場：加西市提供］

［写真 5-2　調理場：加西市提供］

粉が混ぜられるようになったが、それはいつも湿って生焼けであり、食べられる代物ではなかった。我々は代わりにもっと小さい白パンの割り当てを要求し、実現させた。そして新しい主計長は、パンを自分たちで焼かせてほしいという希望を叶えてくれた。**（第四章註6参照）**

このパン焼き竈設置はケーキ職人マイスターとパン焼き職人が造ったとされている。またケルステン自身が担当者であった豚の飼育が認められたのは一九一八年四月であった。パン焼の残飯を飼料にしたりしてソーセージ作りも行った。

俘虜の中に様々な職種のマイスターがいたことが収容所内での生活改善につながり、後日開催された展覧会、製作品の販売に展開していく。

『俘虜特種技能者調送付の件』（欧受一八六五号一一月二二日。同・一九〇五号一一月三〇日）が一九一八年に相次いで出され、特殊技能の職種が詳細に示された。一九一八年八月調査によると、次の物品が全国六ケ所と静岡、大分の収容所で分類・出品された。

『俘虜特殊技能者調』（一九一八年八月）では次のようになっている。

機械＝五十九（機械工＝十七、旋盤工＝九・他）／鍛鉄＝十一／

［写真 5-3　食事の様子：加西市提供］

［写真 5-4　豚の飼育：加西市提供］

金属＝四／建築・並木工＝二十九（左官十七、塗工九・他）／指物＝〇／飲食料品＝二十九（ビール醸造二、煙草製造二・他）／被服類＝五／日用品其他＝九／楽器＝二（ピアノ一、セロ一）／模型並玩具＝〇／農業＝十二（園芸八・他）／雑＝二

6　音楽会・秋祭り

国内では勝利を祝うイベントが次々と開催され、神戸市大倉山では軍楽隊の演奏会が開かれ、小学生、女学校生をはじめ三万人の市民が聴衆として参加、曲目としてドイツ人作曲家の作品が演奏された。（又新一〇月三日）

曲目には、行進曲《ロートリンゲン》、オペラ抜粋曲《リーグレット》、ワルツ《明治の俤《おもかげ》》、ヘール作曲円舞曲《風の結婚》、海軍軍楽隊編《越後獅子》、コーテルンス作《南方殖民地方の歌》、意想曲《印度遠征》、ベートーヴェン歌劇抜粋曲《ファウスト》、マッケンゼ・ローランの意想曲《大軍隊の競技》、邦楽《千鳥》となっているが、作曲家名や曲目名に勘違いもみられる。（註：「意想曲」には《爆弾三勇士》や《攻撃》など戦争に関する曲がある）

神戸には居留地があり諸外国の領事館が軒を連ねていた。当時の神戸は外国人にで賑わっていたが、一九九五年の阪神淡路大震災で多くの領事館が神戸を離れてしまった。

又新一二月一三日『聖誕の前景気　外人のショッピングは昨年より遥かに盛　玩具は矢張独逸が巧者』では、聖誕祭の会に関して店の番頭が、「本年も英国品ばかりです併し斯う言ふと何ですが英国の玩具は独逸に較べると大分劣つて居る殊に機械仕掛と来た日には独逸品に限りますぜ絵葉書・絵本の類も矢張独逸は器用に出来て居るが当分は禁物です日本製の玩具も近頃は余程進歩した様ですが西洋人形の顔だけは今一息の点がある」と、ドイツの玩具がイギリスより優

れていると語っている。ドイツの技術優位性がここにも見てとれる。
神戸に在留していたピアノ奏者のイギリス副領事のホーン氏が横浜の副商務官に栄転して神戸を去った記事も同日に出ている。ホーン氏は十六年間日本に在住し、神戸に六年前に来て、ピアノの素人演奏家とし数多くのコンサートを開き神戸市民に親しまれて、今回大いに惜しまれ神戸を離れた。神戸はジャズ、ゴルフなど外国文化を日本でいち早く導入した都市で、次の降誕祭の記事でもその光景を垣間見ることが出来る。
毎日一二月二一日『降誕祭はウント気張る　神戸在住外人中の出征者偉勲を樹てた青年が多い』
神戸在住の外人で今度の大戦に出征し遖《あつぱ》れ母国の為めに偉勲を樹てた青年が少からずある、英国総領事フォスター氏の令息イ・フォスター氏の如きも其一人で氏は何時の程からか屯と便りをしなくなつたので戦死説が荐《しきり》に伝はつているが父領事は断じて否定して動かぬ、領事の胸中には音信不通こそ彼が健やかに人一倍の勇気を以て邦家の為めに尽している證據だと惩《こ》う確定しているらしい、（中略）七十名の中で戦死及び負傷者を調べて見ると英死亡九名、負傷三名、仏死亡二名、負傷六名で其氏名（前記三名の戦死者を除く）（中略）負傷者は大抵今神戸に帰つて元の業務に服しているが平和来の芽出度さに近く来るクリスマスを楽んで今年はウンと祝されば置かれぬと言つている

⑵　講和・休戦・解放・移送（一九一八年）

いよいよドイツの敗北が確定、皇帝も退位という現実が俘虜に伝わってくる。一九一八年は講和、休戦、解放、輸送

とめまぐるしい事態の変遷が紙面を賑わすこととなった。

1　移送

ワルデック以下下士七十名のドイツ軍俘虜は、福岡から習志野への列車輸送の途中で姫路駅に停車、弁当を購入したが、俘虜は母国の敗戦が確定したことで、姫路駅で日本人に顔を見られるのがバツ悪そうだったと朝日三月二四日が伝えている。

逃亡の末ウラジオストックで日本の官憲に確保されたオーストリア＝ハンガリー帝国騎兵伍長フエルヂナンド・ウヱルダネール（三十四）は、輸送され姫路港入港後、神戸駅から青野原に送られた。彼の「行く先が日本だから温和《おとな》しくしているが、これが万一他の連合国であつたら暴れ倒し、無事では置かないのだが…などと、警護憲兵の手前も憚らず傲語しいたりと」（神戸五月八日『捕はれし墺国俘虜』）とは、いかに同盟国が連合国を恨んでいたかを物語っている。

第一次世界大戦終結とともに、終結以前から日本に抑留されていたドイツ軍俘虜の解放作業が開始されてくるとともに、ドイツ抑留の日本人をはじめとする連合国俘虜の解放も行われてくる。『在独の俘虜釈放　五百余名丁抹《デンマーク》に入れり邦人俘虜の詳報来る』（朝日一二月一八日）では、「現在日本人の生存俘虜総数は独逸百二十九名（内婦人三名）」で、その中にはライプチッヒ市留学中の盛岡連区後備砲兵中尉植村勝次氏の名前も含まれていた。

2　休戦・講和

一九一四年に勃発した第一次世界大戦でヨーロッパ戦線は悲惨極まりない消耗戦となった。四年を経た一九一八年、休戦への動きは加速化する。九月二七日のブルガリア、一〇月三〇日のトルコの降伏で、オーストリア＝ハンガリー帝国も一一月三日に単独休戦、皇帝カール一世のスイス亡命でハプスブルク家の支配は消滅した。そしてドイツも社会民主党が帝政廃止と共和制樹立を宣言したため、一一月一〇日にヴィルヘルム二世がオランダに亡命しドイツ帝国は崩壊した。

一九一八年五月九日又新記事『独逸が折れて来た　講和条件は前回のものよりも遥かに面白い併し普魯西《プロシャ》の軍国主義打破が第一の条件。神戸英人の世論』では、「独逸の軍国主義が今日の有様では日本と雖も油断がならない、将来西伯里亞経由で日本を脅迫する日が来んとも限らぬ」と、イギリス人からみたドイツ不信論を展開している。ただ日本人のドイツ観は少し違っていた。青野原収容所では又新五月九日付の『独逸講和提議　秘密に英国へ条件の内容』は講和に関する条件闘争が語られている。

海牙《ヘーグ》来電、独逸外相キュールマン氏の平和提議を携へて倫敦《ロンドン》に赴けりと伝へらるる和蘭人は前和蘭陸相コリンなりと信ぜらる同件に関しては一切秘密附せられ居るも独逸側の或方面にて伝へらるゝ所に依れば此提議は直接ウィルヘルム・スユトラーゼなる独逸外務省の意を受け既にダウニング街なる英国外務省に対して為されたるものにて内容は左の如し

一．独逸は西方に於ける一切の要求を抛棄《ほうき》し白耳義《ベルギー》は十分なる自治的国家として回復せられアルサス、ローレンは独逸連邦内に於て十分なる自治を与へらるべし

二．東方に於ける現状を今日の尽に維持し墺多利《オーストリア》はトレンチノの一部を伊多利《イタリア》に譲与すべし

三．巴爾幹《バルカン》問題は国際会議に依りて決せらるべし

四．交戦国全部の会議を開き阿弗利加《アフリカ》、小亜細亜に影響する植民地問題を決すべし
五．独逸は膠州湾に対する一切の要求を撤回すべきも支那に於て或る種の経済的譲与を受くべし
（倫敦六日発）

ついに一一月一一日に『休戦条約』が締結された。第一次世界大戦はロシア帝国、オーストリア＝ハンガリー帝国、そしてドイツ帝国の崩壊と、ソヴィエト社会主義国家の成立、アメリカも自国での戦争をすることなく、ヨーロッパでの影響力を拡大し、新しい世界地図を作り出す結果となった。

又新は一九一八年一一月一一日に『独帝退位宣言：宰相の署名を以て発布』、『梟雄《きょうゆう》の此末路　独帝愈々退位か。銅像に注ぐ瓦礫の雨避け難きその運命！』を報じた。続いて一一月一三日には又新が一面トップで『休戦条約成る』、『独逸革命成功　赤軍伯林《ベルリン》占領』、『潰たり独逸、カイゼル蒙塵す　夢と消えた英雄全盛主義の末路　帝位を辷《すべ》つて和蘭《オランダ》落ちの大詰　儚かりし在位三十年！』の記事を出し、「休戦条約」の内容は神戸一一月一三日付でも報道された。

『休戦条約調印　期間は一ヶ月』（一面トップ）
対独休戦条約は調印せられたり　休戦条約の主要条件　米大統領の発表
大統領ウィルソン卿は議会に対し只今休戦条約を発表せり其事項は左の諸項を含む
一．休戦期間は一一月一一日より向ふ三十日間
二．独軍はアルサス及びローレンを含む其占領地全部より撤退する事
三．独軍はライン河左岸より撤退する事
四．独軍は大砲五千門機関銃三万挺其他莫大なる軍需用器具及び鉄道車輛を連合軍に引渡す事
五．ブレスト、リトウスク及びブカレスト条約を廃棄する事

六．阿弗利加《アフリカ》に関する独軍は無条件にて連合軍に降伏する事
七．独軍は総ての損害を修覆する事
八．独逸は其潜航艇及び軍艦数十隻を連合軍に引渡す事
九．独軍の航空機は連合軍に引渡す為め予め約定されたる地点に集中せしめ置く事
一〇．独逸軍隊は黒海沿岸諸港より悉く撤退する事
一一．連合軍の商船は全部之を取戻す事

第一次世界大戦の休戦条約はドイツにとって極めて厳しい内容となった。その後ドイツは十年後の世界大恐慌の波の中で、選挙によって成立したナチス・ヒットラーによる取り返しのつかない選択をしていくことになる。

3 街は休戦、そして歓喜に沸く

休戦は神戸でも大きな喜びとなり、様々な祝賀行事が行われてくる。『在留協商民の狂喜　居留地の国旗の波　ホテル倶楽部三鞭の海　非公式の大祝宴』（又新一一月一三日）や、『休戦の本社号外を手にして在留外人の大歓び　元居留地には各国の旗がヒラ〳〵』（毎日一一月一三日）が紙面を躍る。

神戸居留地の大部分が日本人の手に帰した在留ドイツ人は、『在留独人も亦喜色　大攻勢当時の鼻息無し　今尚訓練ある国柄を誇る』（神戸一一月一四日）に見られるように、戦争終結後次のステージを見据え新たな歩みを始めた。

しかし現実は厳しさを増してきた。それらは『平和克服後の独墺人　元居留地には最《も》う居所が無い』（毎日一一月一三日）の、「元居留地は大抵日本人の占領する処となり今は一歩も喰込む余地がないのでよしや平和克服しても独墺人は居留地

を離れて磯上通辺に新舗を卜《ぼく》するより外途がない」や、『在留独人戦後の足場　平和克復と共に雄飛する場所は何処　神戸築港を中心として磯辺通一帯に目を着けて準備中』（神戸一一月一四日）や、「戦前居留地に大勢力を占めていた幾多の商館も、大部分邦人の手に渡り、現在彼等の占有しているものと言へば僅々《きんきん》三戸に過ぎず、全居留地の約八分まで邦人の手に帰した」などに表れている。これらの記事によると、神戸市在留ドイツ人が対敵商品取引禁止令により圧迫され、立場は日に日に悪化し、一方で敗戦により一転じて商戦の足場を居留地などに置き、地所や家屋を買収してきつつあった。

実戦を体験して俘虜となったドイツ人の中には、在留ドイツ人とは違った反応をしている者も少なくなかった。又新一一月一五日は、『俘虜が落膽の口惜し泣き　あゝ万事休すと失望の余り一縷《いちる》の望みは外れた＝流石に動ぜぬワ将軍＝』と報じている。それに対し、神戸市民は歓喜・祝賀に沸いていた。神戸は一一月二七日付『平和来に狂喜して空前の賑！　休戦大祝賀会　此日栄多き満街光彩陸離　かくして昼も夜も賑ひ立ちし神戸市大祝賀デー』を、毎日も一一月二七日付で神戸市長名で休戦の喜びを掲載している。

『戦捷《せんしょう》の歓喜に熱狂せる神戸市　万歳・・・の叫びは天地を震撼し市中は唯だこれ・・・花・・・』

今回の如き戦渦が復《ふた》び世界の何地にも勃起せざらんことを希《ねが》ふ茲に神戸市民を代表し満腔の衷誠を捧げて祝賀の意を表す

大正七年一一月二六日　神戸市長　鹿島房次郎

またイギリス総領事フォスターも、連合国領事館並に連合国民を代表して祝辞を述べている。そして戦勝国として戦利品の競売も始まった。

その中で祝賀ムードが高まっていた国内の状況下、青島に赴任することになった大島中将のドイツに対する冷静で客観的見方は興味深い。

神戸一一月三〇日『独逸は慥《たしか》に偉いね　青島軍司令官をして　任地青島に向ふた＝大島中将　禿げた頭と炯々《けいけい》たるその眼　清野知事のお喋りを前に回して受太刀気味に物語つた』

独逸人は仮令《たとえ》戦争に敗けても慥に偉い。我の強いのと持久力のある結果は当然作年末に参つているべき敗戦を今日まで持ちこたへた。そして国内の疲弊を他の世界の外人にも知らさず、隠忍持久、以て堂々たる敵国側の政客、軍人、その他をして戦局終末の時期を予知すること能はざらしめた挙国一致の臥薪嘗肝振りは全く敵国ながら見上げたものである。神戸にいる独人も今でこそへこ垂ているが、戦後の活躍は定めし素晴らしいものであらう。自分の青島行はこれで二回目だが、気候と言ひ、風致と言ひ、申分のない処だから、今度あちらへ行けば、少しく土地の事情を秩序的に調べて見やうと思つている。兎に角講和会議で、問題をなるべき青島へ軍司令官として赴任することは自分としても欣快に堪へない処であると同時に、青島それ自身も自分の好きな土地の一つである、と談話の最後尾に含蓄ある数語を並べた。

4 『俘虜生活ニ現ハレタル独逸国民性』(青野原)(抜粋)

一九一八年二月、俘虜情報局は『俘虜生活ニ現ハレタル独逸国民性』を出した。日本の情報局がドイツ軍俘虜を観察した国民性で、客観的かどうかの判断はさておき、俘虜管理上の指針となったことは確かである。

欧受大日記『四月三十日　五月一日』(一九一八年)

日本赤十字社ヨリ丁抹赤十字社編纂俘虜規則必携ニ部送付アリタリ一当局編纂ノ『俘虜生活現ハレタル独逸国民性』ヲ印刷シ陸軍省臨時軍事調査委員会、参謀本部、教育総監部及各収容所へ配布セリ次は、全国の収容所から青野原を章単位抽出、青野原が記述されている中から第一・三・六・八・九・十である。（註：鳴門市ドイツ館提供手書き資料〈原典〉）

第一章「独逸人ノ特性」では、「自負心強ク執拗ニシテ傲慢」で、「飲酒セハ直ニ予ハ独逸人ナリ　高言ヲ吐キ其意天上天下独逸人ヲ措テ他ニ人ナシ世界中最強最優秀ノ人種ナリト自任スルモノニ似タリ」、また「個人主義ト権利義務ノ観念」では、「一朝ノ利害関係ヨリ忽チ紛争ヲ惹起シ昨日ノ交情ハ今日ノ仇敵トナリ爾来現時ニ至ル迄殆ント言語オモ交フルコトナシ」、「経済上ノ観念」では、「〈ビール〉ノ空箱ヲ以テ諸種ノ家具ヲ造リ又煙草ノ紙箱ハ写真ノ種板ト併用シテ花卉野菜芽生用ノ覆トナス」と節約精神を認知。

第三章「軍人精神」では、「下士卒間ノ服従ノ道全ク行ハレス姫路収容当時下士ヲシテ健康保持ノ目的ヲ以テ徒手体操ノ指揮実施セシメントセシモ之ニ対シ兵卒ハ左ノ如ク訴ヘタリ」とし、「元来我々ハ兵営ニ在リテハ下士ニ服従スヘキ義務アルモ今日俘虜トナリ同一ノ待遇ヲ受ケツヽアル下士ニ対シテハ何等服従スヘキ義務ナシ依テ体操実施ノ如キハ各人ノ随意ニセラレタシ」と服従の義務がない。

第六章「宗教心」については、「収容当時ニ於テ彼等ハ一般ノ聖書モ所有シアラス且ツ所有ヲ希望セス」と、宗教心の薄さ。

第八章「衛生思想」では、「日光浴ヲ試ミ又日常ノ食物モ能ク吟味僅少ノ悪臭アルモノト雖ヲ食セス」

第九章「感情の発露」では、「軽微疾病ニモ直ニ死ヲ叫ヒ不眠ヲ唱ヘ或ハ外科的治療ヲ厭ヒ治療際シテ大声号泣シ甚タシキニ至リテハ卒倒スルモノアリ」として、ドイツ軍兵士は軟弱だとしている。

第十章「結論：俘虜ノ対手国ニ対スル観念」の「日本ニ対スル観念」では次のように観察している。

本邦ニ対シテ真実ノ感想ヲ吐露スル者ナキハ其所ナルヘキモ連合国中憎悪ノ念最モ少ナキモノヽ如ク彼等曰ク日本ハ英国強請ニ基キテ青島ヲ攻撃セシモノナリ平和克服後ハ之ヲ我ニ還付スルナラント又曰ク独逸ハ日本ニ対シ好感

ヲ得ンカ為新聞雑誌ニ日本ノ反感ヲ買フ如キ記事ヲ掲載スルコトヲ禁セジコトアリト曰ク将来世界ニ東西二個覇者ヲ生スヘシ一ハ日本ニシテ一ハ独逸ナリト

この中で英国に対する観念についてドイツ軍一兵卒が、イギリス兵は言動不一致で堕落した生活を送り、青島攻略戦でも後方配備だったと次のように批判している。

青島攻囲戦中英人ノ姿ヲ見タル者ナシ之レ後方ニ在リテ「フートボール」ヲナシツツアリシナラン而シテ日本軍人隊尾ニ付シテ漸ク入城セシハ噴飯ノ至リナリト然レトモ商業上ニ於テハ大ニ恐怖シアルモノノ如ク獨乙ニ於テ第一流ノ実業家タランニハ必ス先ツ倫敦ニ至リ商業上ノ研究ヲ遂ケサルヲ得ス故ニ漢堡商業同盟ノ如キハ毎年多数ノ秀才ヲ倫敦ニ派シ商業取引上ノ機微ヲ学ハシムト云フ

更にフランス、イタリア、ロシア、アメリカについても述べている。

また、外国語の修学状況についての記述では、俘虜が外国語を修学していた様子が窺える。これは単なる暇つぶしだけではなく、解放後の生活を見据えていたとも思われる。

［墺匈（オーストリア＝ハンガリー帝国）俘虜外国語就学者調 其ノ三］

［註：西班（スペイン）土（トルコ）波蘭（ポルトガル）希（ギリシャ）羅馬（ルーマニア）亜刺（アラビア）羅甸（ラテン）塞（セルビア）

	英	仏	露	和蘭	支那	西班	土	波蘭	伊	希	羅甸	羅馬	亜刺	塞
将校	五	四	一	二	一	一	○	○	一	○	二	○	○	○
下士	二十	○	四	○	○	一	○	一	二十	○	○	○	○	○

兵卒	十八	四	一	五	二	一	一	六	十八	一	○	十	一	二
合計	四十三	八	六	七	三	三	一	七	三十九	一	二	十	一	二

（備考）一．本表中語学程度ハ区々ナルモ概シテ普通ノ読書会話ニ差支ナキ者ヲ揚ケタリ
二．小国語或ハ各種族語ヲ修得シタル者アルモ著名ナラサル者ハ省略ス
三．准士官ハ下士中に算ハス

ドイツ外務省は一九一九年七月に『俘虜生活状態改善ノ件』で、ドイツ軍俘虜の生活不良状態の改善を日本に依頼しているが、日本は「極めて良好」（欧受第九三六号　軍事欧第五六三号）と回答していて両者の違いが見られる。

(3) 展覧会・製作品の販売など（一九一八年）

一九一八年になると全国の収容所で俘虜製作の作品の展示・即売会が開催されてくる。兵庫県青野原でも一九一八（大正七）年一〇月二六日に青野原俘虜収容所所長宮本秀一が陸軍大臣田中義一に『展覧会開催の件伺』（青俘第一一三八号欧受一七五八号）を出している。ここでは俘虜の技術を吸収しようとする姿勢と俘虜に対する優遇を不満する日本国民や国際関係などの反応を確かめつつ申請している様子が窺える。

さらに俘虜が製作した作品の販売希望が出てくる。五月八日、姫路衛戍司令官は陸軍大臣大島健一に対して『俘虜製作品販売の件申請』（欧受七四三号第十師団俘二四号）を行っている。

大正七年五月八日 姫路衛戍司令官 尾野実信 陸軍大臣 大島健一 青野俘虜収容所俘虜製作品中別紙品目教育資料又ハ参考品トシテ購求シタキ希望ヲ有スル公私人ニ対シ相当価格ヲ以テ販売ノ儀認可相成度及申請候也

この中には日本が期待した作品、そして楽器が含まれている。

①図案＝家屋、庭園、橋梁。②設計図＝壓搾機、穿孔機、蒸汽機関。③模型＝船舶、汽車。④絵画＝油絵、水彩図、鉛筆画。⑤指物＝椅子、卓子、書籍棚、煙草入。⑥被服＝靴。⑦食料品＝菓子、腸詰、麺麭。⑧楽器＝『ヴァイオリン』、『セロ』、『チーチル』。⑨其他之ニ準スルモノ。

備考＝材料ハ希望者ヨリ提供セシメ工賃ハ製作者ノ伎倆ト製作品ノ種類トニヨリ収容所長ニ於テ決定ス

1　展覧会の開催

『展覧会開催の件』

一九一八年一一月五日、副官ヨリ青野原俘虜収容所長へ通牒（欧受第一七五八号 軍事欧第九六九号）（衛戍司令官経由）が行なわれ、展覧会の趣旨及出品に関して次のような説明をしている。

本展覧会ノ趣旨ハ独墺国内ニ於ケル教育参考品農工芸品及日用品ヲ製作セシメ将来ノ資料ニ供スル為メ開設セントスルモノナリ

場所＝加東郡高岡村青野原俘虜収容所南側廠舎《しょうしゃ》

開催期日及時間＝大正七年十一月十五日ヨリ同二十日ニ至ル六日間毎日午前九時ヨリ午後三時迄

展覧会物品に関して

展覧物品ハ独墺俘虜カ収容所内ニ於テ極メテ小数且不完全ナル器具並最モ狭隘ナル場所ニテ製造シタル者ナルヲ以テ一小品ト雖多数ノ日子《にっし》ト労力ヲ要シタルモノニシテ品目及数量ハ別紙目録ノ如クナルモ其主要ナルモノニ関シテハ左ニ概要ヲ説明ス

と断わりをいれ、以下の具体的説明を行っている。

［展覧物品ニ関スル説明：別紙目録］（註：楽器以外は概略とした）

第一　楽器　総数十八＝楽器ハ彼等カ収容以来暇ニ任セ製作シタルモノニシテ多クハ非売品ニ属スルモ中ニハ彼カ帰還ノ際売却セントスルモノアリ

ピアノ＝本邦使用ノモノト異ナルコトナシ価格約百八十円ナリ

セロ＝洋楽器ノ一種ニシテ価格約七十円ナリ（非売品）

ヴァイオリン＝在来ノモノト異ナルコトナシ価格種々ナルモ二十五円乃至百円ナリ

燐寸ノ寄細工ノモノハ四ケ月ノ長時日ヲ費シ燐寸ノ軸ニ千八百ヲ膠ヲ以テ連接シタルモノニシテ頗ル精巧ニシテ珍品トスルニ足ル（非売品）

チイテル、ギターレ、チームバール＝洋楽器ノ一種ニシテ価格八円乃至三十円ナリ

なお第二〜第一一は後出する。

「展覧会ニ関スル計画書」では次のように記されている。

［第一　準備事項其一＝案内状ヲ発送スルヘキ場所］としては、幅広い地域に案内状を出している。展覧会が単なる

イベントではなく、ドイツ文化の優秀性の情宣であり、日本側がドイツ文化を吸収しようとする重要な場とし、近隣諸県、官営衛学校及会社、そして在姫路部隊に伝達をすることにしたのである。

其二＝会場設備は会場、休憩所そして外国人用の要図。

其三＝諸印刷物には、（イ）展覧物品目録（日本語、約三、四百部、ドイツ語の分は俘虜の希望数）。そして他に、絵端書《（ママ）》、装飾、人員及び日数については約一週間、俘虜の助手八名の外十名前後など。

「第二　開会」は、一一月一五日より二〇日まで六日間、時刻は午前九時より午後三時まで。

「第三　会場に於ケル娯楽」は、「俘虜ヲ以テセル奏楽班（十六名）」としている。

十六名とメンバーは決して多くはないが、青野原の音楽活動がきちんと位置付けられていて注目される。

写真5－5は展覧会会場入り口で、Ausstellung（展覧会）と、ドイツ語と日本語による「受付」があり、日本人を含む集合写真からは日本人が多数会場に訪れたことが判明する。

「展覧会に陳列すへき各種物品」は次の通りである。

「第一：楽器」オルガン＝一、セロ＝三、ヴァイオリン＝一、同上（燐寸寄細工）＝一、チイテル＝五、ギターレ＝　三、チイムバル＝二、ヴイオリネチーター＝一、ハルフェンギターレ＝一

楽器の名称は現代と異なっている。チイテル（Zither）はチター。青野原でチターはコンサートでも使用されており、楽譜も残っている。ギターレ（Gitarre）

［写真 5–5　展覧会場入口：加西市提供］

はギター、チームバル（Cimbalon）は少々大型だがハンガリーのツィンバロム、またCimbalであればダルシマーの可能性もある。ヴァイオリネチーター（Cimbalon）は弓奏チターまたはヴァイオリンハープ、ハルフェンギターレ（Harfengitarre）はドイツのベースリュートまたはハープギターである。青野原では、楽器としてピアノ、ヴァイオリン、ギターレ、テイテイル、チムバールが各一個づつ製作されている。**写真5-6**のチェロ模型は精巧に作られており、製作者が音楽的知識を有していたことを窺わせる。

［第二：木工品］〈其一：焼付画〉額縁＝十五、写字台＝五、文具類＝二、吸収紙挟＝二、手拭掛＝二、巻煙草入＝二、裁縫箱＝四、装飾箱＝二、茶盆＝二、パン入皿＝二、壁飾＝四、室飾＝四、写真帖（焼付画表装）＝一、懐中時計掛＝六、刷毛掛＝二

〈其二：彫刻類〉額縁＝五、装飾箱＝（大）＝二、同上（小）＝一、文具類＝一

〈其他〉麦酒コップ（竹製）＝二十、同上（木製）＝十

〈其三：寄木細工〉将棋盤（大）＝一、同上（小）＝一、卵入『コップ』＝六

［第三：金属製品］灰落（各種）＝二十、銭入箱＝四、装飾箱＝三、巻煙草入（西洋煙草入）＝二十、同上（日本煙草入）＝二十、文鎮＝十六、煙草入＝三、文具＝八、額縁＝八、机飾（各種）＝十二、花挿＝四、名刺入皿（各種）＝四、湯飲＝二、机飾（モンテネグロ墓形）＝一、同上（記念碑）＝二、蠟燭立＝四、「カウス」鉛＝二、大砲の模型（三〇・五サンチ）一、自働車《ママ》（金属）＝二、裁縫具入＝六、機械水雷＝一、

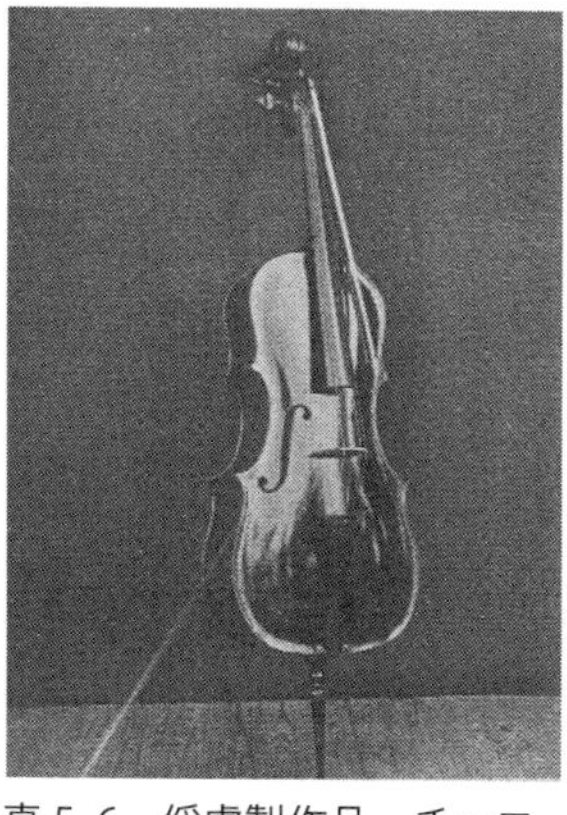

［写真5-6　俘虜製作品　チェロ
：加西市提供］

硯入＝一

この「金属機械」について、現青野原俘虜収容所保存会会員の仲井正人氏は、「収容所に近い泉平商店で雇われていた五～六人の俘虜が部品を調達して製作したもので、日本人に人気があり数多く販売できたと言われている。」と語っている。後出の［展覧会開催に関する新聞記事］に見られる新聞報道が販売を促進したこともあり、中でも石油発動機の人気は高かった。**写真5-8**の「手作りドリル」も精巧を極めた製作品で俘虜の技術力の高さを示している。

［第四：諸機械］石油発動機＝二、蒸気機械＝一、鉛製造機＝一、農具＝二

［第五：靴］長靴（将校用）＝一足、匈牙利《ハンガリー》婦人用靴＝四足、同男子用靴＝六足

［第六：絵画］ペン画（各種）＝二十、水彩画＝三十、油画＝十、木炭画＝十五、鉛筆画＝十、パステル画＝五、墨画＝四

絵葉書はカラー版で望郷の念、洗濯、読書、クリスマス、ギターを弾いている絵など九点残されている。**（口絵参照）**

裏表紙（写真の刺繍二点：加西市提供）の一つは、オーストリア＝ハンガリー帝国を象徴する紋章（双頭の鷲、その頭上には帝冠、そして腹部には皇帝フランツ＝ヨーゼフの頭

［写真 5-7　俘虜製作品　金属機械（石油発動機）：加西市提供］

［写真 5-8　俘虜製作品　手作りドリル：加西市提供］

文字ＦＪを加えたハプスブルク＝ロートリンゲン家の紋章）、そして下には俘虜が乗船していた皇后エリーザベト号が描かれている。製作者はフランツ・マラトンという皇后カイゼリン・エリーザベト号二等水兵である。もう一つにはドイツ軍艦旗が掲げられ，上部に自らの軍役を誇る言葉が刺繍されている。中央部には「我々は、皇帝陛下と祖国のために中国沿岸を守備してきた」とあり、下部にはドイツ軍が駐留していた中国膠州湾と思われる景色が描かれ、その上にある「砲兵Kanonier 」「イグナッツ・シェフチックIgnatz Schefezyk」は、青野原収容所のドイツ人俘虜〈オーバーシュレージエン出身〉の名前である。（註4）

［第七：標本類］軍艦（カイゼンエザベグ号）＝一、練習船（大公爵エリーザベス号）＝一、各種の帆船＝一、飛行機＝二、墺国の農家＝三、独逸の地名ルドリフスブリヒ＝一、タンク＝一

［第八：写真］各種写真＝五十

［第九：玩具］各種玩具（小児用）＝百五十

［第十：雑品］装飾品＝六

［第十一：食料品］腸詰（各種）＝十、肉類（各種）＝十

［第十二：菓子類］菓子類（各種）＝十、上等菓子＝十二

写真5‐9は、皇后エリーザベト乗員・一等水兵ニストルの水彩画。俘虜製作品展覧会で二十五点出品している。他には「オーストリア海軍」、「日本軍による攻撃」、「日本の女性」など。

［写真5‐9　俘虜の寝具：加西市提供］

2　展覧会開催に関する新聞記事

全国各地の収容所で行われた展覧会は、新聞でも大きな反響を呼ぶことになった。ドイツ人俘虜のさまざまな技能・技術が日本人の眼に直接触れたからであり、日本がドイツの技能・技術を導入するのに願ってもない機会ともなった。この中で「出陳品のすべては収容所内にある廃物を利用し、且つ不完全な器具を用ひて製出したもの」だと断わりを入れている。限られた場所、限られた材料と道具での製作であったことは驚きであり、日本人に大きなインパクトをもたらした。

神戸一二月八日『俘虜の技巧に成つた　製作品展覧会が青野ヶ原収容所で開かれる　楽器、焼付画、彫刻品、機械類など何れも彼等苦心の作になつた物』

加東郡青野ヶ原俘虜収容所の独墺俘虜中には、種々の職業階級のものがいる。画家がいる。木工がいる。機械機関の技術者もいれば、大工も居る。写真師もいる。これ等の俘虜は長い歳月の間、故国を遠く囚はれの身になつて、何をするともなく暮しいる徒然に、おのがじゝその得意の技術を以て、種種なものを製作し、彼等自ら慰め合つていたが、尚それのみでは満足せず、終にはこの種の製作品を陳列し展覧会を開いて一般に観て貰ひたいといふ希望を起し、本年夏以来同収容所長宮本秀一中佐に対して屡々《しばしば》願出づる処があつた。その結果、同中佐はこれを金久保第十師団長に具申、同師団長から更に陸軍大臣に上申し、先般その認可を得たが当時俘虜中に、流行性感冒患者があつた為め、同展覧会開催を延期しつゝあつた処最近、同感冒も終熄の状態を示すに至つたので、愈来一四日から一九日まで、毎日午前九時から午後三時の間において、同収容所南側の廠舎《しょうしゃ》に『俘虜製作品展覧会』を開くことゝなつた。然して出陳品のすべては収容所内にある廢物を利用し、且つ不完全な器具を用ひて製出したもので、従つて彼等はその一品を製作するに多数の日子《につし》と非常の苦心とを費している。製作品を類別すると、楽器類、木工品、金屬製品、諸機械類、靴、絵画、標本類、写真帳、玩具、雑品、食料品菓子類と別れ、その総数六百三十三点の多数に達している。

（細別　略）

然してこれ等の製作品は多く非売品であるが、中には即売するものもあり、又、帰国の際売却する筋のものもある。就中、異彩を放つているものは、大砲、自動車、石油発動機、装甲車、機械水雷などで、大砲の模型は要塞用三十サンチ五のもの彼等が数名がゝりで数ヶ月を要して製作した精巧なものである。自動車も同様苦心の結果になつたもので、細微な点まで行届いた製作振りは驚嘆に価すべくその他、金属製品、木工品など何れもこれが果して廃物利用の結果になるものかと怪しまれるほどだ相である。因に展覧会中は記念のため俘虜画工の描いた滑稽画の絵葉書十枚一組を四十銭で販売する筈である。

この他、『独逸俘虜が楽器を掻鳴らして　青野ケ原展覧会の賑ひ』（朝日一二月一六日）では、「音楽室には俘虜が嬉々として異様の楽器を掻き鳴らし入場者に愛嬌を振り蒔いているはいい知れず悲哀の感を惹くものありたり」と報じている。

また『俘虜達が振りまく愛嬌　日本語で〈オケガシテハイケマセヌ〉得意の製作品展観』（毎日一二月一七日）では、「第三号室には音楽室が設けられ俘虜中の楽人が集まつて色々の音楽を合奏している処は何の心配もなささうだ」と順調な運営を確認している。この展覧会では民族楽器を含む楽器が出品されるとともに、会場内では十六名の奏楽班による小アンサンブルも行われていて。地域住民にとっては西洋音楽を生で聴くという機会でもあった。そして聖誕祭は神戸の居留地でも休戦で活況を呈した。展覧会記事は、関西圏以外にも伝えられた。農業、パン、ケーキ、ソーセージ製造をはじめドイツの技能・技術が日本全国に紹介され、日本にとってこの上もない成果をもたらすこととなり、『第二ハーグ条約』の俘虜処遇が結果的に好結果をもたらした。

［第五章註：青野原の生活、そして休戦へ］

註１　『ドイツと日本を結ぶもの』歴史民俗博物館振興会　一一〇頁　二〇一五年

註２　M・A・K＝膠州海軍砲兵大隊（Matrosen-Artillerie-Detachement Kiautschou）
　Ⅲ．S・B＝第三海兵大隊（Ⅲ．Seebataillon）（田村一郎氏訳）

註３　鳴門市『デイ・バラッケ』第三巻三七一頁　二〇〇五年

註４　『加西に捕虜がいた頃』加西市　三四頁　二〇〇六年

第六章　ドイツの敗戦、そして解放へ［一九一九～二〇（大正八～九）年］

(1)　俘虜の生活、感冒の流行（一九一九年）

一九一九年になるとヨーロッパ戦線およびドイツ人に関する記事が再び数多く掲載されてくる。俘虜の食糧事情について『俘虜糧食費に関する件』（陸軍省送達 欧発第一二二号二月一七日）の「俘虜労役ノ際ノ間食」は次のように伝えている。

俘虜収容所長会議ノ際俘虜ノ糧食費ハ我兵ノ給与額ヲ超ヘサルヲ標準トシ二十八銭平均トシ労役ノ際ハ間食トシテ労役者ニ限リ更ニ十二銭ヲ支給スルヲ得ルコトシアリタルモ物価騰貴ニ伴ヒ我兵食費増加シ三十銭以上ニ至リシト共々俘虜ノ給養ヲ増加スルノ必要アルニ関ル

又新一月一八、一九、二〇日ではドイツ人の気質についての記事が登場する。これは一九一八年二月に俘虜情報局が出した『俘虜生活ニ現ハレタル独逸国民性』（前出）に近い。

『俘虜を通じて見たる独逸人気質㈠、㈡、㈢　陸軍中将　堀内文次郎』（抽出）

㈠　万事に節倹
倹役と吝嗇《りんしょく》＝近来世の風潮と農産物騰貴の影響とを受けて今や漸く奢侈の気風に感染せんとしつゝある様である予輩は特に農民諸君が能く此独逸国民性の真髄を会得し以て将来健全なる国家の中堅たらん事を切に要望するのである。

恪勤《かくきん》勉励、廃物利用、功利思想、国家主義、

㈡　忠君愛国＝（前略）忠君愛国は決して我が日本人の専売品ではないことが證明される、否なウツカリすると、その特許権を彼等に独占されはせんか。

㈢　強情執拗、従順服従
独逸気質＝独逸気質之れを要するに独逸気質にも一長短あるを免れないけれども、其の勤倹なること、規律節制を守ること、剛毅にして服従心強く、而も極度の困苦艱難《かんなん》に堪へ得る事、忠君愛国の心情盛んな事、万事を宜い加減にすることなく徹底的に其根本を究めねば止まぬといふが如きは、吾人の尤も学ばねばならぬ事であると思ふ。

収容所長による俘虜観では良い評価となっている。ただ規則違反者が少ないということについては、一九一六年『欧受大日記』の処分内容の記事から見ると楽観的過ぎると思われる。

1　流行性感冒の発生

一九一八年秋にアメリカで発生し、第一次世界大戦で大流行をもたらした流行性感冒(インフルエンザ。スペイン風邪)

は、三回にわたる流行により世界で二千四百 万人の命を奪った。日本では相撲風邪ともいわれ、各地の収容所でも流行した。同時期の一九一四年には、《セントルイス・ブルース》（W・C・ハンディ作曲）が、一九一七年のアメリカ参戦に伴う黒人部隊のヨーロッパ戦線への投入で、ヨーロッパに入り大流行し、病気も音楽もアメリカの影響は多大であった。

そして流行性感冒の蔓延は神戸市内でも猛威をふるい始めた。

毎日一九一八年一〇月三一日『流行性感冒全県下に曼延　何時終熄するとも知れぬ小学校を閉づるもの頻々　神戸市内では患者既に二万人を超えている　市内患者三万人　一日に八千名増加』

県下における流行性感冒は愈々猖獗《しょうけつ》を極め三〇日朝県衛生課の調査に依ると神戸市内の患者総数は一万七千二百二十六名で前日に比して八千一名即ち前日の患者数と大差なき患者を一日の間に出して居る、死亡総数九十四名は二九日中に四十名之れも二八日までと大差なき数であつて益々危険の程を加へて来る

一九一九年には青野原でも発生し始めた。青野原俘虜収容所長 宮本秀一は二月一九日に『流行性感冒患者発生ノ件報告』（青俘第一二二八号　欧受第二二八号）で、「本月一三日俘虜中流行性感冒患者一名発生シタルニヨリ直ニ隔離中ノ処本日ニ至リ同班中ニ十六名ノ流行性感冒患者四名ノ疑似者ヲ発生シ目下尚蔓延ノ兆アリ」と報告している。

一九一九年二月一九日には中間報告『流行性感冒患者状況報告』（欧受第二四七号第十師団第一五号）が出された。さらに第十師団は二月二六日に、『流行性感冒患者状況報告』（俘第一六号　欧受第二八七号）で次の報告をしている。

二月一三日当所内流行性感冒侵襲以来予防法実施中ノ処自二月二〇日至二月二五日間同患者及擬似者ハ新患四名ニテ初発以来患者累計四十七名ナリ熱ルニ経過ハ一般ニ良好ニシテ内六名ノ肺炎転症者アリシモ共ニ症状漸次軽快シ危険症状ヲ呈スル者ナク現在患者ハ三十一名ナリ之ヲ要スルニ本病発生ハ殆ト初発班及下士班ニ制限セラレ終熄スルモノト信ス

各紙は収容所内での感冒流行について報じ、神戸は二月一九日付で『感冒俘虜を襲ふ：悪い風邪が青野ヶ原の独墺俘虜に再度流行し一時に三十二名の患者発生す　軍医まで感染して枕に就く』を掲載している。

去る一三日県下青野ヶ原俘虜収容所収容の俘虜中、一名の患者発生、次いで翌一四日に至るや一時に三十二名の罹病者を出だし、殊に病勢甚だ激烈なるもありて肺炎を併発するが如き病状を呈せるもの多数に及べるより、係官の驚愕狼狽一方ならず、即時軍医及び看護卒を増員し極力看護に努め、一方病毒の防遏《ぼうあつ》に腐心したるも、病勢日と共に猛烈を加へ患者治療の任に当れる三浦軍医以下の看護卒多数に感染し、何れも枕を並べて病床に臥すに至り、医局殆ど全滅の状態を呈し、この形勢を以て押進めば所内全部に蔓延して如何なる大事に立至るやも図られざるより急遽患者を一室に隔離して病菌の伝播を防止する一方、師団本部に対し目下補助医員の派遣を申請中なり因みに同所収容の俘虜総数は四百八十九名にして現在の患者は兵卒に留まり、未だ将校に及び居らざるも、昨年流行の当時習志野収容所のワルデック総督罹病、一時重態に陥りしことあり、傍《かたがた》警戒を要するより係官は何れも非常に憂慮し居れり、殊に今秋は播州平野において陸軍大演習挙行、大元帥陛下の行幸を仰ぎ奉ることゝて、万一病毒残存する如きことありては由由しき次第なるより、この際充分なる手段を講じて病菌の根絶を期せざるべからずと社署よりも県衛生課に申達する処ありたれば、近く防疫官出張、万全の策を講ずべしといふ。

約一ケ月後の三月一九日に第十師団は、『流行性感冒終熄の件報告』（俘第二〇号青俘第一二五五号）を出したが、九月になると感冒での死者が出てくる。電報訳九月九日陸軍省宛で青野原俘虜収容所は、『俘虜病死の件』（軍事欧第七五三号欧受第二二五号第六六号）で「九日墺国俘虜兵卒一病死ス」を伝え、さらに九月二六日には、青野原俘虜収容所長は陸軍大臣に『俘虜死亡の件通牒』（□一五一三号）を提出した。

九月二六日　死亡證書　墺洪国軍艦カイゼリンエリーサベト号　海軍二等水兵　オノヂーミハリ　病名、流行性感冒　右大

正八年九月一九日午前三時三〇分当所ニ於テ死亡候也　大正八年九月一九日　青野原俘虜収容所派遣歩兵第十連附

陸軍二等軍医　古川博

写真６－１は収容所で予防のため布団を干している様子である。収容所でもインフルエンザの対策はとられていた。

青野原に近い姫路でも流行性感冒が年末まで猛威をふるっていた。

神戸一二月二五日付『姫路の流感愈よ猖獗　患者益々続発し衛戍病院満員となり三十九にも蔓延　口蓋布で極力予防』では、「騎兵隊二名歩十連隊十数名続発（中略）遂に城北輜重《しちょう》（註：兵器・食料）及び神戸連隊三九にも」広がったため、歩兵十と騎兵隊は面会謝絶の措置をとっている」と報じている。世界での死者は第一次世界大戦が影響して五千人をゆうに上回り、日本でも約百五十人に達した。約一年さかのぼるが、流行性感冒は習志野収容所長であった西郷寅太郎大佐（西郷隆盛の息子）も罹患し、一九一九年一月一日に病死している。

青野原で死亡した俘虜は六名（一名は自殺）で、三名の遺骨は同僚兵士が本国に持ち帰ったが、身元引受人が判明しない兵士は姫路市の高台にある名古山霊園の『外人兵士の墓』に埋葬され、墓碑には次のような解説がされている。ただもう一人が本国帰国前に帰還船ヒマラヤ丸で死亡している。

軍人墓地の近く市街地を見下ろす高台に、十字架を刻んだ三基の外人兵士の墓があります。横に立てられた説明板には次のように書かれてあります。

第一次世界大戦の青島戦で日本軍の捕虜となり、本市（註：姫路市）や青野ケ原廠舎に抑留中、病期のため陸軍病院に入院、不幸病没した六兵士の

［写真 6-1　布団が干されたバラック：加西市提供］

うち、三名は他の捕虜たちに抱かれて帰国、残った下記三兵士の遺骨は引取人無きため、ここにまつってその霊をなぐさむもの。

海軍二等水兵　ヨハン・ヴイッター（大正五年五月二五日没　ハンガリー国ホルト・マロス州出身）

海軍二等水兵　テオフイル・ゴモルカ（大正八年六月一七日没　オーストリア国カリシャ州出身）

海軍一等水兵　エロチ・アントン（大正八年九月九日没　イタリー国イストリエン洲ビジノ・チエビチ出身）

写真6-2は深い井戸に転落（自殺）した俘虜シュロートフェルト・ハンスの墓で、収容所長と仲間の俘虜によって葬儀が執り行われた。

Grabstätte von Hans Schlotfelt, der sich im Lager Aonagahara in einen der Tiefbrunnen stürzte und nur noch tot geborgen werden konnte. Eine andere Ursache als Selbstmord schlossen die Lagerleitung und die Mitgefangenen aus.

［写真6-2　俘虜の墓：加西市提供］

2　コレラの再発・在留ドイツ人の降誕祭

一九一九年九月には流行感冒が収容所を襲ったが、一一月にはまたも世界流行の煽りを受けて流行した。（**第四章(3)－2参照**）陸軍省主計局は八月一九日に、ペスト、コレラの発生・流行に関して予防法を実施する場合の経費について『伝染病予防及消毒諸費支弁及増額申請等ニ関スル件』（医事課医発第一六六号）を出した。

又新一九一九年一〇月一六日の『続々発生する真正虎列拉《コレラ》患者　秋冷に向ひ漸く蔓延の兆初発以来九名に上る　八ケ所

の船舶倹疫は本日限り廃止　或は生魚移入禁止か』では、兵庫県令の交付と朝鮮からの生魚輸禁止にについて報じている。

当市の虎疫患者は去る九月来海上方面の系統に依り間歇《かんけつ》的に発生し居りしが一四日突然市内下山手通九丁目生魚商の雇人が発病し一五日午前七時半真正虎疫と決定（中略）本県にては他府県よりもお膝元が危しとあつて去月一三日より実行せる神戸港外八箇所の船舶倹疫を一六日限り廢止すべく県令　公布する事とし同時に下山手通九丁目の患者の系統として専ら朝鮮方面に注意を加へ市内及明石の魚市場船舶等に就き朝鮮より来るものは厳重吟味し尚場合に依れば生魚の移入禁止をも行ふ筈なり

［写真 6-3　死亡した俘虜の葬儀：国立国会図書館］

［写真 6-4　姫路市名古山のドイツ軍兵士の墓（撮影筆者）］

神戸も一二月二四日『感冒を何う防ぐ？　市衛生課考慮中　昨日の死亡者数が八十名　半分までは感冒で死んだ』を、また朝日も一九一九年一一月二〇日に、『虎疫《コレラ》猖獗市内も郡部も』、その後ほぼ毎日コレラに関する記事が報じられてくる。なお俘虜が解放された後の一九二〇年には神戸市でコレラが再度発生している。このコレラ流行の年末、在留ドイツ人にとっての降誕祭はみじめであった。

神戸一二月二五日『五年越で涙の降誕祭：気の毒な在留独逸人の境遇：クリスマスよりも気に蒐《かか》るのは財産管理の問題だ、私は自動車も売つたとドイツ人ゲンセン氏淋しく語る』

クリスマスが来て連合與国の人々が嬉し気に噪いでいる時独り気の毒な独逸人ゲンセン氏を山本通二丁目の寓居に訪へば氏は折柄クリスマスの余興にボイスカウトの服装をして出かけてゆくいぢらしい令嬢の後を淋しく見送りながら語る「娘は今あゝして芝居をしに行くとて嬉しそうに教会に行つたが、無邪気なだけに涙が出るほど可愛想な気がする。現在当地に七十人近くの独逸人が居るがそれらも恐らく自分と同じ心持であるに違ひない。此の五、六年と言ふものは自分等は満足にクリスマスを楽しんだことはない殊に講和条約締結以来は管理令による財産が如何に処分されるかと言ふことに就いて朝夕心を痛めている。商売をするにもそうした理由で取引先の信用が無く大抵の独人は殆ど困り切つている。自分のウィツケル商会は古いので今も五六人の店員を使つてどうにかやつているが暮の支払いは滞りなく済ましたので所有の自動車も売却して仕舞つた位だ。が自分等は日本の官憲がよく自分等を理解して呉れることをいつも感謝している」

一方戦勝国のイギリス人をはじめとする外国人は、神戸市中山手通三丁目全聖教会に百三、四十名が参集し、戦争開始以来久々に華やかな降誕祭を祝った。

(2) ドイツ敗戦と俘虜の帰還（一九一九年）

一九一八年一一月一一日の休戦条約調印、帝政ドイツは共和制に移行した。俘虜は悲喜こもごもで、落胆と帰国の喜びとが交錯していた。ただ全ての俘虜が帰国を希望したのではなく、日本に残った者、青島に帰った者、インドネシアなど第三国へ移住した者などさまざまであった。解放後に日本残留を希望する俘虜のため陸軍省は一九一九年一〇月一日、『俘虜解放後日本在留希望者願書ノ件』（欧受第一二九三号欧七九八号）を出した。

在本邦俘虜中解放後日本領土内ニ居住ヲ希望スルモノ板東収容所九十二名青野原収容所十八名分ノ願書別紙及送付候条日本在留ヲ許可スルヲ有利トスルモノト否ラサルモノトニ関シ御意見承知致度及照会候也（欧発第八一三号十月三日）

そして一九二〇年一月に陸軍省が出した『日本領土内居住及旅行等を許可したる俘虜解放に関する件』では、

①日本内地契約成立者（国内就職）＝百七十名（内青野原八名）
②特別事情ヲ有シ日本国内ニ居住希望者＝三十三名
③一般送還船出発前予メ日本ニテ解放者＝二十五名（内青野原一名）
④青島ニ於ケル就職既定者＝四十九名（内青野原一名）
⑤特別事情ヲ有シ青島居住希望者＝九十九名（内青野原五名）

⑥単独自費ニテ独逸へ帰還スル者＝二名

となっている。（註1）ただ、筆者調べによる俘虜数は、板東が九十名、青野原が十五名であった。そして百七十六名が日本で就職、国内居住希望者が三十三名で、日本残留が二百九名に上った。また青島に戻った俘虜が④・⑤で百四十八名もいた。敗戦で混乱した祖国よりも青島での生活に望みをつないでいたのかもしれない。

五月一〇日には、『アルサス・ローレーヌ俘虜解放ニ関スル件』（陸軍省受領 欧受第四五七号 六八九号 一二三九号 一四六四号）が副官より全国六収容所長へ通牒（電報）され、又新は一九一九年十二月五日の『青野ヶ原収容の一部俘虜釈放さるユーゴースラブ族七十一名四日神戸から乗船帰国』と、同・二十一日の『青野ヶ原収容所の俘虜愈々釈放さる二十六日播鉄社《やしろ》口を出発神戸から喜福丸に乗船』を報じた。

又新五月一〇日では、『在留外人の悪感情：種々の原因がコンガラがって。排日新聞がモテる』が掲載される。在留外国人の日本への悪感情が今までとは一変して悪くなった原因を次のように述べている。

諸方面に当つて取調べて見ると要するに日本の国運振張して是等外商に滋《うま》汁を吸はさないと言ふ利益問題が本幹となり之に渠等の肝癪玉を破裂せしむる小元因が幾ツもコンガラがつてるからである即ち最初外商の掌中に握りたる神戸外国貿易の七割が既に内地人の手に落ち網に掛る前の螺《サザエ》の様に外商の金城鉄壁、安心したる居留地の地所も家屋も三分の一以上が内地商人に占領せられたるは未矣《おろか》治外法權撤去の為に居留地の遊園地は入籠《いりご》みとなつたので特に開拓したる六甲山上の外人村も又□内国人に□居せられ北野でも須磨でも塩《しお》屋でも迂濶《うか》々にすると跡で覘《ねら》つて居るものがあるので前途甚だ不安に堪えないソコで自然の人情として動《やや》ともすると不平が勃発するのである

一方、帰国をまじかに控えた俘虜は、喜びを表していた。

又新六月二七日『釈放の日近きを知り青野ヶ原俘虜の大浮れ　中には本国へ帰る服装の準備や妻子へ喜びの手紙を

送るのがある』

加東郡青野ヶ原収容所の独墺俘虜は去る大正四年の秋姫路の収容所から始めて同所へ移送されたので当時は全人員四百七十八名を数へたが其後アルサスローレン、チエツクローヴァツク族、近くはポーランド人等の釈放により現在では三十余名を減じて四百四十名余となつて居る。彼等の中には前記三十余名が釈放され嬉々として本国に帰るのを見て滅切り気を落すものあり或は自暴自棄となつて酒を喰ひ酔ひ乱暴を働く者さへ出て現に三名の独墺人は姫路分監に収監されて居る。所が昨今新聞紙によつて講和条約調印の近きにあるを知り彼等俘虜達は何れも元気を恢復し其の釈放の日の到来るを今や遅しと待ちあぐみ早くも本国に帰る準備として服装其他を整ふるものさへある。中には本国の妻子に向け帰国の日の近づいた其の喜びの旨を手紙するのもある兎に角彼等の俘虜生活も将に終了を告げんとし久方振りに自由の身となれるのだから其の心事は推して知るべきである何れ釈放の日は条約調印後其の筋から命令のある筈だが第十師団では未だ何等の命令に接して居らず随つて釈放準備には手を着けて居ないが其の内には敦賀か各最寄港に於て双方委員立会の上釈放されることになるであらうと

皇后エリーザベト乗員・海軍大尉・元オーストリア軍飛行将校クロブツァーは、一九一八年八月四日に久留米から青野原へ移送された俘虜で、プルーショー中尉等数名と複葉飛行機の製作にあたったが完成に至らず、降伏前に機体を破壊している。そしてクロブツアーは青野原住民に田園風景を描いた油絵（カラー）を寄贈している。この絵画には鯉のぼりと稲穂、茅葺屋根という日本の原風景が描かれ、一九一九年帰国直前の製作である。

六月二八日に、『ヴェルサイユ条約』（註2）締結、青島のドイツ固有財産が日本に譲渡された。日本は少ない戦争被害で大きな成果を得た。この結果は日清・日露での勝利に引き続き戦争への過信を生じさせ、太平洋戦争へと突き進む悲劇への前奏曲となったとも言える。

神戸六月三〇日は大々的に一面トップで第一次世界大戦の終結を報じている。

世界よ平和の春が来た五年間血を流した大戦収まり講和条約の調印も目出度く終る　平和到来るの日！大正八年六月二八日調印成るの急電巴里《パリ》より到る

神戸六月三〇日『獨逸の降伏は何より愉快：獨逸人の前に戦勝を誇らん』では、神戸市内居留地で号外が配られ、「平和は単に形式だけの問題で真の平和は得られぬ、仮令形式のみにしろ独逸が降伏したのは愉快でないか、今後吾人は独逸人の前に立つて戦勝を誇り得ることを幸福に思ふ」など反響を伝えている。

居留地は本紙の号外が配達されると同時に英、米各領事館は早くも国旗を掲揚して祝賀気分を煽りたてたので各商館等も之に倣ひ外国の街然たる通から通街から通街へ歩いて行く人々の顔にも悉く貴色が漲つてゐた、本紙号外が出て間もなくクロニクル社の前で二人の外人が立つて何事か言い争ふ所へ沢山の通行人が立停つて聞いていたが二人の議論は講和問題に関するもので一人は「平和は単に形式だけの問題で真の平和は得られぬ」と言ひ他の一人は之に対し「假令形式のみにしろ獨逸が降伏したのは愉快でないか、今後吾人は獨逸人の前に立つて戰勝を誇り得ることを幸福に思ふ」主張していたが、之れ等も調印号外の反響として時に取つての景物であつた。

そして記者はこの号外を持ち青野原収容所を訪問している。ドイツの降伏に対する俘虜の印象は以外にも悲喜こもごもであったようだ。

『俘虜の耳に調印の報：青野ケ原の閑日月に訪れた講和締結の知らせは嬉しくもあり悲しくもある』

この日調和の号外を携へて青野ヶ原の俘虜収容所を訪へば同所の指揮官岡大尉は語る「現在当所に収容の俘虜は墺国海軍少佐ドラヘンタール以下独逸人二百五十七名、墺国人二百名、で講和調印に就いては既に新聞などで見て彼等も承知しているが喜んでいるものもあり、中には講和が何んだといふ顔をしているものもある喜んでいる者は家庭的に帰国しれば妻子に遭はれるといふやうな僅な事で国家的には決して喜んでもいないやうだ、俘虜の貯金は全部で七千五百七十八円であるが、俘虜の中で日本語や、英語に精通しているもの又は本国に家族のないものなどは帰国するを欲せず日本又は他国に滞在すると言つている未だ陸軍からは何等公電に接していぬが愈解放となるのは一ヶ月の後であらう、今日は日曜日とて何れも喜んで遊んでいる、彼等俘虜は何れも巧者なものでビールの空箱でピアノを拵《こしら》へたり、寄木の音楽堂を建てたりして平和にその日を送つている」言々（神戸六月三〇日）（姫路電話）

一九一九年一二月一三日、『俘虜輸送船準備委員解放ノ件』（主計情報局　陸軍省受領　欧受第一六八六号）が出された。この中に炊事係、パン焼き係や大工が含まれていて、日本に技能・技術を伝授しての帰国であった。

1　俘虜の就職

俘虜の解放に伴い俘虜の就職に関し、陸軍省副官が満洲刷子工業株式会社に『俘虜解放後雇傭希望に関する件』（欧受第九八四号軍事欧第五九三号　八月一日）を出した。

それに対して早速、永住希望が新聞に登場する。「機械職工、指物師、鋳物師、牧畜業者等も多く大抵は日本でツブシの利く者等ばかり」「戦後の独逸で苛税に苦しむよりも住み馴れた日本の方がどれだけよいか判らぬ」と俘虜が考えるのは、母国ドイツの敗戦と窮乏が俘虜の耳にも伝わってきたことでの思いでもある。

朝日一〇月一四日『旧独墺俘虜就職希望　日本に永住したいと外事課へ申込む』

独墺俘虜で現在青野ヶ原に居るのは独人では青島戦の敗残者将校以下二百五十二名（将校七名）と墺国人では百九十八名（将校五名）でこれ等は全部カイゼリンエリーザベト号の乗組員でその中には同艦の副長ヅウマチエン

タール少佐、クロバカール飛行大尉等も交つている。その外機械職工、指物師、鋳物師、牧畜業者等も多く大抵は日本でツブシの利く者等ばかりだが、彼等が日本に住む気になつたのは戦後の独逸で苛税に苦しむよりも住み馴れた日本の方がどれだけよいか判らぬといふのださうな。ところが茲に、明石と西宮とに牧場を持つている伊坂瓦司《こうじ》といふ人の牧場が川崎（註：株式会社川崎造船所）の波をうけて大にサボリ出して困つていた矢先この話を聞き込んで外事課に周旋役を頼んだところ早速希望者が五十六名（全部兵卒）出て来た。彼等の要求は最高月収二百五十円最低百円で、その外に皆が申し合せた様に二室の家（寝室、暖爐室）と被服仕事着と平常服を主人持ちとし契約三年を条件としているところが伊阪氏は「もし自分の農園に来て呉れたら先づ帰化さして日本人として妻も世話すれば、田地も家族に相当して与へて新しい村を作りたい」と迄奮発しているが、農業のみならはず商会等にも随分希望者があるさうだ。

俘虜解放後の預金返還については全額返還されることになった。さらに神戸一一月一日『俘虜が血眼で投資家を探す：日本で事業を起すとて』（名古屋）という記事も出てきた。

解放への動きは急を告げてくる。青野原俘虜収容所長宮本秀一が、『俘虜解放ニ関スル件報告』（欧受第一五二五号七号青俘第一五九二号）を出している。

全国六収容所から解放されるドイツ軍俘虜は総数四千十名、川崎造船所と船舶交渉が始まり、妥結次第解放が開始することとなった。一九一八年のシベリア出兵については前述（五章(1)-2）したが、今回解放されたドイツ軍俘虜の一部もシベリアに出兵している。また日本に残留を希望する俘虜に対する評価は「得難い技術者も交つて居る」ということであった。

朝日一一月二〇日『釈放俘虜の西伯利《シベリア》出陣』

一七日元墺国人で今度チエック（チェコ）に国籍を移したローゼンタール海軍大尉以下十四名を釈放一九日敦賀を経て浦塩《ウラジオ》に向つたが一行は西伯利でチエック軍に参加して過激派軍と戦ふとの事である尚青野ヶ原には現在四百二十五名の俘虜が居るが日本の土地に馴れた結果、日本に留りたいと希望して居る者も随分あるらしくその中には得難い技術者も交つて居ると言ふ話である。

神戸に掲載された二つの記事には解放の喜びが躍っている。『世界の商戦舞台に解放された独人の喜び　六年間沈黙を守つたお蔭で愈々目醒しい活動期が来た』（一一月二一日）では、官報で出された「対敵取引禁止令」の解禁であった。そして『神戸に来た独墺俘虜放たれた心地で暢々《のびのび》と：布引や元町通をゾロ〳〵通訳要らずに様々の買物』（一一月二七日）では自由な買い物ができるようになったことを歓迎している。

収容所において予て虜囚が頻に神戸見物をしたいと懇望する心を察し、当市元居留地二五番館の同国人マイカー、トルードセン、パール三氏を保證人とし命ぜられた時間内に帰所する事と神戸市外に足踏み出さぬ事を宣誓せしめ、ウイガト中尉以下十二名の独逸兵は二四、五の二日に分けて神戸見物を為さしめる事となり、一行は午前七時二十四分三宮着の列車で来市し元町、布引、大仏其他の名所旧跡を訪ねセントラルホテルで昼食を喫した（中略）元町通りに並ぶ華やかなショーウインドーを覗いては飛び込んで両の腕に抱る程の買物をして「日本土産」と喜び興じ合つた、そして何れも永い間日本に居るので日本語も流暢に操り商店の買物等にも何等通訳を煩はす必要もなかつたと、因に収容所では今回試みた神戸見物の成績が良好であつたので近く第二回見物団を出す筈だと

消滅の危機に瀕していた神戸のドイツ倶楽部も、少し回復の兆しを見せてきた。そしてドイツ商人が新しい動きを見せ始め、来日が伝えられるようになった。その一つに在留ドイツ人が縛られていた「特殊財産管理令」が、内務省の特殊財産管理局参與会議で、私生活を楽みためと商業の再興便宜を図るためとして寛大な処置決定がなされた。

(3)　解放・帰還へ（一九一九年）

帰還は原則的に民族や国単位で行われることとなり、青野原ではまずユーゴスラヴィア族七十一名が帰国の途についた。

一二月一四日付神戸は『故国へ還る俘虜達へ日本の名所案内を贈る　俘虜の記念に大阪商船から第一船は二六日出発』、同・一二月二〇日『俘虜の帰国準備　先発の八百余名は喜福丸で、来る二八、九日頃出発。船内改造の監督に来た俘虜』、一二月二一日『帰国の日を待合すべく続々として俘虜来神：板東、習志野、久留米の三俘虜収容所から約百名解放されたる先発隊』を報じた。

帰還は敦賀港などもあったが、基本的には神戸港から行われ、全国各地の収容所から列車や船で神戸に集合、市内各所に分宿し、自由な時間や降誕祭を行い、乗船して帰国していった。そして青野原収容所の俘虜も解放・帰国の途についた。

又新一二月二一日『青野ヶ原収容所の俘虜愈々釈放さる：二六日播鉄社《やしろ》口を出発。神戸から喜福丸に乗船』

加東郡青野ヶ原収容所に於ける独墺俘虜中チエック、スロヴハック、アルサスローレン、伊太利生れのもの及び新建国ユーゴースラヴ族は既に今夏以来数回に分れて神戸、下関、或は敦賀より乗船各帰国の途につき残す処は最初の四百八十余名に対して三百六十四名となり夫等の俘虜達も本月中若くは来月初旬に全部釈放のこと既報通りであるが内二名は二三日敦賀から乗船二百に十三名（独逸人百十六名墺国人百七名）は二七日愈よ神戸から喜福丸で帰国を許されることゝなつた顧みれば大正三年一二月姫路の船場別院と栄福寺（註：景福寺）に収容以来ここに満五ヶ年久しきに渡る囚はれの生活から今や別れを告げて帰国するのである（中略）釈放すると言ふ命令がきただけですからそして神戸乗船の分は二六日午前一〇時に社口を出発の筈です云々

［写真6-5　解放時と思われる播鉄大門駅：加西市提供］

［写真6-6　神戸港に停泊する喜福丸：加西市提供］

解放は一九一五年九月二〇日に到着した同じ播州鉄道大門駅だった。

神戸はさらに一二月二二日『俘虜は果して感謝せるか？「否々」と頭を振つて憮然たる態度で語る独逸人：但し日本全体への反感では無い。板東収容所が最も親切』という板東俘虜収容所の感想を載せている。松江豊寿所長の「武士の情け」ともいわれる俘虜処遇が俘虜にとってはよい感想となっている。

彼等は（板東を除いて）日本の監督将校はハートが無いと迄言つて居る。陸軍式の法則を盾にして一から十まで刑罰にアテ箝《は》め様として居ると言つて慷慨《こうがい》（の腕を）扼《やく》しながら「斯うした感想を一般に懐《いだ》いて居ります、然し日本の民族に対してでは無い収容所の指揮官だけなのです、そして彼等がこの不平が現実となるのは後六カ月ほどして日本へ来る独逸新聞紙に依つて立派に證明されませう」言々

ただしこの感想は俘虜すべてのものではない。収容所によっては厳罰もあった。それは逃亡や収容所生活に馴染めなかった俘虜の感想でもある。『第二ハーグ条約』に基づく日本の俘虜処遇は完全でなかったかもしれないが、批判に値するものとは言えないのではないか。次の記事は日本への好感度でもある。

神戸一二月二二日『俘虜になるなら日本軍　シベリアの独墺俘虜：過激派の虐使と食糧窮乏に堪へ兼ねて我軍に哀を乞ふ』

東部西伯里亞《シベリア》に於ける日本の干渉区域内に収容中の独逸俘虜は現に二万人内外もあり、さなきだに（註：ただでさえ）物資窮乏の西伯里亞では土着の人々でさへ食ふや食はずの憂目を見ている折柄とて俘虜の悲惨な境遇に至つては殆ど言語に絶する有様で現に渋沢男爵などの発起に拠り独墺俘虜救済会を組織して寄附金を募集し彼等の救済に力めている程であるが彼等俘虜が如何に日本の救援を渇望しているかの一例を挙げると或る墺匈国（オーストリア＝ハンガリー帝国）の俘虜は自国の東部戦線に立つて活躍中露国に囚はれの身となり後過激派に奪はれて更にオムスク政府を敵として戦つたが其の際日本軍の捕虜となり病気の為め我野戦病院や衛戍院に収容され至れり尽せりの手当を受けたので彼は涙を流して日本に感謝したが其後チエッススロヴアック（チェコスロヴァキア）の手に引取られ同国に於て労役に従事した処何分にも新興国の事とて法令等も頗る不完全で無報酬で酷使された結果再び病気となり今更の如く本軍の手厚い扱ひが思ひ出され朝な夕な東の空を憧れていたが遂に同国を脱走して日本軍に来り救ひを求めたので突放されもせず其尽再び俘虜とし我野戦病院に収容したといふ話もある之は偶々一例に過ぎないが目

下西伯里亞に収容中の二万人の俘虜は悉く恁《こ》ういふ心持で日夕我軍の扱ひに感謝の涙を流しているとの事で随つて彼等の救済は情誼としても当然だと此程西伯里亞の一帰客は語つた

さらに日本管理下のシベリア・ハバロフスク収容所のドイツ軍俘虜が日本の待遇に感謝し、天皇陛下に西シベリアの風景を描いた絵を献上している。

一方、シベリアで辛酸をなめたドイツ軍は、板東俘虜収容所とともに青野原でもシベリア同胞への思いを込めたコンサートを開催している（第八章コンサート・プログラム①）。次は青野原の俘虜の気持ちについて、収容所を訪問した記者の記事である。

神戸一二月二三日『ラインの流れを声高らかに　春日の如き歓喜に包まれて帰国の日を待兼る独逸俘虜　青野原収容所訪問記』

俘囚の身にあること既に五ケ年有余、乱るゝ故郷を憂ひながら長い月日を果敢なく送つていた独墺の俘虜は屡記《るき》如く来る二六日出帆の商船あらびあ丸を先発に、それから続いて順次明春一月一杯には三千俘虜がその故郷に還さるゝことになつている。右に就いて県下青野ケ原の俘虜収容所を訪へば彼等の一団には最近春日の如き歓の団楽《まどい》が続き、望郷の想ひに胸を躍らしつゝ時には華やかな「ラインの流れ」の歌声などがその玻璃《はり》（註：天然ガラス）窓から漏れるといふ元来同収容所は去る大正四年九月一九日に開かれ当時姫路の景福寺船場本徳寺などに収容されていた俘虜三百二十三名に久留米似島の俘虜収容所からものを加へて四百七十余名に及んでいたが去る一一月一七日先に独立したユーゴースラブの十三名が解放されて帰国し次いで本月に入つてチェクスラバック族の俘虜七十二名が放され四日当港から外国船で帰国した、その他三名、五名と相前後して解放されたものもあつて現在では将校九名、下士卒三百五十四名がいる。これ等の俘虜は前記あらびや丸には乗船せず、翌二七日午後当港を解纜すべき喜福丸で帰還の途につく筈であるが同船は独逸へ直航する為青島に財産残している俘虜は後廻しとなり、当月は同収容所から本国直航の者二百二十三名が乗船する。其中独逸人は百十六名、墺国人は百七名でマン中尉は指揮の任に当る。而して残部のウイガンド中尉以下百四十名は明春一月中旬の船便でこれは青島の財産を取纏め同地及び上海などにある家族を率いて久々振りに帰国することに成つている。顧みれば彼等には思ひ出多き五ヶ年であつた。青島の戦ひ敗れて囚はれの運命となり不自由を託《かこ》つ（注：ぐちを言う）寝覚めにも幾度波濤万里を距《へだ》てたその父母を懐ひ、愛する妻子の身に心を惹かれたであらう。そして寝られぬ夜半の枕に伏して幾度神を祈つたであらう。その待ちに待つた日は愈近付いた。今にして想へば俘囚五年の歳月は長くもあり、短くもあつた。彼等は今や溌溂として希望に満ちているのである。（つゞく）

この記事には帰国する俘虜の帰国直前の心の動き、そしてさまざまな帰国行動をとっていることがよく表れている。そして青島に立ち寄る俘虜もいた。一二月二五日から俘虜の帰還が開始されてくる。毎日は八年一二月二六日付で『俘虜の解放と送還　外務省公表　外務省は在本邦俘虜の解放及送還に関し左の如く発表せり』（東京電話）を報じた。解放された俘虜の中には日本残留組の他に他国行き組がいた。

一　帝国政府においては従来収容せる俘虜中平和条約の結果連合国若くは連合側に参加したる新與国の国籍を取得すべきものを関係諸国政府よりの申出により先般来引渡しを了したり

二　巴里五国会議の決定に基き帝国政府においては在本邦独逸、墺太利及び匈牙利《ハンガリー》俘虜の送還準備に着手し在本邦瑞西《スイス》代理公使は独逸国政府を代表し又在本邦西班牙《スペイン》公使は墺太利政府及び匈牙利政府を代表して送還輸送の準備を急ぎ今や漸く輸送船三隻の準備成り本月二六日及二七日神戸に於て又同二八日門司において夫々約九百名の俘虜を独逸及墺匈国委員に引渡し此等俘虜は直に本国に向て出発すべく尚其残余は来年に入り送還せらるゝ

に至るべし

三　俘虜中解放の上日本に残留を希望するものに対しては愼重審議の結果許可を与ふるものあるべく此等は来年に入りて解放せらるべし又他の国に赴かん事を希望するものに関しては目下夫々関係国間と協議中なるを以て其決定を俟つて帝国政府において銓議なす筈なり

一二月二五日には習志野の六百名、そして板東収容所の五百六十名が神戸に向った。くしくもこの日はクリスマスで、その船中では歓喜にあふれた。又新一二月二七日『船中聖誕祭の夜　手製の楽器で乱舞　賑やかに夜を徹した歓び帰る渠等の身の上』は、永い幽閉生活中に慰楽の伴侶として居た手製の楽器を奏で、踊り歌うこと、彼らが音楽を心のよりどころにしていたふしが窺える。そして帰国船でのコンサートにつながっていく。

板東から神戸に赴く共同丸の船中では手製の楽器を終夜吹鳴らし賑やかな乱舞に自由の歓びと祝祭りの喜びを頒ち合つていた言々、又板東の松前（註：松江）大佐青野ケ原の宮本中佐の二人も交々語る　今回の俘虜は始めから終ひまで自分達の手に取扱つた訳である、始終世話を焼いていると渠等の国民性などが歴々《ありあり》と諒解される、洵《まこと》に独逸国民は愛すべき性情を有つている、お世辞も巧いし却々《なかなか》の交際上手だ連合国中では日本の待遇が一番好かつたので評判も悪からう道理が無い、不平、反抗の声抔《など》は自分達の耳に一つも這入らなかつた、渠等の中には囚はれの五年間大変日本語の上手になつた者もあり日本語を少しも覚えなかつた連中もある、我国に残留したい希望の者は主に機械其他の技術家である。

日本残留希望者が「主に機械其他の技術家」であったことは、日本にとって朗報であった。

1　記者の見た青野ヶ原

青野原収容所は都会神戸から離れた地方に設置されていたため、新聞社も頻繁には取材していない。ただ俘虜帰還の動向が活発になるにつれ、青野原訪問が増えてきた。記者の眼から見た俘虜の生活は、一般的な記事とは違い主観的で興味深い。

神戸一二月二四日『俘虜の死に纏る哀話　父の名母の名を呼びつゝ彼等の友は六名も死んだ　青野原収容所訪問記』

殊に彼等が傷《いた》ましく同情の涙を灑《そそ》いだのはミハリーといふ独逸人が去る九月一九日流行性感冒で死んだ時である。ミハリーは既に解放されて懐しい故国へ帰る日の近付いたのを喜んで同僚と共に故郷に残した家を恋し父母を偲んで楽しい希望に充ち満ちていたのであつたが突として彼は重い枕に臥し熱に浮かれての囈言《たわごと》にも父の名を呼び母の名を叫んだのであつたが、終に果敢なきものゝ数に入つたのであつた。されば俘虜一同は彼の身を憐れんで遺骸に対して鄭重な告別式を挙げて懇《ねんごろ》にその霊を慰めて遣つた相である。猶五箇年を通じて俘囚の身を慰めるためには今までは只土曜日と日曜日の午後から夜にかけての些《ささ》やかな音楽会があつた。バイオリンやギターなどの旋律に合はせて僅に囚虜の欝を慰めていた、それがこの九月となつて愈帰る日が近くなつては彼等の暗愁も開けて収容所に願ひ出て簡単な演劇を催すことも許され収容所の軒下に舞台を造り華やかに演奏されるオーケストラに伴れてメロドラマが演出されたりオペラコミツクなどが上演されたりした時には背景などに金をかけて美しいシーンを見せ純演劇のノラや海の夫人などが催されたこともある、この二四日には恰かも日本における俘囚生活の記念すべき最後の聖主降誕祭（クリスマス）だとあつて午後から夜にかけては神に感謝の祈りが捧げられ余興として例に依つて音楽会と簡単な演劇が催さるべく既に四、五日前からこれが準備に忙殺されている。従ってこの夜こそクリスマス樹（ツリー）の下に記念すべき贈り物を受けて興趣の深い夜を明すことだろう（つづく）

一九一九年になると土曜・日曜にコンサートや演劇が開かれてくる。これらは八章「コンサートプログラム」で紹介する。音楽が俘虜たちに慰安をもたらしたと訪問した記者が述べている。翌日の記事では、宮本収容所長の談として俘虜が頗る柔順であったこと、規則違反で処罰されたものも極少数であったこと、そしてスポーツやコンサートが特別に許可されていたことが明らかになる。

神戸一二月二五日『彼等は洵に柔順であつた　宮本所長曰く「規則違反者も尠く刑法に触れたもの一名」青野原収容所訪問記』

俘虜の中には貨殖に富んだものもあつて此の収容所に来るなり附近から鶏を買つて来て所内の一隅に小さな鶏舎を拵へ卵を産ませては同僚に売つていたのがある、月に一回か二回は郊外に日帰り旅行をさせて山に登り、海を眺めさせて自然に親ませていたが彼等は何時も其日の来るのを楽しみに待つていた、平常は日本軍隊と同様規律ある生活を営ませ、教練も行はせ時間後には自由にテニスなり、野球なり、バレーボールなりその他の運動競技をさせていた、土曜日と日曜日の音楽会は特に許していたが一週間を通じて彼等はその日を什《ど》んなにか喜んで待兼ねたか知れない。昨年末講和問題が伝はつてから彼等は非常に喜んでそれ以来、毎日の新聞に報道さるゝ記事に就い注て意《（ママ）》深く職員の説明を聞いていた云々

次は支局長宛署名入り記者の『帰り行く独墺俘虜を訪ふ（上）・（下）青野原にて　今枝生』（毎日一二月二六・二七日）は収容所と俘虜の感情を捉えた数少ない記事である。まず五年にわたる俘虜生活のみじめさ、戦争の罪悪性を指摘した上で更に次のように語っている。

花岡支局長殿 通信は理屈に落ちたが、僕はさう〳〵俘虜収容所長宮本中佐に会はねばならぬ。「同所も近頃大に開放主義になつたよ」と言ふ加藤社《やしろ》署長の話を後に、昨年兵庫県会で波瀾を起した福田橋を渡つて紆余曲折、爪先登りの山路を青野原へと進んだ。

花岡支局長殿 ドロヘン・タール独俘虜少佐は三十そこ〳〵の立派な男で、部下の敬慕も尋常でない。それに青野原俘虜収容所長陸軍歩兵中佐宮本秀一氏も快□な気取らない堂々たる若い帝国の軍人だ、僕は衛兵に附いて厳粛な正門を潜つてヅーと奥に入る、向ふから宮本中佐が来た。衛兵は直立不動挙手の礼をして「所長殿面会人であります」「誰だ！」名刺が手に渡る「ハァ、左様ですか」所長は部下には厳烈だが僕には優しい「どうぞ私の室に」と衛兵の案内で簡素な所長室に入つて、隔意の無い愉快な中佐の話を聞く「俘虜は一刻も早く引揚げたい夜の目も碌に寝ないで居る、尤もだね」…から次から次へと話を交へ大いに要領を得て早速失敬する軍人は総て手早い、僕も尻が軽い

花岡支局長殿 美しいドロヘン少佐は月の夕、雪の旦《あした》、故国恋しさの情に男泣きに泣いた事もあつたと言ふ。久留米や習志野の俘虜は後備兵が多い為め総ゆる階級を網羅して居て興味を呼ぶものが多かつた青野原の分は現役兵が多い為兵は揃つて居るが面白味は少い、併し人々は真面目だ、従順に規律に服する、事情の許す限り修養を怠らなかつた、彼等は努めて日本の物情に通じやうと努めた跡がある、毎水曜日には彼等は外出を許されて社や北条の町に出掛ける長い間の月日には町も懐しくなり里の人にも町の人にも親みが出来る。最初は俘虜だ々々と冷笑で迎へていた物見高い地方の人々も早や顔馴染となり何時となく言葉こそかけざれ、眼と脚は隔てのない親みを交して互に忌み嫌ふの風は去つた。ドロヘン・タール少佐は日本人が好きであると言つた、併し厳しい監視は一刻も其の身邊を離れない、外出と言つても監獄の外役に等しい拘束を受けねばならない。併し少佐の胸には矢張り美しい想

ひも若い血も漲つて居るのは争へない、故国を出でゝ幾星霜、異性の匂ひもモウ忘れた、たゞ親しい懐しいのは人種は異つても矢張り若い女の感触であらねばならぬ。彼れの瞳は北条の町の、あの色の小白い柔かい輪廓の娘達の姿を瞳は趁《お》ふた、併し恋でも情事でもない、僕は敢て之を情話とは言はない、唯囚はれの寂しい性の偶々《たまたま》の閃めきが本能的に能動的に流れて美しい人恋しの情緒を誘ふたものと見て宜しい。

花岡支局長殿　北条の町も社の町も農家の好景気の影響を受けて大層繁昌である。町には新しい精米株式の取扱店も出来て農家の投機熱を厭が上にも煽つて尉る、その町の年の暮はうす寒いけれども懐の暖い正月を迎へるのだ。地味な田舎の町家の娘達に遣る瀬ない親みを抱いた多数の俘虜は慈親の如く事《つか》へ兄弟の如く親んだ衛兵将卒に、隔てのない、物語をすることもあつた、俘虜としての怨恨も反抗も微塵もない、彼等は或時には庄司通訳を通じて町の娘に話をして見たいと迄隔意のない相談もしたと言ふ話、僕は其の結果を聞かぬがド少佐の日本娘に朝顔のやうな片恋を寄せた美しい詩のやうな村人の噂に興をそゝりつゝ大門の駅に帰りの汽車を待つた。

2　帰還船で

又新一九一九年一二月五日『青野ヶ原収容の一部俘虜釈放さる』と、同・一二日『青野ヶ原収容の俘虜愈々釈放さる』で、ユーゴスラヴィア族などとともに、一二月二七日にはいよいよ帰国船が神戸港を出港することとなった。

『歓喜の面を輝かし　俘虜君九百名が第四突堤に勢揃ひ　愈よ放たれて祖国へ　乗船は二八日出帆』（又新一二月二七日）、『ワルデック提督も三一日神戸よりヒマラヤ丸にて出帆すべし　二七日集る俘虜の面々』（又新一二月二七日）、『唯一つ『独逸魂』の置土産：恁うして俘虜は故国へ還る：五年越し住馴れた日本の土地は恋しからう感慨無量の面持で又来ますと語る男もある。五百七十二名が昨日板東から到着』（神戸一二月二七日）など、各紙が掲載している。

毎日一二月二七日『流石に名残を惜みつゝ独墺俘虜約千名豊福丸で神戸を出帆す』

阪東《（ママ）》収容所の俘虜クレマン少佐以下歩兵将校准士官四十八名下士卒五百十五名は第一八共同丸にて二六日朝神戸に着第四突堤に上陸神戸に滞在中の俘虜に三百九十一名と合し総員九百四十四名は突堤上に整列して輸送指揮官高木歩兵大尉の点険を受け阪東収容所長松江大佐より独逸宣教師ケストメルト氏に引渡され軍楽隊を先頭に隊伍を整へ豊福丸（註3）に乗船午後二時出帆独逸へ直航の途に就いたがクレマン少佐は曰く　私は戦前神戸の居留地の英国商会に勤め武庫郡塩屋に一年ばかり住んで居ましたので特に感慨の深いものがありますが、別に之と言つて今更語る程の事はない、収容されて居た間日本将校を初め各方面の十分な好意を深く感謝して居ます、一同の中には技師もあり商人もあり色々の者がある技師等は収容されて居る中日本の会社工場等に仕事をさせて居た関係から双方の希望で再び帰国後故国の状況を見た上日本へ来ると言ふものも可成りあります自分は故国の事情を見た上では更に日本と御馴染を重ねなければならぬかと考へて居ます。メリークリスマスを日本で送りハツピー・ニユー・イヤーを海上で送るかと思ふとチヨツト違つた感じがします。」尚青野ケ原、久留米、似島、習志野の俘虜合計九百五十名は宮森中佐指揮の下に二七日午前八時までに神戸に着し橘小学校及び神戸水上署両所に於て休憩の上喜福丸に乗船する筈

この豊福丸で船上コンサートが、ⅢSB（第三海兵大隊吹奏楽団）によって演奏されている。**（後出第八章(3)）**また船上新聞（神戸・ヴィルヘルムスハーフェン間輸送船『豊福丸』船上新聞）も一九二〇年一月八日から二月二四日間で六回発行されている。

一二月二九日には、送還船第二船として豊福丸が解纜したが、その光景は荷物が山のように積み込まれ、千三百名に

及ぶ俘虜で混乱を極めていた。同日、神戸は『左様なら日本よ　俘虜九百余名を載せて喜福丸暁当港を解纜　美人と青年将校とが甲板上で名残を惜む握手』を報じている。

俘虜と日本人が友好的な別れを演出したことは、本来ドイツと日本には基本的な対立が存在していたのではないこと、日本がドイツから様々な技術や芸術を移入出来たこと、その底流には『第二ハーグ条約』と俘虜自身による俘虜観が影響し、その後のドイツ軍俘虜と日本人との友好的な交流に大きな礎を築くことになった。

青野ヶ原野原俘虜収容所長宮本秀一は、『俘虜引渡ノ件報告』（陸軍省受領 欧受第一六七四）で『当所収容中ナリシ伊太利国籍ヲ取得シタル〈オットー、トオロー〉ハ一二月二六日同国軍曹「トマゾー」ニ引渡候条及報告候也』と報告している。解放や引渡しはこの時期になると増加し、帰国したドイツ敗戦の現実についての俘虜の吐露が『ケルステン日記』に語られている。

> 日本を発って六十三日後、我々はヴィルヘルムスハーフェンに上陸した。我々が当地の水門に入ると、腹をすかした子供が我々にパンをねだった。また故国を前にして興奮していたため、パンの消費量が減って余っていた。そこで我々は白パンを水門の貯水池の端に向かって投げた。我々の眼前で起こったことを、私は生涯忘れないだろう。パンを投げると、ドイツの水兵がパンに向かって突進し、子供たちをおしのけてパンを奪い合ったのである。その時私はデッキの下へ飛び込んで、しばしば泣かざるを得なかった。（**註4**）

［写真 6-7　俘虜が祖国に到着：加西市提供］

第一次世界大戦の途中で俘虜となり、『第二ハーグ条約』のもと、不便ながらもある程度人間らしい生活を営んできた彼らにとって、ヨーロッパ戦線での悲惨さは想像を絶するものではなかったか。戦争は子どもや弱い立場の人間に対して容赦ないことは、第一次世界大戦がもたらした悲劇の一面でもあった。

この報告に先立つ一九一九年九月一五日、東京帝国大学総長から陸軍大臣に『独逸俘虜解放後傭入ニ関スル件』（欧受第一二三七号軍事欧第七六七号）が出された。東京帝国大学法科大学教師であったベルリーナ博士（**註5**）は、一九一四年八月に応召され、海軍歩兵第三大隊第七中隊予備副総長として青島に赴いている。その後俘虜となり板東収容所に収容されていたが、解放後の一九二三年から三ヶ年契約で東京帝国大学に再雇用された。

朝日一九二〇年一月二三日『俘虜収容所から東大の講師に　ベルリナー博士再び教鞭を執る　松本高等学校にも一人就任』

大正三年の春日本に来朝して帝国大学法科で商業政策や経済学を講じて居たベルリナーは博士来朝間もなく日独の開戦となり而も軍籍に在つた為め本国政府の召集命令を接して其の年の八月、青島に赴きワルデック総督の下に顧問を兼ねて軍服厳めしく勇戦したものゝ戦利あらず開城の悲運に陥り爾来徳島県の板東収容所に身を託して居つたが今度の解放と共に自由の身となり再び帰京して来月一日から大学で商業政策を講ずる事になつた、小石川上富坂のシュレーデル氏邸に同博士を訪へば「やあ、只今、色々買物に出て居たのでお待たせしました」と丁寧な挨拶「我が東京を去つたのは大正三年の夏であつたが帰つた今日は全然様子が変つて大建築が甍《いらか》を並べている様といひ自動車の激増といひすつかり驚かされた」と中々如才なく語調一転「両国干戈（註：ほこ）を修めて平和的修交を再び結ぶの時となつた私達は清新の気分で日本の為めに能ふ限りの努力を致したい…青島の想ひ出ですか、夫れは生傷を洗ふに等しいことで…余り問うて下さるな…」と感慨禁じ難く察せられた、因に解放独逸人中松本高校にも一人独逸語教師として傭聘《ようへい》せられる事に決まり、其の他会社の技師、顧問に招かれる者が板東収容所に在つた八百七十余名中十数名あるとのこと（東京電話）

一九一九年は各企業などから雇用の申し込みが陸軍省に多数寄せられた。解放後、大学に復職した俘虜には大阪外国語講師だったボーナー（第二章註9参照）、や、大阪医大のユーベルシャール博士等もいた。開戦以前に日本で暮らしていたドイツ人の元の職場復帰は数例ある。そして日本での暮らしと中国を比較して過去に在住していた青島を選んだ俘虜も居た。その理由の一つが日本の物価高騰であった。

又新一月二七日『独逸俘虜の就職者支那に逃げ出す：日本は物資が高いとて　注意すべき渠等の態度』

現在の日本は余りにもセチ辛くなつている。まして囚はれの憂苦を舐めた俘虜としてはそんなノン気な話でない、何れも鼻の下の干上る問題なので物価騰貴が遂々《とうとう》日本を断念して支那行を思ひ立たせた。神戸を出帆して支那に渡る俘虜は送還船とは行を別にして何れも本県外事課の證明を願ひ出でいるが其数が全部で六十余名に上っている。青野ケ原に収用されている某独人の如きは和蘭、英国、支那の各国語に通じ滞在中日本語も熱心研究したお陰で駐在北京和蘭公使館の通訳タイピストとなつて雇はれて行く其他領事館の通訳、商館員、技術者等になり支那を舞台に将来活躍する決心を固めている。青島の古戦場は現在日章旗の勢威隆々たるもので徒に懐古の情を偲ばせるに過ぎまいが放俘虜六十余名の支那渡りは研究を要すべき問題である。右に就き当局は曰く「日本より生活の安定が得られるので支那に渡ると言ふに過ぎまい、然し僅かの数ではあるが彼等が日米を支那に什《ど》う紹介するか所謂独逸魂で根こそぎ失はれた祖国の勢力を支那に輓回せんとする深謀を有するか什うか此点は興味が無いとも言へぬ、釈放俘虜は管理財産を解除された事や囚はれ中、待遇の寛大であつた事を感謝して何れも支那行の證明を願ひ出てはいたが支那で排日を唆《そそ》るか親日を説くか……然し渠等の刻下の問題は只食ふ事にあるのは勿論だ帰国船としては豊福丸、喜福丸、ハドソン丸やひまらや丸が使われていた。帰国船は直接ドイツに帰国するケースと、シンガポール、インドネシア・サバン、エジプト・ポートセットを経てハンブルクへと向かうケース、青島に再度留まる者、シンガポール、オランダ領インドネシア・サバン、エジプト・ポートセットを経てハンブルクへと向かうケースもあった。インドネシアでは警察官にもなっている。

一九二〇年は帰還一色である。一月二六日朝日は『青野ヶ原収容所閉鎖』の記事を掲載している。

最後の俘虜百二十名は二六日に解放　青野ヶ原独墺俘虜の残留者百四十一名中独逸予備中尉ウイカントレポルト外七名は二三日台北丸にて青島居住の為め出発七名は内地工場に就職の為め独亜銀行神戸支店長レンツ氏に引渡したるが尚残る百二十三名は来る二六日釈放の筈にて此れと同時に同収容所は閉鎖を命ぜらる筈なるが姫路東郷町の山陽皮革会社に製革の指導工として目下独逸俘虜一名就職し居れりと

一九二〇（大正九）年二月二九日、青野原俘虜収容所は一九一四（大正三）年一一月一一日の姫路収容所開設、一九一五（大正四）年九月二〇日の青野原移転の五年三カ月の収容所を閉鎖した。

習志野収容所に収容されていた最高司令官であったワルデック総督は、習志野から神戸に移されて帰国する運びとなり、スイス代理公使の仲介で流感患者を除く六百名の俘虜とハドソン号で六十日間の航海経て帰国することとなった。

又新一月二七日『ワルデックは来らず：六百の俘虜六十日間の航海が千秋の思ひ流感患者以外は皆壮健来神瑞西《スイス》代理公使』

独逸の利害　代表せる駐日瑞西代理公使グノー氏は本日ハドソン丸にて当港より本国に還送すべき習志野収容所独逸俘虜に関する用務を帯びて二六日朝来神オリエンタルホテルに投宿した紺サージ服グリーン色のネクタイ、血色の清澄に清澄て風采の瀟洒《しょうしゃ》たる然も精悍《せいかん》の気の眉宇の間に溢れたる少壮快調の代理公使を丁して後、記者に語る「ハドソン丸にて送還の俘虜は将校下士卒六百名で何れも五年振りで寝ても醒めても忘れざる懐かしき故郷に向つて発途するのであるから喜びと言つたら実に想像もつかぬほどである、日本政府と日本人からの待遇につきては一人として不満を懐く者なく何れも愉快な記憶□して出立するのみならず他の俘虜には日本の常に快晴で且つ暖かき天候と其義侠心に富たる国民の間に於て当分何等かの職業に従事すべく踏止まつて居る者さへ出現して居る、送還の俘虜中には時節柄流感に罹つて居る者は若干名あるが総体に於て皆壮健である、ハドソン丸は神戸から直航で潘堡《ハンブルグ》まで六十日間を費す予定であるが此六十日間の航海は彼等に取りて千秋の思ひを為すであらうワルデック大佐は今回神戸へは来ない大佐は来月末頃まで東京横浜間に於て静養し青天白日となりたる自由の身を以て帰往五箇年間幽囚の狭き天地に於て観察したる事物を新に観察し直して帰る事となるであらう」言々尚代理公使は二七日の夜汽車にて帰国の予定になつて居る

また福岡県久留米収容所のドイツ軍俘虜将校二名准士官二名下士卒八十六名合計九十名、徳島県板東収容の俘虜も神戸経由であり、神戸港は帰国の主要な役割を果たした。

ドイツは第一次世界大戦後の巨額な賠償とインフレ、そしてヒトラーによるナチスは、ワイマール憲法下で合法的に政権を奪取し、ヒトラー・ユーゲントに代表される洗脳教育と反共・反ユダヤ主義で軍国主義に邁進していった。次の神戸市北野町のドイツ学校監督官は軍国主義ついて述べている。

神戸一月二七日『独逸将来の国民教育は矢張り軍国主義か　国民の精神は棄られぬ　閉鎖中の独逸学校監督者両ライスネル氏交々語る』

今世界でデモクラシーを八か間敷く言ふけれども独逸国民が悉く之を賛成して居るとは思はれぬ。だから向後の国民教育を悉くデモクラシー式に改める事はできまい他人はドイツの軍国主義を何と評するか知らないが、英国なり、

仏国なり、米国が現在の地位を得るまでに全然軍国主義を採らなかつたのだらうか。独逸が野心云々を言ふが是は独逸としての個性を発揮したものである。這の精神をまで滅亡させうとは言はれまい。こんな風で、茲処の学校も近い内に恢復するであらうが、其教育方法は責任者たる個人の考へに在るので明言はできない、と尚ほ同氏は軍国主義の誤れる観察に付いて詳細に説明した。

一九二〇年は解放・帰国事業も最終段階となり、残務整理の段階に入った。又新は一九二〇年一月二八日に『俘虜悉く釈放さる　二六、七両日に百二十六名収容所は当分残務整理』として青野原の解放・帰国について詳細に報じている。

加東郡青野ヶ原収容所の独墺俘虜は既報の通り二六，七両日に分れ全部の釈放を見たが二六日解放された人員は将校一名、下士卒二十一名都合二十二名、内青島で就職する者一名、同じく支那二名、家族同伴者十五名、一時支那へ行く者四名で同日午前十時同収容所長宮本中佐と受領委員との間に引渡しを終り直に神戸に向け出発したが二七日は解放人員百四名、内蘭領印度渡航者十三名、第四次送還船による者九十一名で同日午前十時播鉄社口を出発坂口歩兵大尉引率して加古川経由神戸駅に下車同港の埠頭に於て引渡しを終了したが之で青野の俘虜は全部解放されたる為め今後二ヶ月位は同所にとどまり衛兵等も尚今週中は同地に滞在し其後に於て同収容所閉鎖に至るであらふと

3　解放に関する陸軍省通達

外務次官 埴原正直から陸軍次官に『解放セラレタル墺洪俘虜ニ関スル件』（欧受第二〇六号政一送第七〇号）が出され、オーストリア＝ハンガリー帝国俘虜が二月二七日に神戸港からハドソン号にて帰国した。

二月六日、軍事課は『独俘虜解放ニ関スル件』（欧受第二一〇号 軍事課第四七号）の上奏案で解放事業を終了した。

在本邦俘虜中独逸人俘虜四千八十三名、墺洪国人俘虜百三十　八名ハ大正八年一二月一三日ヨリ大正九年一月二七日ニ亘リ夫々独逸及墺洪国政府ノ代表者ニ引渡シ並ニ在本邦俘虜全部ノ解放ヲ完了致候 右謹テ上奏ス

又新三月一七日『混乱の独逸へ帰るワ総督：黙々＝只黙々と＝思出深き我日本を去る鹿島立駅　日本に対する好感永久に傷けぬと感謝の意を洩らしつゝ』でワルデック総督は帰国に関して、日本に対し感謝の意を表している。

有難う貴国の人達に対しては長い間真に御厄介になりました。日本に対する好感は永久に傷付け度ない（中略）獨逸へお出での時は是非報知して下さい。夫では御機嫌よう

神戸三宮駅頭ではドイツ人から歓呼の出迎えを受けていた。ワルデック総督が最後に感謝を述べたことは、当時日本の俘虜対策が悪くなかったことでもある。その後六月にはドイツ領事の日本復帰が事実上決まり、日独関係は新しい時代に移っていく。

前述（第五章(1)-4）した青野原での俘虜の死亡について、一九二二（大正一一）年五月二六日、三名のオーストリア＝ハンガリー帝国兵を『埋葬俘虜姓名ノ件』（欧受第三七四号）として氏名を出している。

日本が占領した青島も一九二二年一二月一〇日、青島の行政権は中国政府に返還され、日本軍の青島占領は終結した。

〔第六章註：ドイツの敗戦、そして解放へ〕

註1　『自大正三年至大正九年　俘虜に関する書類第二九号　陸軍省』日本領土内居住及旅行等を許可したる俘虜解放に関する件（一）～（五）欧受第三五号

註2　第一次大戦の結果、一九一九年フランスのヴェルサイユで敗戦国ドイツと連合国との間に結ばれた平和条約。ドイツの領土・軍備制限・戦争責任・賠償義務などを規定したほか、国際労働機構の設置・国際連盟規約などを定めた。一九二九年の世界恐慌後、ヴェルサイユ体制の打破が叫ばれ、第二次大戦の一因となった。（『精選日本国語大辞典　第二版』小学館　二〇〇六年）

註3　豊福丸について＝一九一八年神戸川崎造船会社建造。「船長たちはおよそ二月二五日にヴイルヘルムスハーフェンに到着するであろうと見積もっている。われわれが上陸した後、『豊福丸』はさらにハンブルクへ航行し、そこで油と長靴の荷を降ろすことになっている。」神戸＝「台風と荷積みのお陰で神戸滞在の日が三日目になった時、その時まで面識がなかったがこの待ち時間の間に親愛なる友人になった人びとにいやいや別れを告げた。有刺鉄線から自由への入り口でわれわれを待ち受け、暖かい手で新しい生活へ誘い、束の間のクリスマスの喜びのなかでわれわれが五年間の重荷を降ろすのを手伝ったくれた人びとに別れを告げた。お礼の気持ちを述べることが許されるなら、ここで彼ら全員に心から感謝の念を捧げたい。かくして、われわれは有刺鉄線と神戸を離れ、―自由と祖国に向かうのである！」（註の註：『デイ・バラッケ』の記事であるため板東俘虜収容所の俘虜によるものである）（『デイ・バラッケ』第四巻　鳴門市　五六〇‐五六三頁　二〇〇七年三月）

註4　第四章註6

註5　ベルリーナ（Berliner, Dr.S）第三海兵大隊第六中隊・二等歩兵。ハンブルク大学で学んだ後一九〇六年、ジーモン・エーヴェルト商会の日本駐在員として来日、二十歳だった。滞日八年余の時点で応召し、日本の最後通牒が発せられた八月一五日に青島に到着した。日本語は堪能で、当初は松山の大林寺に収容され、そこの収容所講習会で日本語の講師を務めた。板東では本部主計事務室で松江所長の通訳をした。一九二〇年から一九四五年まで二十五年間、ドイツ東洋文化研究協会（ＯＡＧ）の指導的な

地位に就き、会長も務めた。一九六三年秋、郷里ハンブルクに帰り、自宅を『七夕荘』と称した。"Tanabata:Das Sternenfest"は、筆者が邦訳している。(「『七夕：星祭り』元ドイツ兵俘虜の日本文化論」愛知淑徳大学論集　教育学研究科篇　第三号　二〇一三年）

第七章　文化活動：スポーツ・演劇・音楽

青野原ではスポーツ、演劇活動や音楽活動が一九一八年頃から盛んに行われてくる。日本国内は大正デモクラシーの隆盛にともなって文芸面でも童謡運動、自由画、綴り方、学校劇、リトミック、鑑賞教育なども芽吹き、宝塚少女歌劇や浅草オペラも興行を始め、日本各地でも様々な形の芸術運動が開花してくる。

娯楽や音楽活動については、収容中の俘虜であったW・イェキッシュやO・Hケステルンの日記から内部の様子を窺い知ることが出来る。

『W・イェキッシュの日記』では、娯楽について「退屈と戦うため、何人かは語学の勉強を始めた。また幾人かは音楽に取り組み、そのためにはヴァイオリンがあった。ただ一個サッカーボールが寄贈されたときには、すぐにサッカーとファウストボール（註：ドイツ発祥でバレーボールの原型とも）の熱狂的なファンが現れた。（中略）われわれはパーティをよく開いたが、そんな時には皆歌ったり音楽を演奏したりした。」

また『ケステルンの日記』は、娯楽について「収容所内で我々は小規模な競技大会も開催した。その一つがテニスの試合である。また青野は一九一六年以来、ジーメンス・シュッカートのおかげで約十五人からなる楽団を抱えることに

なり、何回かのお楽しみ会があった。」と語っている。（**註1**）

(1)　スポーツを楽しむ

写真7-1のサッカー試合には地元住民が見学に訪れている。スポーツ活動は俘虜にとって暇を克服し心身の健康増進そして地域住民との交流に大きく寄与したようだ。日本の選手は「HIMEJI」と書かれたユニフォームを着ていて、スポーツ友好交流の手段として楽しんでいた。

朝日一九一九年八月一三日『独逸俘虜と球戦　青野ヶ原にて』

十三日青野ヶ原にて姫路師範対独逸俘虜、小野中学対独逸俘虜のフットボール試合ある筈、平和克服気分といふものか

『ケルステン日記』は姫路師範チームと行われた三試合について、最終的に再び俘虜側が勝利したと記述している。参加していたケルステンはセンターハーフだった。

三度ばかり我々は姫路から来た師範学校のチームと青野でサッカーをした。六対〇で我々が勝った後、敵方は雪辱を果たそうとした。その機会が来る前に、我々のチーム内でたちの悪い衝突があり、フォワードとゴールキーパーがもはや共にやれなくなったので、次は二対二になってしまった（**註1**）

［写真 7-1　サッカーをする俘虜：加西市提供］

ボーリングもレーンづくりから試合まで、一貫してボーリング（註：ケーゲル）を楽しんでいる。各収容所で体操もわれていた。

スポーツ活動については岸本肇氏の研究『青野原俘虜収容所捕虜兵のスポーツ活動と生活』からその実態を知ることが出来る。

寺院が収容所に使用されていた姫路時代、市民は、捕虜兵の冷水摩擦、体操、散歩に始まる一日に感心しているかと思うと、サッカーをする様子を子どもの遊びのように見たりもしていた。市民の注目の的であったようで、一時期、捕虜兵と市民とが触れないように、彼らの遠足を制限せざるを得ないほどであった。姫路における約一年間の後、青野原収容所に移転してから、捕虜兵のスポーツ活動は発展する。場所が広くなったし、日常的に一般人と接触しない環境にあったし、さらに拘留の長期化が、日本側の捕虜管理方針の軟化をもたらしていくからである。実施されていた主な種目は、体操、トゥルネン（組立て体操や器械運動など）、サッカー、テニス、ゲーゲル（穴のないボールを転がすボウリング）、

［写真 7–2　テニスをする俘虜：加西市提供］

［写真 7–3　組体操：加西市提供］

［写真 7-4　棒高跳び：加西市提供］

ファウストバル（拳でボールを扱うバレーボール）、シュラークバル（『ノック』の要領でボールをバットで打つ球技）、ビリヤードなどであり、体操祭、陸上競技大会、テニス大会なども開催されていた。（中略）青野原捕虜兵のスポーツ活動で特筆すべきは、中学校生、師範学校生とのサッカー交流である。他では、捕虜兵の地域との交流は、似島収容所の対広島高等師範学校生とのサッカー試合がわかっているだけである。（中略）ドイツ軍捕虜兵のスポーツ活動は軍隊の教練と結びついていたというより、約九〇年も前ではあるが、その頃には、他の芸術・文化活動と同様、スポーツはすでにドイツ人の生活の一部になっていたと考えるのが適当であろう（註2）

［写真 7-5　バラック内でビリヤードをする俘虜：加西市提供］

(2) 演劇上演

演劇はどこの収容所でも人気だった。ここでも男だけの世界で演じることが得も言われぬ興味を引き起こしたと思われる。俘虜という男性社会では女性役ももちろん男性が演じることになる。その服装、化粧、演技には大いなる関心を興し、俘虜のさまざまな趣味・嗜好に対応できたのではないだろうか。

『ケルステン日記』は演劇上演について次のように語っている。

ここ青野では我々もまた何度も盛りだくさんの夕べの催しや劇の上演を行なった。とりわけ壊れた毒、バーンヘルムのミンナーや一幕物である。バラックには最悪の場合ぎゅうぎゅう詰めで最高二百五十人入ったが、その半数だけなら十分の広さだった。一度、名前は忘れたが、ある劇が上演され、それにはバラックの舞台は小さすぎた。そこで我々は劇をすべて野外で演じるように準備した。点呼場が見事に劇場の条件を満たしていた。そこから調理場に向かって坂が下っていて、調理場の前を舞台にすれば、あとはバラックの椅子をならべれば観客席のできあがりだった。舞台作りに始まって、舞台装置など全てが完成したところで、司令官がバラックでやるべきだと、野外での上演を禁止すると言った。我々は彼に、空間が十分にないのだということをわかってもらおうとした。我々は上演を中止すると脅してやっと、彼は折れた。本来はダメだが、一度だけならよい。なぜなら彼は丁度青野で演習」している連隊の将校を招待していたからだ。（註1）

『青野ヶ原　俘虜収容所での演劇上演会』［年月日・時間：不詳］
プログラムは『青野ヶ原俘虜収容所での演劇上演会』である。
コッツエビュー（Kotzebue, August・von）は十八世紀ドイツ劇作家。宮下啓三は「一七八〇年代にロシアで公職につき、

［写真 7-6　演劇『靴の踊り』：加西市提供］

［写真 7-7　バラック内での演劇会：加西市提供］

［写真 7-8　演劇『壊れ甕《かめ》』：加西市提供］

その功績で爵位を得た。ウィーンで座付作者として劇作したのちロシアに戻ったが、ある戯曲でロシア帝室を侮辱したとの理由により逮捕されシベリアに流刑された。やがて名誉を回復したのちペテルブルグやベルリンで演劇と著述に活躍。一八一七年ロシア皇帝の私設報告者となってドイツを旅し、翌年に自ら創刊した雑誌でドイツの大学生たちのリベラルな思想を批判したため、学生K・L・ザントに殺害された。二百編以上の、舞台効果に優れた、しかし内容の浅い戯曲を書き、大いに人気を得たが、今日では作品よりも政治的な死のために名が歴史に残っているというべきであろう」

と紹介している。(註3)

『舞台作品『ドイツの小都市出身者』

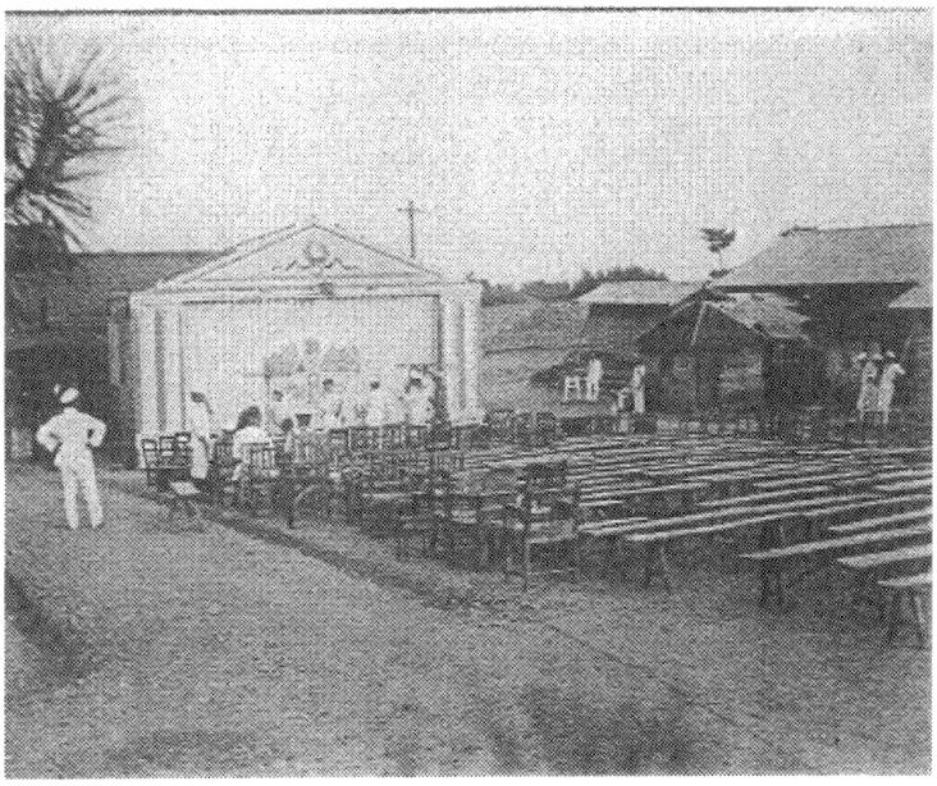

［写真 7-9　野外に作られた舞台と観客席：加西市提供］

［写真 7-10　演劇会『ヴァラエテイの夕べ』のチラシ：加西市提供］

アウグスト・フォン・コッツェビュー（作または脚本）の四幕物喜劇
序幕：『おばあちゃんの時代の旋律』／プロローグ／キャスト（省略）
本作品は、小都市クレーヴィンケルの町を舞台に前世紀の四十年代を描いた物語。最初の三幕は市長の家での出来事、最後の幕は市長の家がある路地の夜のシーン。

写真7-6～写真7-10は演劇活動に関する写真である。**写真7-6**は『靴の踊り』、**写真7-8**は『壊れ甕』を演じている場面で、「壊れた壺」は「壊れた甕」だと思われる。

(3)　音楽活動

青野原のプログラムは芸術音楽だけではなく、朗読、演劇、散文、時事小唄、ヨーデルなどさまざまなジャンルが上演演目として提供されていた。音楽活動としては、一九一四（大正三）年に上海居留地工部局の音楽家に関する取扱の記事がある。上海工部局に在籍していた音楽家は俘虜として日本各地に送られたが、彼等は各収容所で素晴らしい音楽活動を展開した。中でも一千名規模の俘虜を収容していた徳島板東、千葉習志野、福岡久留米収容所には上海工部局所属をはじめとする音楽専門家も含まれていたため、オーケストラや合唱、アンサンブルなどかなり大規模編成の音楽活動が行われた。

次は日本に収容された直後の一九一四年一二月二六日の上海音楽院に関する『上海居留地工部局音楽隊次長等解放方

に関する件』（欧受第二二七三号　軍事欧第一一四〇号）である。

俘虜トシテ福岡ヘ収容中ノ上海居留地工部局（Municipal Council）音楽隊長 MIllies 及同地又ハ其他ニ在ル音楽隊員三名右音楽隊ノ為必要ナルニ付解放ノ特別詮議ヲ得タキ旨該工部局ヨリ願出タル趣在上海総領事ヨリ申趣候ニ付右ハ許可ノ限ニ在ラサル旨申送候間右様御承知相成度此段申送候也

一九一九年二月にはドイツ音楽を授業で教材として使用したいという試みが出てきて、ドイツ軍俘虜の音楽能力の高さを認知するようになってくる。それは、中京音楽会代表者愛知県立第一師範学校教諭名古屋陸軍地方幼年学校教師の安田俊高から留守第三師団長に『独逸俘虜ノ音楽聴取シ度件願』が提出された件である。その理由は、「音楽は民衆を感奮興起させ、慈育涵養し民衆の天賦を尽くすに足るべき喜美なる成果を得ることが出来る」としている。ドイツ軍俘虜による音楽を授業に導入しようとした試みが出てきたのである。留守第三師団から一九一九年三月三日に、俘虜情報局長に出された照会に対し、副官より留守第三師団参謀長に宛てた回答案（欧第二八一号欧一七二号）では、『外部ニ敵国人優遇ノ誤解ヲ与ヘサル範囲ニ於テ実施セシメ差支無之候条及回答候也』であった。ここでも俘虜優遇に関しての批判に対する配慮がある。

ドイツ音楽を演奏するか否かについては、アメリカで論争も出てくる。明治以降、ドイツ音楽を追い求めてきた日本が直面した出来事として、『日本楽隊米国を騒す　公会堂に於て独逸音楽を吹奏せんとして石井大使へ抗議　一月一日紐育発信』（又新一九一九年二月一日）が報じられた。

紐育《ニューヨーク》公会堂カーネギーホールに於て昨夜開催したる山田幸《（ママ）》作氏引率の日本楽隊は独逸のワグネル（註：R・ワーグナー）の曲を吹奏すべく忌憚なく新聞紙上に広告したる為に排独熱の尚旺盛なる折柄一場の大悶着を惹き起したり（中略）一九一六年の夏東京音楽学校に於て高貴の方々及び列国大公使の前に演奏したる際、戦時中につき独逸の歌曲を故意と当日のプログラムより削除したるに日本は独逸に対してこそ宣戦したれ独逸の音楽に対し宣戦したるものに非ざれば将来は遠慮に及ばずと或筋より注意ありたり、と論じ昨夜カーネギー会堂に於てジゼー夫人等の抗議を無視してワグネルの曲を吹奏したるに入場者は多からざりしも一人の反対者なく又極めて巧妙に演じ去りたり

当時のアメリカではドイツに対する感情が決して良くなかったことは、この演奏会において明らかである。R・ワーグナーの作品をはじめドイツ音楽全般に対する反対行動だが、ドイツと交戦した日本人がドイツ音楽を演奏しようとしたところに音楽の意味がある。

神戸ではこの時期に様々な外国曲が小学生によって表現する活動が展開していた。もちろん、明治後期から大正前期にかけての『尋常小学唱歌』や童謡運動などの影響もあるが、ピアノ演奏やシューベルトなどの外国曲も登場していた。他にも学芸・音楽会、聚楽館の大祝賀会、ロシア歌劇公演など、神戸が文化的にも外国に開かれた街であったことが窺える。

写真7－11は青野原における音楽隊である。

神戸市立高女の音楽会も記事に登場している。さらに『彌生三日の少年少女唱歌会　神戸で始めての試み　十三の小学生徒が可愛い歌を競ふリボンで五色の波の青年会館』（又新三月三日）が行われた。プログラムには、《我国兵士》、《須磨明石》、《舟遊び》《雲雀》、斉唱として《君が代の初春》《飛行機の夢》《雪合戦》《近江八景》《とんぼ》《鶯の歌》《電車》《籠の鳥》《時計》《児島高徳》《平和来る》、独唱として《お客様》《シャボン玉》《かみなりさま》《梅に鶯》《ばらの花》、またピアノ連弾では《練習曲》《ヴェンナマーチ》、独唱でシューベルトの《子守歌》があり、最後に全員で《君が代》を二唱して解散している。

1　俘虜が奏でた楽器類

俘虜が奏でた楽器は、ヴァイオリン、ヴィオラ、チェロ、ハルモニウム、リュート、ツィター（チター）、クラリネットであった。

アンサンブルの形は、**写真7-11**『俘虜の音楽隊』は、管弦楽＋オルガンによる一六名の音楽隊である。この音楽隊が具体的にどのような楽団であったかは推測の域を出ないが、八章の『コンサート・プログラム』では弦楽器や民族楽器が入っていることから、基本的には管弦楽＋オルガン、そして民族楽器が加わるという編成だったと思われる。アンサンブルは、オーケストラ、ヴァイオリン二本とチェロ、およびハルモニウム、ヴァイオ

［写真 7-11　俘虜の音楽隊：加西市提供］

［写真 7-12　天津の兵舎で食事中の仲間とツイター
：鳴門市ドイツ館］

［写真 7-13　ツィター製作中の俘虜
＝『ルーエ二七号』：鳴門市ドイツ館］

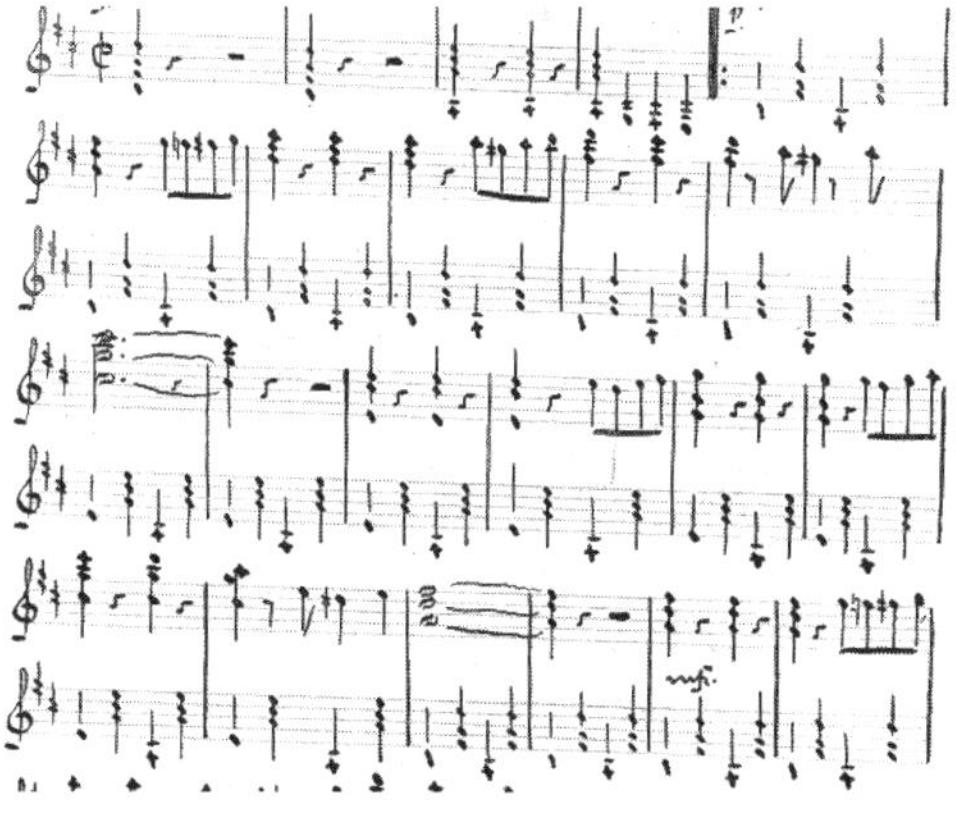

［写真 7-14　ツイター《昔の戦友マーチ》（楽譜）
：鳴門市ドイツ館］

リンとリュート、ヴァイオリン二本、チェロ、ハルモニウム、ツィターとリュート、クラリネットと弦楽四重奏、二本のヴァイオリン、ツィター、リュートなど様々である。ハルモニウムは歌の伴奏としても頻繁に登場している。ツィターは特に人気があったようでソロ演奏も行われていた。第二次世界大戦下のウィーンを描いた映画『第三の男』での音楽は、オーストリアの民族楽器ツィターが登場している。ツィターは俘虜が製作し楽譜も残っており、**写真7-14**はその楽譜で、他にも《ロココのワルツ》、《森での祈り》をはじめ多数現存している。

　ツィターは楽器分類上からみると、日本の箏やハンガリーのツィンバロムなどと同じく箱型の共鳴胴をもったチター属の楽器である。一方、リュートは三味線やヴァイオリン、ギター、インドのシタールなどと同じような棹をもつ弦楽器である。またハルモニウムは、日本で通称となっているオルガンで、当時は足踏み式であった。**（写真7-11右端参照）**参考までにインドの民族楽器であるハルモニウムは、足で風を送るのではなく片手で風を送り片手で鍵盤を弾く楽器である。そして写真7－15は収容所で製作されたツィターである。

ツィターに関して『ルーエ二七号』では、

チター製作中の写真にルドルフ・ユングとその仲間が写っています。左端の人がかぶっている水兵帽のリボンに“SMS.KAISERIN”の文字が読み取れます。すなわちこれは旧オーストリア＝ハンガリー二重帝国の巡洋艦『カイゼリン・エリーザベト』のことです。

とあり、このツィターがウィーン方式のものであると推測される。さらに楽譜については、

記譜されている曲の作曲者の中にはその活動が第一世界大戦以後としか考えられないような人の名前が見られる。一冊の楽譜の五線紙にははっきり東京の楽器店名が記されていますので、これは捕虜時代のもの、少なくともその時に作り始めたものであることは間違いありません。（註4）

としている。

［写真 7-15　製作されたツィター：鳴門市ドイツ館］

〔第七章註：文化活動：スポーツ・演劇・音楽〕

註1　小野市史編纂専門委員会『小野市史』第三巻本編Ⅲ別冊　小野市　二一―二三／四―五五頁　二〇〇四年

註2　岸本肇『国際ネットワーク新出史料によるドイツ兵俘虜のスポーツ活動の全体構造の解明』平成一九・二〇年度科研基盤研究（C）研究成果報告書　二〇〇〇年　八―九頁。岸本氏はさらに『青島戦ドイツ兵俘虜収容所研究　第一七号』（ドイツ館史料研究会　ドイツ館　二〇二一年）で『青野原と似島から来たサッカー　サッカー学生とドイツ兵捕虜との交流試合』を著し、その中で『小野中学と姫路師範の学生と青野原俘虜収容所の捕虜兵との交流は、最初の試合後も、学生が試合をしに収容所を訪れる形で継続した』と述べている。

註3　日本大百科事典（ニッポニカ）小学館　一九九四年

註4　『ルーエ二七号』ドイツ館　二一―三頁　二〇二一年

第八章　コンサート・プログラム

(1)　演奏期日入りのコンサート・プログラム

青野原収容所で本格的にコンサートが開催されてくるのは一九一九年である。入手した十数編のプログラムからは活発な音楽活動が行われていたことが判明する。（註1）

このコンサートプログラムは聴衆配布用の印刷物であり、その存在は今日まですべてが確認されてはいない。年月日が記載されているプログラムは八編で、七編には年月日の記載が見られなかった。さらにコピー状態が極めて悪く、判読不可のプログラムもかなりある。作曲家名は解明できる範囲で記したが、日本にあまり知られていない作曲家もいる。俘虜にとっては身近な作曲家であったと思われる。ドイツ、オーストリア＝ハンガリー帝国人など多様な民族構成であったこと、収容人数が少なかったこと、収容所新聞が発行されていなかったことで、コンサートの情宣・解説が十分でなかったことも関係しているかもしれない。ここでは確認できているプログラムを解読可能な範囲で掲載する。

青野原は交響曲や協奏曲といった大編成の曲は見当たらなかったが、朗読や様々な上演演目を盛り込んでコンサートを実施している。ここではプログラムごとに曲目、演奏者（講演者）、作曲家をたどる。（なお曲目列記中の［註］は筆者のコメント、解読不明の箇所は□で示した）。

［プログラム①：慈善コンサート］一九一九年三月三〇日（日）

プログラム①は、『東シベリアで苦境にあえぐ我々の同志のために』という慈善コンサートである。オペラ『レーモン序曲』の作曲者トマ（Thomas,C.L.A）は、パリ音楽院卒のフランス作曲家。オペラ『ミニョン』で大成功を収めている。他には『ハムレット』、バレー『テンペスト』などがある。ヴュータン（Viextemps.H）は十九世紀ベルギーのヴァイオリン奏者・作曲家で、七曲のヴァイオリン協奏曲、二曲のチェロ協奏曲などがある。《レヴェリー》はヴァイオリン曲。グリーク（Grig, E.H.）は十九世紀から二十世紀初頭のノルウエーの作曲家で、《ソルヴェイクの歌》は、舞台音楽《ペール・ギュント組曲》の中で、旅に出た恋人を待ちわびて歌う歌。ヴェッリーニ（Bellini.V.）は十九世紀イタリアの作曲家で、『夢遊病の女』、『清教徒』など十曲のオペラを作曲している。オペラ『ノルマ』はヴェッリーニの最高傑作で、紀元前五十年頃のフランスが舞台。巫女ノルマが最後に火刑に処される内容で、ソプラノのソロが有名。

シューベルト（Schubert, F.P）は、十九世紀オーストリア作曲家で、『美しい水車小屋の娘』『白鳥の歌』、《魔王》など膨大な数の歌曲を作曲している。後出の《セレナード》は、歌曲集『白鳥の歌』第四曲で、恋人に対する切なる思いを歌いあげている。《軍隊行進曲第一番》は、三曲の中の一曲でピアノ連弾用。日本人によく知られた人気のある曲。

R・ワーグナー（Wagner.R）は十九世紀ドイツ作曲家でオペラを大規模にした楽劇を作曲した。一八四二年のドレスデン革命に加担したため逮捕状を発せられたが免れている。四部作『ニューベルンゲンの指輪』第二部『ワルキューレ』

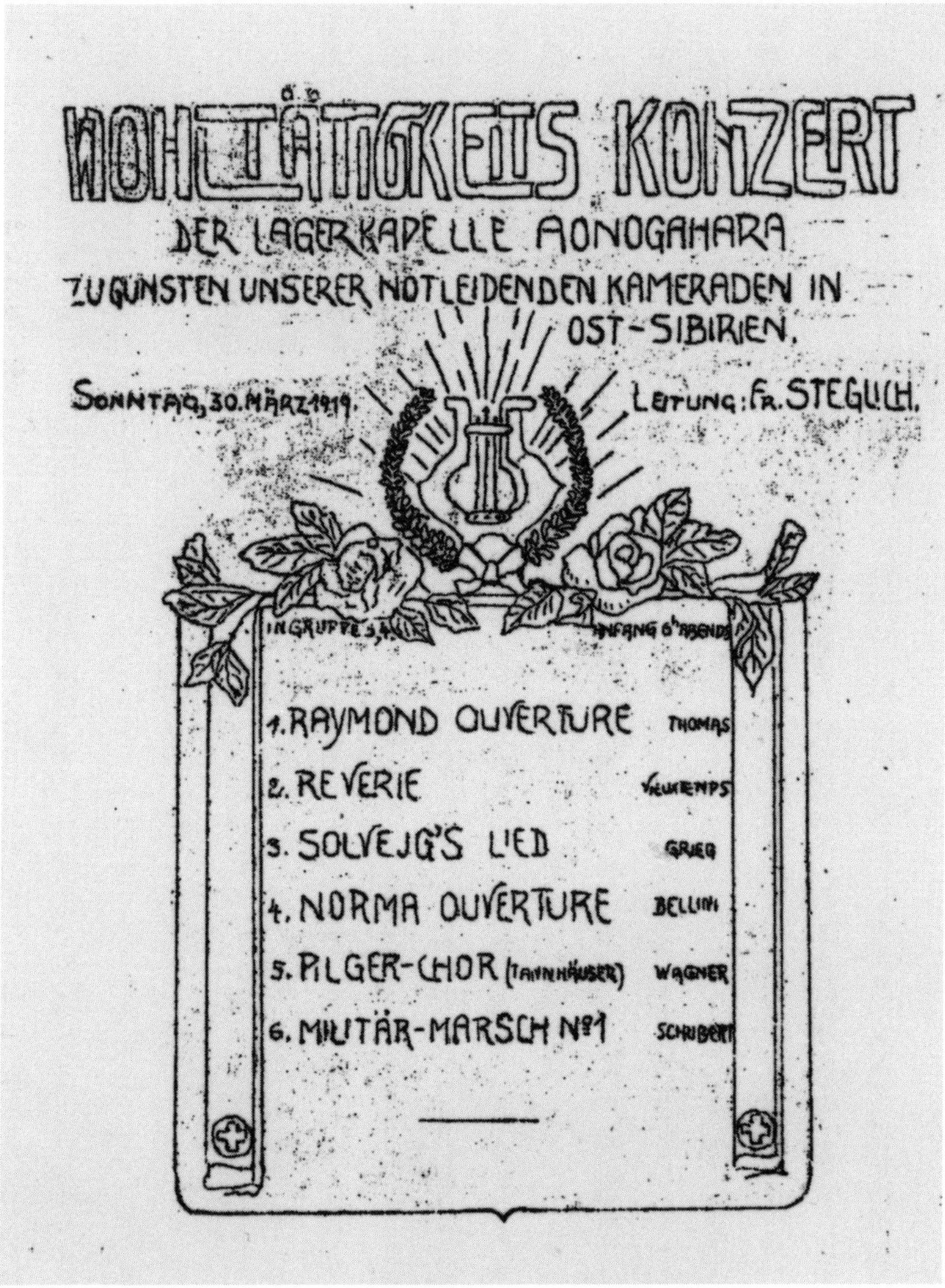

［写真 8-1　音楽会ポスター：加西市提供］

（一八五八年）の第三幕前奏曲で使用された《ワルキューレの騎行》は、映画『地獄の黙示録』や、ヒットラー暗殺計画が失敗した二〇〇八年制作アメリカ映画『ワルキューレ』としてもよく知られている。オペラ『タンホイザー』第三幕の《巡礼の合唱》は、ローマへの巡礼者によって歌われる合唱で当然男声合唱で歌われた。筆者も高校の合唱部で混声合唱で歌った体験があり合唱曲の定番になっている。

青野ヶ原収容所楽団　東シベリアで苦境にあえぐ我々の同志のために

一九一九年三月三〇日（日）／指揮：Fr・シュテーグリッヒ

グループ四　開演：午後六時

一．オペラ『レーモン』序曲　トマ
二．レヴェリー　ヴュータン
三．ソルヴェイクの歌　グリーク
四．オペラ『ノルマ』序曲　ヴェッリーニ
五．巡礼者の合唱　オペラ『タンホイザー』　R・ワーグナー
六．軍隊行進曲第一番　シューベルト

［プログラム②］　一九一九年五月一一日、日曜日　一＆二グループ

五月一一日の『日曜日のグループのためのプログラム』は二部構成で収容所楽団のコンサートである。ツィターは四名の奏者による合奏で、曲名は残念ながら不確定であった。

朗読・朗唱もプログラムに数多く見られる。クリンケ（Klinke,G）（**註2**）は全プログラムの中でこの朗読を中心的に行っ

ている兵士である。ツィター演奏しているウムラウト（Umlaut,C.I.F.）は、十九～二十世紀初頭オーストリアのツィター奏者・作曲家・教師で、『ウィーン式ツィター』を発展させ、十八巻におよぶ《ツィター奏者のための曲集》を作曲している。《道化師のプロローグ》の作曲家レオンカヴァレロ（Leoncavallo,R）は、十九～二十世紀初頭イタリア作曲家で十数曲のオペラを作曲。二幕ものの『道化師』（一八九二年）の《道化師のプロローグ》は、前奏曲の後、第一幕の前でセムシ男（註：差別語。背骨の曲がった男）のトニオによって歌われる歌。最後に座長カニオが『喜劇は終わった』と語って幕となる。

《菩提樹の下に、行進曲》を作曲したコロ（Kollo,W）は、十九～二十世紀ドイツの作曲家、ベルリン小唄ともいわれるポピュラー音楽を数多く作曲し、オペレッタ《ああ、五月のある日》はよく歌われている。

［第一部（荘厳な内容）］

一．楽曲《ソルヴェークの歌》（収容所楽団）　グリーグ

二．朗読＝クリンケ

①《悲しい戴冠式》＝エドゥアルト（Eduard M）

エドゥアルドは一八〇四年ルードヴイッヒスルスト生、一八七五年シュトゥットガルトで他界。詩は、アイルランドの歴史上、伝説の一つとなった物語を取り扱っている。

②《異教徒の少年》＝フリードリッヒ・ヘッベル（Hebbel,F）

＝一八一三年ヴェッセルブーレン生、一八六三年ウイーンで他界。

③《一隻の船がまだ》

＝アルノー・ホルツ（Holz,Arno）＝自然主義文学者、一八六三年ラステンブルク生

④《騎士ユング》＝リリエーンクローン

リリエーンクローン（Liliencron, D）は一八四四年キール生、一九〇九年他界、詩は、デンマークに支配されていた時代のフリースランド諸島の自由を求める住民の熱い思いを描いている。「監獄よりも死を選ぶ」というスローガンに自由を渇望する人々の思いが如実に表れている。

三．ツィターコンサート　ウムラウフ

本日の□

（シュプーナー、トラー、ホーファー、ケルシュナー）（註3）

四．朗読＝クリンケ　ヴォルフ

①《六一師団の旗》

②グラヴェローのトランペット＝二人のフライリヒクラート（Freiliggrath,Y）

フライリヒクラートは一八三四年クヴェートリンブルク生。一九一〇年他界。もう一人のF・フライリヒクラート（Freiliggrath,F）＝一八一〇年デトモルト生。一八七六年シュトゥットガルトで他界。詩はグラヴェロー（仏）の戦いの様子を物語っている

五．アリア　独唱＝レヴェレンツ　レオンカヴァレロ

オペラ『道化師』より《道化師のプロローグ》

六．朗読＝クリンケ　ガイベル（註5）

「テイベリウスの死」（註4）

七．楽曲《剣闘士の入場、行進曲》収容所楽団　フリック

［第二部（明るく陽気な内容）］
一．ツィターコンサート　《燃え上がる愛、ガヴォット》　フランツ・クンツェンドルフ
二．朗読：クリンケ
①《珍しい》②《木々が花咲く中を走る》
果樹が花咲く時期にベルリンと郊外を蒸気船や汽車で走る。目指す目的地はマルク（ブランデンブルク）地方の小都市。有名なフルーツワインが待っている。
三．リュートに合わせて歌曲を　リュート＝カルハマー
①《騎士クニベルト》バラード②《夢遊病患者》　シュミート
四．朗読＝（クリンケ）＝すがすがしい夏にたどり着くまでが、どんなに大変だったことか（散文）H・H・シュミッツ
五．楽曲《ラシュタット行進曲》（収容所楽団）　フリック

第二部のプログラムが二種存在しているが、内容表示は同じでどちらが演奏されたかは不明。ここでは撥弦楽器のリュートが登場している。T・ワーグナー（Wagner.T）はR・ワーグナーとは違う作曲家である。

［第二部（明るく ke 軽快な内容）］
一．ツィター（シュプーナー、トラー、ホーファー、ケルシュナー）
《チロルの木こり》　T・ワーグナー
二．朗読＝クリンケ　ミュンヒハウゼン

①《イ長調のバラード》②《大佐の歌》　リリンネル

ミュンヒハウゼン（Munchhansen,Berries von）は一八七四年ヒルデスハイム生で、最も人気の高いバラード作家の一人。詩は、三十年戦争の槍騎兵兵舎を支配していた過激な雰囲気を詠んでいる。

三．リュートにあわせた小歌曲《ベルリンの□》　マックス・ヒーバー（Hieber,M）

リュート＝カルハマー

四．朗読＝クリンケ

氷山（散文）　ヘンリー・F・アルバン

アルバンはドイツ系アメリカ人の作家で、グロテスクなスタイルでも有名。この歌は、一九〇一年に大西洋を渡った際に書かれている。

五．曲《菩提樹の下に、行進曲》（収容所楽団）　コロ

［プログラム③］　一九一九年五月一八日、日曜日　九＆十グループ

五月一一日からわずか一週間後、九＆十グループによって演奏会が開催されている。本プログラムにはドイツロマン派の代表的作曲家シューマン、そしてシューベルトというメジャーな作曲家の曲目が演奏されている。プラーグ《天使のセレナード》ではヴァイオリン、チェロ、ハルモニウムが使われている。ハルモニウムは日本でいうオルガンである。ビゼー（Bizet,G）は十九世紀のフランス作曲家。代表作オペラ『カルメン』（一八七五年）の《ファンタジー》は、サラサーテ（Sarasate,P）により《カルメン幻想曲》としてリメイクされた作品で、《闘牛士の歌》《ハバネラ》などロマであるカルメンを主役とした人気のあるオペラの劇中歌である。

一九世紀ドイツ作曲家・指揮者であったロルツィング（Lortzing, A）は、歌手としての才能もあった。一八四五年作曲の《ウンディーネ》はF・H・K・フケーの童話の〈水の精〉に基づくオペラである。『刀鍛冶』（『鍛冶』）（一八四六）は、中世ドイツ・ライン地方ヴォルムスが舞台で、《私も昔は巻き毛の青年だった》が歌われている。

シューマン（Schumman,R）の《二人の擲弾兵》（一八四〇年）は、ハイネ（Heine,C.J.H）の詩に作曲した歌曲『リートとロマンス』第二集の第一曲で、ナポレオン戦争でロシアの虜囚となっていた二人の擲弾兵がテーマ。チャイコフスキが《一八一二年》で用いたのと同じく、シューマンは後半に《ラ・マルセイエーズ》を挿入している。

ミュンヒハウゼン（Münchhausen(August）は、十八～十九初頭ドイツの外交官・音楽愛好家。ロココ時代の軽快で優雅なギャラント様式の交響曲、鍵盤楽器用ソナタを作曲している。《十のドイツ風アリエッタ》には民謡の旋律が用いられている。鍵盤楽器とグラス・ハーモニカ奏者でもあった。

カールハマーが演奏した《リュートに合わせた歌曲》は、ベルリン音楽大学で学んだロイター（Reuter, R.E）作曲の歌曲。ロイターは東京音楽大学でも教えた体験があり、歌曲《四つ葉のクローバー》を作曲している。

フェトラース（Fetrás, O）は、十九～二十世紀ドイツ指揮者・作曲家。ワルツ、ポルカ、その他の舞曲、行進曲を作曲・指揮し、《エレガントなワルツ》で名声を博した。

［第一部（荘厳な内容）］

一．楽曲＝オペラ『カルメン』《ファンタジー》（収容所楽団）　ビゼー

二．朗読＝クリンケ

①キャビネット『棺』　アウグスト・H・プリンケ

プリンケの詩は、古いイタリアの中編小説を題材に、妻の貞淑さと欺かれた夫の復讐を描いている。

②『ハドマーの鐘』　ミュンヒハウゼン
［この詩は、三〇年戦争の出来事を綴っている。カトリック連盟のティリー司令官］

三．歌曲（レヴェレンツ）
①オペラ『ウンディーネ』より《キューレボルンの歌》　ロルツィング
《ライン川の緑の》
②オペラ『武具鍛冶』より《私も青年だった》　ロルツィング

四．楽曲（収容所楽団）
《花が夢をみるとしたなら》、
《ヴァルセッテ　インターメッツォ》　レーダラー

五．楽曲《天使のセレナード》　プラーガ
バイオリン二本（レッシュマン、フォン・クーン）、
チェロ（キューパー）（註6）、ハルモニウム（エバーハルト）（註7）

六．独唱＝レヴェレンツ
《二人の擲弾兵》（詩：ハイネ）　シューマン

七．朗読＝クリンケ
《年老いた槍騎兵》　ミュンヒハウゼン

八．唱曲《セレナード》、《テクスト》　シューベルト

［第二部（明るい陽気な内容）］

一．シュラメルコンサート（ウィーンの民俗音楽）　フインク
（レッシュマン、フインク）（註8）、
シュパンナー、トラー、ホーファー、カルハマー（註9）
二．朗読＝クリンケ　ヴィルヘルム
①『髪の袋』前奏曲／②《バルデイニのベーラ》第一章
三．合唱曲《峡谷の水車小屋》　ヴェッセラー
四．リュートに合わせた歌曲
①□□　リュート＝カルハマー　ロイター
②デュエット《兄弟の巡礼》（カルハマー、フィンク）　シュリーカー
《意味するのは、擦り切れて摩耗した車輪》
五．ユーモアのあるソロのシーン（ヴェルデッカー）　ベネデイックス
六．楽曲《ぶらぶら歩き行進曲》（収容所楽団）　フェトラース

［プログラム④］　一九一九年五月二五日、日曜日　三＆四グループ

プログラム④では、ロッシーニ、R・ワーグナーの作品が演奏されている。器楽曲は全般的に序曲が多い。

ロッシーニ（Rossini,G）は十九世紀前半のイタリアオペラ作曲家。オペラブッファ（十八世紀に栄えたイタリア風喜歌劇）の代表作の一つとして『ウイリアム・テル』がある。このオペラは、オーストリアの圧政下にあったスイスが各洲と同盟を結び自由獲得のために闘うという筋で、そこに登場するのが弓の名手・テル、最後に宿敵を倒して自由を奪い取る

というもの。オペラの台詞は、シラーが書いた同名の戯曲を土台にしている。運動会などでもよく聞かれる《ウイリアム・テル序曲》は、このオペラの序曲。またロッシーニは料理や美食家としても名を馳せていた。

一．楽曲（収容所楽団）
オペラ『ヴイルヘルム・テル』序曲　ロッシーニ
二．朗読＝クリンケ
①美しいマグナルド
②新しい一日　フォンターネ
［＊最初の詩は、北アメリカで起きた船の事故を描写している。二番目の詩は、一八七八年のクリスマス前のイギリスでのアイススケートを描写。］
三．独唱：レヴェレンツ（註10）
オペラ『さまよえるオランダ人』からの《航海士の歌》　R・ワーグナー
四．ツィター演奏：シュパナー、トラー、ホーファー
協奏的序曲　ニッケル

［プログラム⑤『愉快な夕べのひととき』］
一九一九年九月二一日 青野ヶ原　俘虜収容所にて
プログラム⑤は、散文と四幕物滑稽劇『ブラジルへ』が中心。ヴイリー・オルフ（註11）とシュトゥルンクは歌手である。
［第一部：楽曲］

一．《それは自らの魅力に違いない》　（抜粋）（歌手）オルフ
二．ペルレベルクの真珠　（散文）　バルバッツキー
三．まだ生きている？　（抜粋）　ヴェルデッカー
四．再会（パロデイ）　オルフ
五．このような男が旅行者であるのを見ておくれ　シャメタート
六．不安定な愛の冒険　（散文）　ヴェルデッカー
七．ひっくり返った切り抜き　（歌手）シュトゥルンク

［第二部：楽曲］

八．船乗りの行進　（散文）　オルフ
九．全ては男だから　（抜粋）　シャメタート
一〇．我々は黙ってただ手を振るのみ　（デュエット）　オルフ&シュトゥルンク
一一．フリッツ、すばしっこい靴屋の見習工　（散文）　ヤーンケ
一二．感謝の気持ち　（抜粋）　オルフ

［四幕物滑稽劇『ブラジルへ』　パウル・イェシェック作
出演者：アウグスト・シュピネ：靴作りマイスター
エミーリエ：彼の娘。フリッツ・シュピネ：大農園地主

［プログラム⑥『盛りだくさんの夕べ』］

一〇月五日（一九一九年）俘虜収容所青野ヶ原にて

プログラム⑥の第一曲目は十八〜十九世紀フランスのオペラコミック作曲家ボイエルデュー（Boieldieu,F.A.）の『バグダッドの太守』序曲である。この歌劇の上演は少ないが序曲はよく演奏されている。このプログラムはさらに四編の朗読・朗唱やヨーデルまでと盛り沢山。「八．歌曲」に久留米収容所俘虜とあるのは、久留米からの移転俘虜でクラリネットで伴奏していることが珍しい。

リンケ（Linke,P）は、十九〜二十世紀ドイツオペレッタ作曲家で「オペレッタの父」とも言われている。『ルナ夫人』の《頭をうなだれさせるな》は、この中で歌われるアリア、またこの中の《ベルリンの風》はベルリンで非公式の市歌となっている。ザックの歌曲：《愛の嘆き》は、クラリネットと弦楽四重奏に編曲された作品で、青野原で編曲する能力の兵士がいたたか、それとも既成の編曲作品であるかは不明。

一．楽曲：オペラ『バグダッドの太守』序曲　ボイエルデュー
　収容所楽団

二．朗読＝ザック「ズラミート」
（エミール・プリンツ・フォン・シェーンアイヒ、カロラート）
（フォンターネ）

三．農民＝の行進曲　リュート＝カルハマー　トラー

四．朗読＝ザック
　刑事　（□□□□）（オットー・エルンスト）

五．歌曲《愛の嘆き》　レンス　一九一七　ザック

（編曲＝クラリネットと弦楽四重奏）
ダンブリー（註12）、レシュマン
フインク、シュテークリヒ（註13）、キューパー
［休憩］
六．楽曲《頭をうなだれさせるな》収容所楽団　リンケ
七．朗読＝ザック：『乞食』　フォン・フォルクマン
『最良の標準ドイツ語』　ピヒラー
八．歌曲　シュパン（Spann, von A.）久留米収容所より移転俘虜
（伴奏：クラリネットと弦楽四重奏）
九．朗読＝ザック
『なぜそうではないのか』　ヘンレ
『ホーマーのラプソデイ』　フォン・ニコライ
一〇．《ずるい農夫》（レシェックの散文）　バルガテイレイ
一一．不機嫌なヨーデル》　ツィター・ソロ：トラール
開演：五時半　バラッケV＆Ⅵ
［プログラム⑦『別れの夕べ』］
一九一九年一一月二三日　一＆二下士官グループ

プログラム⑦では、トマとR・ワグナーという日本でも知られた作曲家以外、日本人には馴染みのない作曲家と作品が演奏されている。

《レーモン序曲》は『慈善コンサート』で演奏された曲。R・ワーグナーのオペラ『ローエングリン』は、結婚行進曲《婚礼の合唱》でよく知られた作品。《グラール聖杯の話》は第三幕第三場で『自分は聖杯騎士ローエングリン』と歌われる歌。

アプト（Abt,F）は、十九世紀ドイツ作曲家・合唱指揮者。ライプチヒ大学で神学、トーマス学校で音楽を学んでいる。

レーヴェ（Loewe, C）はドイツ作曲家で、また歌手としても活躍し、五曲のオペラや無伴奏男声合唱曲を作曲。男声合唱曲は男性社会の収容所では取上げやすい作品だったかもしれない。ピアノ伴奏付バラードも数多く残している。

ヒル（Hill,A.(Francis)は、十九〜二十世紀オーストラリア作曲家・指揮者・教師。ライプチヒ音楽院で学び、オーストラリア・アヴォリジニ族、ニュージランド・マオリ族を素材にした作品も多い。

一．楽曲《レーモン序曲》一八五一年　トマ
二．テナー独唱：歌劇『ローエングリーン』より
《グラール聖杯の話》　ワグナー
三．弦楽四重奏《メヌエット》　フインク
四．合唱《人知れぬ睡蓮》　アプト
五．バリトン独唱《時計》　レーヴェ
六．楽曲《ヴァルセ・ブルー》　マーギス
七．バリトン独唱：（a）《私の窓の下で》　フインク
（b）《かつてはそうだった》　リンケ

八．合唱（ソロデュエット付）《春の挨拶》　アプト
［休憩］
九．楽曲《とどろく大砲》　ヴァチェック
一〇．テナー独唱《春》　ヒルバッハ
一一．弦楽四重奏：民謡　リンケ
《君が僕を愛しているかどうか》　コムツァック
一二．合唱（ソロ）《夕べの祝い》　アプト
［＊註：ソロ付の合唱曲か］
一三．バリトン独唱（オーケストラ伴奏）《ライン川の心》　ヒル
一四．合唱《セレナーデ》　アプト
［休憩］
一五．楽曲《炎と刀》　フェトラス
モットー：名誉と正義で潔くまとまっている男たちが集まるところでは、家系は関係ない。
一六．嬉々とした裁判
聴衆と演奏者のため、喫煙はご遠慮ください。／開演：五時四五分厳守
［プログラム⑧『すばらしい最後に！』］
一九一九年一二月一四日　青野ケ原（日本）

シベリアに残っている私たちの同僚のために、シュテークリッヒ氏が指揮する収容所楽団とクリンケ氏による講演と音楽の夕べ。

解放・帰国が迫る中、日本での最後の思い出にと企画されたプログラム。そして最後にショパンの《葬送行進曲》を設定したことは、解放・帰還という嬉しさとともに、名残惜しい日本との別れの気持ちを込められているようだ。

フォンターネ（Fontane）は、一九世紀ドイツ詩的リアリズムを代表する詩人として知られ、小説家、劇評家でもある。フランスから亡命したユグノー派の家系に生まれ、薬剤師を経てジャーナリストとなる。後期リアリズムの抒情詩や『男たちと英雄たち』（一八五〇）や『バラーデン』（一八六一）などの物語詩で好評を得たのち、五十九歳で最初の小説『嵐の前』（一八七八）を発表。以後主としてプロシア時代のベルリンを舞台に、社会矛盾にゆがめられた人間関係を、風刺的ではあるが同情に富む自然主義的手法で描いた。（註14）

ピアノの詩人と言われた十九世紀ポーランド作曲家ショパン（Chopin.F.F）は、フランス人の父とポーランド人の母の間に生まれ、二十歳頃にフランスに移住。《葬送行進曲》はピアノソナタ第二番（ハ短調作品七二―二　遺作）第三楽章の作品。

［連続演目］

一．	楽曲＝オペラ『ツァンパ』序曲	ヘロルト
二．	ボヘミアの文豪	ザルツァー
三．	キュンメル酒の投機？	グラスブレンナー
四．	リベックのフォン・リベック	フォンターネ
五．	《ヤンの髭》	フォンターネ
六．	《小さなザムエル》	ウルバン

七．古典ラテン文学の奇跡的な効用　ミュンヒハウゼン
八．デッサウ（東部ドイツ）行進曲　ウサウアー
［休憩］
一〇．楽曲《ハンガリー喜劇序曲》　ケラー・ベラ
一一．カールスバート温泉での保養　ザルツァー
一二．パッサウ地区（東部ドイツ）司教座教会参事会員　ギンツキー
一三．お城の年代記より　メラー
一四．勇敢な山林監視人　ビアバウム
一五．楽曲《ラ・ソレーラ》　ボレル・クラーレ
一六．楽曲《葬送行進曲》　ショパン
一七．最後に
一幕物グロテスク（ゲアラッハ氏の草稿に基づく）　クリンケ
キャスト：強盗＝クンケ。刑吏＝シュレーター。見張り番＝ニックヒェン
開演：五時半　入場無料
プログラム収益金は、シベリア抑留者支援基金に入れさせていただきます。

(2) 年月日不明のプログラム

年月日が不明のプログラムが七点確認されている。ただ前後の関連から開催年は一九一九（大正八）年だと推測される。

［プログラム⑨］　［年月日、時間不詳］

ノイコム（Neukomm, S.R.von）は十八後半～十九世紀オーストリア作曲家・ピアニスト・学者。ザルツブルク大学で哲学と数学を学んでいる。一七九二年にザルツブルク大学の名誉オルガニスト、一七九六年にはザルツブルク宮廷劇場合唱指揮者に。モーツアルトの多くの作品のハルモニウムやピアノ用編曲、オラトリオ、十のオペラや歌曲、《賛歌　オーストリア》などがある。フイッシャー（Fischer,J.C.F）は十七～十八世紀ドイツ作曲家。オルガンのための《アリアドネ・ムシカ》はバッハの《平均律クラヴィア曲集》の先駆をなすものとして注目されている。クンツ（Kunz, T.A）は十九世紀チェコ作曲家・ピアニスト・発明家。プラハ大学で法律と哲学を学ぶ。二つのジングシュピール（《ヴェンツエル王》《見せられし人々》）、カンタータ《ピグマリオン》のピアノパート、ドイツ歌曲を作曲。ピアノとポジテイフ・オルガンを組み合わせた楽器を製作している（註15）。オイレンベルク（Eulemberg,R）は十九～二十世紀ドイツの通俗作曲家。オペレッタ、バレー、舞曲、行進曲など。管弦楽曲の《森の水車》はポピュラーな楽曲。

一・楽曲『もし私が王様だったなら』序曲　（収容所楽団）　アダム

二、独唱曲《ヴェーザー川で》　　プレス
レヴェレンツ、ハルモニウム＝エバーハルト
三、レチタテイヴォ（ザック）　　フレックス
①兵士たちの夜の歌　　ザッケン（どちらの詩人も戦没）
②囚われの身
四、合唱　収容所合唱団、バリトン独唱＝レヴェレンツ　　ノイカム
《異国の地にて》
五、リュートの歌　リュート＝カルハマー　　フリース
メキシコの賢者の歌　　オイレンベルク
ばらの歌（a）ばら（b）野ばら
六、カルテット《シクラメン》
（レシュマン、フインク、キューパー、エバーハルト）
七、（収容所楽団）
《ペピータ》　《スペインのワルツ》　　ヒルドレス
八、合唱曲《ライン川》　　フイッシャー
（収容所合唱団）バス独唱　　パマー
九、リュートの歌　リュート＝カルハマー
①乾草の歌　　シュミット・カイザー

②フリッツ・バルマン
一〇．時事小唄
①《吾妻屋が完成》　クンツ
②韻文　ヴェルデッカー
一一．パントマイム『型にはまった理髪師』
一二．楽曲（収容所楽団）《森の水車》　オイレンベ
一三．合唱曲（収容所合唱団）《小さな手》　アプト
おやすみなさい

［プログラム⑩『歌曲の夕べ』］青野ヶ原俘虜収容所
開演六時
プログラム⑩はコピー状態が非常に悪く判読不可。楽曲、合唱曲、四重奏、テノール独唱、バリトン独唱、などのタイトルがある。

［プログラム⑪『歌曲の夕べ』］［年月日不詳］
プログラム⑪は歌曲と合唱に限定したプログラム、十八〜十九世紀の作曲家であるウエーバー、ヴュータン、シューベルトなどの作品が盛られている。
サリヴァン（Sullivan,A）は十九〜二十世紀イギリスの作曲家。《アイルランド交響曲》《ベンザンスの海賊》、オペレッ

タとして《イオランテ》《イダ王》《国王の衛兵》《ゴンドラの船歌》がある。

ウェーバー（Weber, C.M.von）は十八～十九世紀ドイツ作曲家で、オペラ『魔弾の射手』をフルート用の幻想曲としたのが、十九～二十世紀初頭フランスのフルート奏者・指揮者タファネル（Taffanel,P）である。彼は作曲もしておりフルート曲や木管五重奏曲などがある。《魔弾の射手の主題による幻想曲》は、第二幕にあるアガーテのアリアなどを利用していると推測できる。

ヴィンター（Winter,P.von）は十八～十九世紀ドイツのオペラ作曲家・宮廷指揮者・宮廷楽長。オペラ『ラビリンス』は九編のオペラの一つで一八七八年に作曲されている。（註16）

フロート（Flotow,F.von）は十九世紀ドイツ作曲家。パリで音楽を学ぶ。数々のオペラ作曲の中の《アレッサンドロ・ストラデッラ》は、バロック時代のイタリア作曲家であるストラデッラ（Stradella,A）自身を描いたオペラで、フロート（註17）が一八四四年に作曲した。鍵山由美氏は、「美しい旋律に溢れた叙情性は、劇の題材である十七世紀の作曲家アレッサンドロ・ストラデッラの華々しい生涯を、駆け落ちや暗殺計画（ストラデッラは実際に暗殺された）によってメロドラマとして描くには力強さに欠けると言わざるをえない。しかし軽妙な数曲、特に滑稽な暗殺者に登場する盗賊の二重唱はシリアスな音楽よりも適切であり、また楽しめるものになっている」（抽出）と述べている。

シュテファンス（Steffens,J）は十六～十七世紀ドイツ作曲家・オルガニストで《マドリガーレと舞踊歌》がある。

一．楽曲＝オペラ『ツァンパ』序曲　　ハロルド
二．合唱曲《嵐・まじない》　　ドゥルナー
三．独唱曲《海で》（レヴェレンツ、ハルマン）
　　ハルモニウム＝エバーハルト　　シューベルト

四．合唱曲《森＝祈願》　アプト
テノール独唱＝コホ、バリトン独唱：ヴァインドルフ
五．独唱曲《私に夢を見させて》（コホ、ハルマン）　サリヴァン
ハルモニウム＝エバーハルト
六．合唱曲《息子の帰還》　クラーマー
七．楽曲《レヴェリー》　ヴュータン
八．楽曲＝オペラ『魔弾の射手』から《幻想曲》　ウェーバー
九．合唱曲＝オペラ『ラビリンス』《狩人の合唱》　ヴインター
一〇．オペラ『アレサンドロ・ストラデラ』から《盗賊のデュエット》　フロート
（バルバリーノ：コホ、マルヴォリオ：レヴェレンツ）
ハルモニウム＝エバーハルト
一一．独唱曲＝《山で緑色の気分》　アプト
一二．独唱曲＝（ザック、ヘアマン）
ハルモニウム＝エバーハルト
《おやすみ、私の大切な子ども》
一三．合唱曲＝《カウプのエルゼ》　アプト
一四．リュートの曲（カルハマー）《ザルツブルクの大司教》　フイルケ
一五．時事小唄＝（ヴァルデッカー）　ビアバウム

《それをするのは私だけ、健康に対するカリを返すために　シュテフェンス

一六．楽曲＝《炎と刀》　フェトラース

モットー：男たちのいるところには、

[プログラム⑫『滑稽な夕べのひととき』]

プログラム⑫のコピーは《セレナーデ》のみで歌詞は省略する。

[プログラム⑬『クラシックの夕べ』]（年月日不明）

プログラムの背景にギリシャ円形劇場風カットと円盤投げの彫刻がえがかれている。（アルファベットの一部は長野順子氏の補作による）

プログラム⑬は、ベートーヴェン、モーツアルト、シューベルト、ヒンメル、メンデルスゾーン等日本でもよく知られている作曲家の作品による重量感たっぷりのプログラム。上演年月日が不明だが、一九一九年には間違いないだろう。さらに弦楽四重奏曲として、モーツアルトの《魔笛》が演奏されている。青野原で上演されたプログラムの中で、もっともクラシックの曲目が多い。そして「解説」としての《エグモント》は青野原のプログラムで希少である。《エグモント序曲》はゲーテの戯曲に付けられた劇付随音楽。圧政に反抗し死刑に処せられた男の英雄的行動に、ベートーヴェンのリベラリズム精神が作り上げたと思われる。

メンデルスゾーン（Mendelssohn B.F）は十九世紀ドイツロマン派を代表する作曲家の一人。合唱曲《三つの民謡Ⅰ・Ⅱ》、《舟旅》（六つの歌より）、《歌のつばさに》、そして数多くのピアノ曲などを作曲している。

モーツアルトは十八世紀後半古典派オーストリア作曲家で指揮者のカラヤンと同じザルツブルク出身。オペラ『魔笛』は子どもにも人気のある内容で、第二幕第一二場でザラストロが歌う「この聖なる殿堂には復讐を思う人はいない。ここに入るものは、愛を義務と心得る」は、厳かに歌うアリア。

ヒンメルは十八～十九世紀初頭ドイツ作曲家・ピアノ奏者。三百曲を超える大衆歌曲を作曲。連作型式の《少年の魔法の角笛》、連作歌曲《アレクシスとイダ》などがある。（註18）

ツェルター（Zelter,C.F）は十八～十九世紀ドイツの音楽教育家、指揮者、作曲家。ゲーテ（Goethe,J.W.von）やフンボルトによって芸術院に推薦されていて、バッハ《マタイ受難曲》の復活上演に尽力。アペル（Apell,D.A.von）は十八～十九世紀ドイツ作曲家・著述家。

シラー（Schiller,J.C.F.von）は、ドイツの詩人・劇作家。劇『群盗』は板東俘虜収容所で上演されている。またベートーヴェン《第九交響曲》第四楽章の《歓喜に寄す》（An die Freude）はシラーの詩に基いている。ゲーテの詩もシューベルトの《魔王》、ベートーヴェンの劇音楽《エグモント》として作曲されている。この二人は一八～一九世紀ドイツ古典主義作家の双璧でもある。一九一九年に採択された『ワイマール憲法』のドイツワイマールの国民劇場の前には二人並んだモニュメントが建てられている。

一．楽曲＝エグモント序曲　　ベートーヴェン

二．朗読＝ザック水兵／クリンケ伍長
《ヘクトールの別れ》　　シラー

三．独唱＝《戦闘中の祈祷》
作詩＝ケルナー・作曲：ヒンメル

独唱＝コホ。ハーモニウム＝エバーハルト
四．合唱《自然における神の栄光》　ベートーヴェン
詩＝ゲレルト（Gellert）による六つ歌より
五．朗読＝クリンケ　ハイネ
「ベルシャザル王」
六．独唱＝歌劇『魔笛』よりザラストロのアリア　モーツアルト
ハルモニウム＝エバーハルト
独唱＝レヴェレンツ一等水兵
七．朗読＝ザック
（ａ）「郵便馬車の御者」　レーナウ
（ｂ）「魔王」　ゲーテ
八．弦楽四重奏《魔王》　シューベルト
レシュマン、フインク、シュテークリッヒ、キューパー
九．合唱：《船旅》男声四部合唱『六つの歌』より第四番　ハイネ、メンデルスゾーン
一〇．独唱曲《テューレの女王》　ゲーテ、ツェルター
独唱＝レヴェレンツ一等水兵。　ハーモニウム＝エバーハルト
一一．朗読＝クリンケ
《イビクスの鶴》　シラー

一二．朗読＝クリンケ
『ファウスト』よりワグナーのシーンと復活祭の合唱　ゲーテ
ハルモニウム＝エバーハルト
一三．楽曲《軍隊行進曲一番》　シューベルト
一四．朗読・朗唱：ビーガー（註19）　ザック
「皇帝と大修道院長」
一五．朗読＝ビーガー。クリンケ
『ファウスト』より生徒たちの情景　ゲーテ
一六．合唱《ビール賛歌》　ハイネ、アッペル
独唱＝レヴェレンツ
一七．独唱《最後のズボン》　シェッフェル、フロート
独唱＝レヴェレンツ一等水兵　ハルモニウム＝エバーハルト
一八．写真解説付朗唱　クリンケ
「ある青年の冒険」　ブッシュ
［解説］＝この開設はベートーヴェン『エグモント』に関するものであるが、ここでは省略する。

［プログラム⑭『愉快な夕べ』］（年月日不明）

プログラム⑭は『愉快な夕べ』というタイトルで実施されているが年月日は不明。

ローザ（Rosa.Salvator）は十七世紀イタリアの画家・詩人。音楽における重要性は、風刺詩音楽にある。

一．楽曲《菩提樹の下で》　コロ
二．□□のプロローグ（ザック）　ルーフ
三．モーリタート、バラード（□□）　ルーフ
四．ユーモア『交戦中の欲求』　レンツ
　（ヴェアデッカー）　アイヒラー
五．砂漠、
　ヴィルヘルム・テル（シュトゥルンク）　ケリッシュ
六．エトセトラ「鉄道の幸福」（ザック）　ピアヒノフ
七．ジョークのメドレー（ベルガルツキー）
八．三パーセント（オルフ）　クンツ
　ヴァイオリン弾き　クンツ
九．楽曲《ラ・ソレラ》　ボレル・クラーク
一〇．私のハンス　ピアヒノフ
　ああ、マックセ（シャマイタート）　ピアヒノフ
一一．散文「誕生日を迎えた子ども」（シュトゥルンク）　ローザ
一二．僕は何の値打もないやつを妬んだりはしない　フックス
　グスタフ、君はやったじゃないか（オルフ）　フックス

一三．緑色の菩提樹の（ヤーンケ）　ヴォルフ
一四．ハンスと□□のデュエット
（ザック、シャマイタート）
一五．楽曲《ぶらぶら行進》　フェトラース
開演　一八時

(3)　帰還船船上コンサート

［プログラム⑮：『帰還船船上コンサート』］
甲板楽団［第三海兵隊大隊吹奏楽団（シュルツオーケストラ）］豊福丸　一九一九年一月二五日土曜日
プログラム⑮は豊福丸で帰還中、一九二〇年一月二五日と二月一日に船上で催されたコンサートである。ⅢＳＢは板東収容所の一楽団『第三海兵大隊吹奏楽団』によるものであろう。板東は収容人数も一千名規模であったため、いくつかの演奏楽団が活動をしていた。
タイケ（Teike,C）は十九～二十世紀ドイツ吹奏楽行進曲作曲家。百曲の行進曲の中で《旧友》、《剛毅潔白》《心を許した友達》《ツエッペリン伯爵》は知られている。シュルツ（Schulz,J.A.P）は、十九世紀後期ドイツ作曲家・指揮者・オルガン奏者。歌劇、オラトリオ、カンタータ、器楽曲、《民謡による歌曲集》がある。

ブロン（Blon,F）は十九～二十世紀ドイツ指揮者・作曲家。吹奏楽《勝利の旗の下に》がある。

グルック（Gluck,C.W）は、十八世紀オーストリアのオペラ作曲家。《嘆き》は改革オペラ《オルフェオとエウリディチェ》第三幕第一場で息絶えたエウリディチェにオルフェオが嘆き自決を決意する場面で歌われる。

ブラームス（Brahms J）十九世紀ドイツ作曲家。《子守歌》［ドイツ民謡（G・シェラー編）は一八六八年の作品である。

［演奏順序（プログラム）］

一．ドイツ行進曲　タイケ
二．ライラックの歌　ツエルコフスキ
三．剣闘士解任行進曲　ブランケンブルク
四．ポルカ　リュデイケ
五．宿営隊出発行進曲　ブランケンブルク
六．輪踊りのパラグラフ　シュルツ
七．□□□, Marsch, ／トランペッター　第五歩兵中隊騎兵伍長

［歌曲演奏］

一九二九年二月一日　土曜日　午後七時

一．帰国　民謡旋律
二．旅　ゾルツァー
三．霜が降りて　ハイネ、メンデルスゾーン
四．ラインのブロンズの子どもらへの私から挨拶　ブロン

五．子守歌　ブラームス
六．傭兵歩兵行進曲　一六世紀民謡　ベートーヴェン
七．夜に寄せる讃美歌　キルヘル
八．静物画　ウエルナー
九．野ばら　グルック
一〇．嘆き　ライザー
一一．再びドイツが聞こえてくるのを待っている

［第八章註：コンサート・プログラム］

註1　プログラムの解読に関しては杉岡和幸氏に助力いただきました。

註2　瀬戸武彦氏によるとクリンケは、国民軍・伍長。［弁護士］。青島に来る前は天津にいた。青島時代は、市内中心のフリードリヒ街に住んだ。大戦終結後は、特別事情を有する青島居住希望者として日本国内で解放された。シュテーゲマン（Steegemann）の依頼で、青野原収容所についての私記を寄せた、それはシュテーゲマンの報告書に反映されている。プロイセンのフォルスト（Forst）出身。（姫路→青野原）

註3　二〇一一年一一月五日、鳴門市ドイツ館で開催された『内藤敏子&北村哲朗　ツィターと歌のコンサート』で、内藤は「俘虜たちが演奏していた曲」としてL・シュトラッスマン《捨て子》、《夜の鐘》、F・ワステル《愛しの花》や、当時俘虜たちが歌っていたと思われる日本の曲として、《冬景色》《ふじの山》《荒城の月》《箱根八里》などをプログラムに載せている。

註4　ローマ皇帝ティベリウス　在位、一四―三七年。リウィアが後の皇帝アウグストゥス（当時オクタウイアス）と再婚する前に、

夫T・C・ネロとの間にもうけた息子。軍事に優れ、パルティア、ゲルマニア、パンノニア、イリュリクムの各地の鎮圧に功があった。前一二年、将軍アグリッパが死ぬと、その妻であったアウグストゥスの娘ユリアと結婚させられ、そのためにすでに一子ドルススをもうけていた妻を離婚。平凡社世界大百科事典―一九　平凡社　二〇一一年

註5　ガイベル（Geibel,E 815―84）：ドイツの詩人。リューベックに生まれ、一八五二年に文芸の庇護者を自任していたバイエルン王マクシミリアン二世に招かれ、以後一七年間ミュンヘンに滞在、ハイゼと共に、同地に集まった詩人グループ〈ミュンヘン派〉の旗頭となった。当時はドイツ詩壇の帝王とたたえられたが、その詩は形式美とロマンテイックな情緒にあふれてはいても、独創性に乏しく次第に忘れられた。スペイン詩の翻訳もあり、H・ヴォルフが作曲している。　世界大百科事典―四　第二版　平凡社　二〇一一年

註6　キューパー（Küper,F ?―?）：第三海兵大隊第一中隊・予備副曹長。一九一五年六月熊本から久留米へ、また一九一六年九月一六日久留米から青野原へ収容所換えになった。一九五四年一一月六日、青島戦闘四〇年を記念してハンブルクで開催された『チンタオ戦友会』に出席。トリーア郡のノイエンキルヒェン出身。（熊本→久留米→青野原）

註7　エバーハルト（Eberhardt,R ?・?）第三海兵大隊・伍長。青野原時代、一九一八年一二月一三日から二〇日まで開催された俘虜製作品展覧会では、楽器部門でピアノを出品した。テューリンゲンのシュレンジンゲン出身

註8　フインク（Fink,L ?―?）：巡洋艦皇后エリーザベト乗員・二等機関下士。青野原時代、一九一八年一二月一三日から二〇日まで開催された俘虜製作品展覧会では、模型部門で複葉機を出品した【『AONOGAHARA 捕虜の世界』七八ページ】。ウイーン出身。

註9　カルハマー（Kallhammer,B 一八九二―?）：機雷弾薬庫・二等掌水雷兵曹。青野原時代、一九一八年一二月一三日から二〇日まで開催された俘虜製作品展覧会では、楽器部門でチェロを出品した【『AONOGAHARA 捕虜の世界』七九ページ】。解放後は蘭領印度に渡った。アンナ・ツェーベル（Anna Z）と結婚して子供三人をもうけた。ランツフート出身。（姫路→青野原）

註10　レヴェレンツ（Lewerenz,F ?―?）：砲兵兵站部・掌砲兵曹長。妻ベテイ（Baetty）は大戦終結まで青島に留まった。大戦終結後は、特別事情を有する青島居住希望者として日本国内で解放された。ロストック出身

註11　オルフ（Olf,W）（一八九二―一九五二）：海軍膠州砲兵隊第五中隊・一等砲兵。一九一四年八月に応召。一九一五年九月二五日福岡から青野原へ収容所換えになった。解放され帰国後の一九二二年結婚、冶金工として働いた。後に郷里ハッテインゲンの

役所に勤務。ルール地方のハッテインゲン（Hattingen）出身。（福岡→青野原）

註12　ダンブリー（Dambly,F 一八九二—一九七六）：海軍膠州砲兵隊・一等砲兵。ブドウ農園主の子として生まれた。音楽的な才能があり、クラリネットを能くした。一九一一年、海軍砲兵の志願兵として皇后ルイゼに乗り込んで膠州へ赴いた。一九一六年一〇月二〇日青野原へ収容所換えになった。一九二二年七月二二日ローザ・エーゼス（Rosa Ehses 一八九六—一九七四）と結婚し、息子一人をもうけた。当初は義父のぶどう園で働いたが、後にルクセンブルクの大手醸造所に職を得た。『ツェルテインゲン=ラッハテイヒ音楽協会』の設立者の一人。ハノーファーで没した。モーゼル河畔のツェルテインゲン(Zeltingen)出身。（福岡→青野原）

註13　シュテークリヒ（Steglich,F ?—?）：海軍膠州砲兵隊第五中隊・二等砲兵。一九一六年九月二五日福岡から青野原へ収容所換えになった。青野原時代の一九一九年三月三〇日に開催された慈善演奏会で指揮を執った。この演奏会は東シベリアで苦境に喘いでいる戦友のために開かれたものである。曲目としては、グリーグの『ソルヴェイグの歌』、ワァーグナー『巡礼の合唱（歌劇『タンホイザー』）』、シューベルト『軍隊行進曲第一番』等である。ドレスデン近郊のロシュヴイッツ（Loschwitz）出身。（福岡→青野原）

註14　ブリタニカ国際大百科事典小項目事典一五　一九九一年

註15　ニューグローブ世界音楽大事典　講談社　一九九五年

註16　ヴインター（Winter,P von）平凡社音楽大事典　平凡社　一九八一年

註17　フロート（Flotow,F von）ニューグローブ音楽事典　講談社　一九八一年

註18　ヒンメル（Himmel,F.H）平凡音楽大事典一四　平凡社　一九八二年

註19　ビーガー（Bieger,A 一八八八—?）：第三海兵大隊第一中隊・上等歩兵。久留米時代は演劇活動で、一幕物『インデイアン達』の演出をするとともに、六演目に女役で出演した。一九一六年九月一六日、ゾイフェルト（Seufert）等五人とともに久留米から青野原へ収容所換えになった。ドイツに帰国後の一九二〇年五月六日マリー・ホフマン（Marie Hoffmann）と結婚した。デッサウ出身。（久留米→青野原）

〔個人等所蔵掲載写真出典一覧（加西市提供）〕

オーストリア大使館　第一章
ディルク・ファン・デア・ラーン　第七章8／第九章10
ディーター・リンケ　第二章1／第四章5・7・10・11・15／第五章1〜7／第六章1・2・6／第七章1〜7
ハンス＝ヨアヒム・シュミット　第四章9
鳴門市ドイツ館　第三章1・2／第四章13／第七章12・13・14・15
筆者　第四章2／第六章4
国立国会図書館ウェブページ　第六章3

おわりに

第一次世界大戦の中国青島で日本軍と戦って俘虜となり日本各地に収容されたドイツ軍俘虜は、最終的に六ケ所に分散収容された。その一つが兵庫県姫路・青野原であった。徳島県文化財保護審議委員として徳島県鳴門市板東俘虜収容所の指定に関わり、ドイツ軍の俘虜生活を収容所新聞『デイ・バラッケ』を含む貴重な資料を駆使して様々な文化活動を研究する機会を得た。本書はその延長線上に位置している。板東俘虜収容所については、その後、『板東俘虜収容所関係資料　ユネスコ『世界の記録』国際登録』の調査検討委員会委員として関わることになった。

本書はドイツ軍俘虜の生活と音楽活動を、当時の兵庫県発行の新聞、国立公文書館アジア歴史資料センター防衛省防衛研究所所蔵『欧受大日記』、そしてプリントとして残されていたコンサートプログラムからアプローチしたものである。特に最終第八章にコンサート・プログラムを掲載した。この中には未発表のプログラムもあり、可能な限り判読を試みたが、かなり判読が困難な個所も多く、不完全な部分もある。解読に杉岡和幸氏に助力を戴いている。

この戦争の原因はイギリスにあり、日本に敵意を抱いていなかったことが俘虜の発言の中から窺い知ることができた。ただ一方では、「日本のおもな要求は、山東半島におけるドイツ利権の譲渡と、赤道以北の旧ドイツ領南洋諸島獲得のみであった」や、「英仏両国との密約もあるところから、ドイツから日本への無条件譲渡を要求し、日本がそこにおける利権を継承したうえで、中国へ還付すると主張した」（『ブリタニカ国際大百科事典一二　一九九四　九二頁）のような日本側の本音もあった。

俘虜が各分野において技能・技術・知識を持ち合わせていたことで、日本側がその技能・技術の獲得を目指していたこと、さらには音楽や演劇、絵画、造形、サッカーを含む様々な文化・スポーツなどで多彩な能力を保持し、収容中に活発な活動・表現をしていたことも明らかになった。その背景には『第二ハーグ条約』が機能していて、後日の第二次世界大戦時に日本軍が行った俘虜対応とは違っていた。

全国六収容所の中で、姫路・青野原は五百人弱、しかもドイツばかりではなくオーストリア＝ハンガリー帝国を主とした国籍をもつ俘虜で構成されていた。その中で小規模ながらも多数の演奏活動を行っていたことは、数々の演奏プログラムから確認できる。

姫路・青野原では収容所新聞が発行されていなかったため、彼等の生活や音楽活動を知るためには、兵庫県下で発行されていた鷺城新聞、神戸又新日報、神戸新聞、そして大阪朝日新聞、大阪毎日新聞、さらには徳島毎日新聞の姫路・青野原関連の記事をベースにした。これらの数百点におよぶ新聞記事、そして『欧受大日記』『ケルンステン日記』、兵庫県加西市および鳴門市ドイツ館提供の写真資料も大きな後押しとなった。

悲惨なヨーロッパ戦線に比べ一カ月で終戦し、必ずしも満足できる俘虜生活ではなかったが、少なくとも人間らしく生きたと思われるドイツ軍俘虜の人間像が少なからず明らかになった。ただ日本での五年余にわたる俘虜生活、そして祖国の敗戦と帰国後の祖国の惨状を眼のあたりにしたショックは、戦争の無意味さ、非人間性を浮き彫りにしている。

一九二〇年ドイツ軍俘虜帰還の後の青野原は、陸軍戦車連隊が駐屯し、その後姫路海軍航空隊の基地となった。ここで編成された神風特別攻撃隊『白鷺隊』は厳しい飛行訓練を重ね、九七式艦上攻撃機（三人乗り）で沖縄に飛び立ち、六三名が命を亡くしている。戦争末期には旧日本海軍が切り札として投入した『紫電』および『紫電改』五百機あまりがここで組み立てられている。この姫路海軍航空隊鶉野飛行場は、戦後一千二百メートルの鶉野飛行場跡、巨大防空壕跡（自力発電所跡。現在は特攻隊員の遺書を紹介するシアターとして機能）、対空機銃座跡、そして復元された「紫電改」を展示し、加西市鶉野飛行場跡周辺の戦争遺跡として一般公開されている。

全般にわたり、ドイツ軍兵士の経歴等については、瀬戸武彦氏の労作『青島ドイツ軍俘虜概要　その事績・足跡』から多数引用させていただいた。

最後に執筆にあたり貴重な資料と写真を提供してくださった兵庫県加西市教育委員会萩原康仁氏、西脇親氏、青野原収容所跡保存会仲井正人氏をはじめとする加西市の方々、鳴門市ドイツ館、防衛省防衛研究所、国立国会図書館、神戸市立中央図書館に、そして出版を快くお引き受けくださった公人の友社社長武内英晴様に厚く御礼申し上げます。

［著者紹介］

岩井　正浩（いわい・まさひろ）

一九四五年高知県生。神戸大学名誉教授（Ph.D）。音楽人類学専攻。東京芸術大学研究員、ハンガリー・リスト音楽院研究員、国立民族学博物館共同研究員、徳島県文化財保護審会委員を経て、現在、日本民俗音楽学会会長、『板東俘虜収容所関係資料』ユネスコ『世界の記憶』調査倹討委員会委員。『徳島賞』（徳島県　二〇一六年）、『地域文化功労賞』（文部科学省　二〇一九年）受賞。研究分野は本研究の他に、高知よさこい祭り、四万十川流域のくらしと音楽、黒潮の民のパフォーミング・アーツ。

［主要著書］

一　合唱組曲『石鎚』［監修・作曲・編曲］　音楽の世界社　一九七六
二　わらべうた～その伝承と創造　音楽之友社（全国図書館協会選定図書）　一九八七
三　ハンガリーの音楽教育と日本　音楽之友社　一九九一
四　子どもの歌の文化史～二十世紀前半期の日本　第一書房　一九九八
五　これが高知のよさこいだ～いごっそとハチキン達の熱い夏　岩田書院　二〇〇六

六　わらべうた〜遊びの魅力　第一書房　二〇〇八
七　藤井知昭・岩井正浩編『音の万華鏡・音楽学論叢』岩井正浩教授退官記念論文集〕岩田書院　二〇一〇
八　高知よさこい祭り〜市民がつくるパフォーミング・アーツ　岩田書院　二〇一一

〔ドイツ軍俘虜関係論考〕
一『四国三収容所におけるドイツ軍俘虜の音楽活動』藤井知昭・岩井正浩編『音の万華鏡・音楽学論叢』岩田書院　二〇一〇
二『歴史資料『板東俘虜収容所関係資料』にみるドイツ軍俘虜の音楽活動』愛知淑徳大学論集―教育学研究科篇　第三号。愛知淑徳大学論集編集委員会　二〇一一
三『七夕。星祭り：元ドイツ兵俘虜の日本文化論』愛知淑徳大学論集―教育学研究科篇　第四号　愛知淑徳大学論集編集委員会　二〇一三
四『板東俘虜収容所の活動と〈第九〉初演』愛知淑徳大学論集―教育学研究科篇　第八号　愛知淑徳大学論集編集委員会　二〇一八
五『地元紙にみる姫路・青野ヶ原収容所のドイツ兵俘虜』青島戦ドイツ兵俘虜収容所研究会『青島戦ドイツ兵俘虜収容所研究　第十五号』鳴門市ドイツ館　二〇一八

第一次大戦と青野原ドイツ軍俘虜
収容所の日々と音楽活動

2022年12月27日　第1版第1刷発行

著　者　　岩井　正浩
発行人　　武内　英晴
発行所　　公人の友社
〒112-0002　東京都文京区小石川5-26-8
TEL 03-3811-5701　FAX 03-3811-5795
e-mail: info@koujinnotomo.com
http://koujinnotomo.com/
印刷所　　倉敷印刷株式会社

ISBN978-4-87555-889-7　　C3020